ÁLVARO **ANDRINI**
MARIA JOSÉ **VASCONCELLOS**

PRATICANDO
MATEMÁTICA

edição
renovada

4ª edição
São Paulo, 2018

Dados Internacionais de Catalogação na Publicação (CIP)
(Câmara Brasileira do Livro, SP, Brasil)

> Andrini, Álvaro
> Praticando matemática 8 / Álvaro Andrini, Maria José Vasconcellos. –
> 4. ed. renovada. – São Paulo: Editora do Brasil, 2018. – (Coleção praticando
> matemática)
>
> Suplementado pelo manual do professor.
> Bibliografia
> ISBN 978-85-10-06857-4 (aluno)
> ISBN 978-85-10-06858-1 (professor)
>
> 1. Matemática (Ensino fundamental)
> I. Vasconcellos, Maria José. II. Título. III. Série.
>
> 18-16830   CDD-372.7

Índices para catálogo sistemático:
1. Matemática: Ensino fundamental 372.7
Maria Alice Ferreira - Bibliotecária - CRB-8/7964

© Editora do Brasil S.A., 2018
Todos os direitos reservados

Direção geral: Vicente Tortamano Avanso

Direção editorial: Felipe Ramos Poletti
Gerência editorial: Erika Caldin
Coordenação de arte: Cida Alves
Supervisão de revisão: Dora Helena Feres
Supervisão de iconografia: Léo Burgos
Supervisão digital: Ethel Shuña Queiroz
Supervisão de controle de processos editoriais: Marta Dias Portero
Supervisão de direitos autorais: Marilisa Bertolone Mendes

Supervisão editorial: Valéria Elvira Prete
Edição: Igor Marinho Guimarães da Nóbrega
Assistência editorial: Andriele de Carvalho Landim e Cristina Silva dos Santos
Auxílio editorial: Fernanda Carvalho
Coordenação de revisão: Otacilio Palareti
Copidesque: Gisélia Costa e Ricardo Liberal
Revisão: Alexandra Resende, Andréia Andrade, Elaine Fares e Maria Alice Gonçalves
Pesquisa iconográfica: Elena Ribeiro e Thais Falcão
Assistência de arte: Leticia Santos
Design gráfico: Andrea Melo
Capa: Patrícia Lino
Imagem de capa: Ivansmuk/Dreamstime.com com pesquisa iconográfica de Daniel Andrade
Ilustrações: DAE, Danillo Souza, Estúdio Ornintorrinco, Hélio Senatore, Ilustra Cartoon, Jorge Zaiba, Leonardo Conceição, Marcelo Azalim, Paulo José, Pedro Sotto, Reinaldo Rosa, Reinaldo Vignati, Ronaldo Barata e Zubartez.
Produção cartográfica: DAE e Sônia Vaz
Coordenação de editoração eletrônica: Abdonildo José de Lima Santos
Editoração eletrônica: Adriana Albano, Armando F. Tomiyoshi, Débora Jóia, Gabriela César, Gilvan Alves da Silva, José Anderson Campos e Sérgio Rocha
Licenciamentos de textos: Cinthya Utiyama, Paula Harue Tozaki e Renata Garbellini
Controle de processos editoriais: Bruna Alves, Carlos Nunes, Jefferson Galdino, Rafael Machado e Stephanie Paparella

4ª edição / 1ª impressão, 2018
Impresso na Meltingcolor Gráfica e Editora Ltda.

Rua Conselheiro Nébias, 887
São Paulo, SP – CEP 01203-001
Fone: +55 11 3226-0211
www.editoradobrasil.com.br

APRESENTAÇÃO

Prezado aluno,

Você já deve ter perguntado a si mesmo, ou a seu professor:
"Para que eu devo estudar Matemática?"
Há três respostas possíveis:

1. A Matemática permite que você conheça melhor a realidade.
2. A Matemática pode ajudar você a organizar raciocínios.
3. A Matemática pode ajudar você a fazer descobertas.

Este livro e as orientações de seu professor constituem um ponto de partida. O caminho para o conhecimento é você quem faz.

Os autores

"Não há ramo da Matemática, por mais abstrato que seja, que não possa um dia vir a ser aplicado aos fenômenos do mundo real."

Lobachevsky

*Agradecemos ao professor
Eduardo Wagner
pelos comentários e sugestões
que contribuíram para a melhoria
deste trabalho.*

SUMÁRIO

UNIDADE 1 – Conjuntos numéricos

1. Números, uma criação humana 7
2. Números naturais... 8
3. Números inteiros.. 11
4. Números racionais 14
5. Representação dos números racionais ... 16
6. Números irracionais....................................... 20
7. Pi – um número irracional............................ 24
8. Números reais... 26
9. Os números reais e as operações............... 28

UNIDADE 2 – Potenciação e notação científica

1. Expoentes inteiros 37
2. Propriedades das potências........................ 41
3. Potências de base 10 45
4. Multiplicação por potências de base 10 46
5. Notação científica.. 48

UNIDADE 3 – Radiciação

1. Mais sobre raízes.. 55
2. Raízes exatas... 60
3. Raízes não exatas... 63

UNIDADE 4 – Cálculo algébrico

1. Revendo equações... 73
2. Variáveis... 76
3. Expressões algébricas 80
4. Monômios e polinômios 83
5. Operações e expressões algébricas 85
6. Multiplicação de polinômios 93

UNIDADE 5 – Produtos notáveis

1. Quadrado da soma de dois termos 103
2. Quadrado da diferença de dois termos....106
3. Produto da soma pela diferença de dois termos.. 108

UNIDADE 6 – Fatoração

1. Fator comum 114
2. Agrupamento 116
3. Trinômio quadrado perfeito...................... 117
4. Diferença de quadrados............................. 119

UNIDADE 7 – Frações algébricas

1. Letras no denominador.............................. 123
2. Resolvendo problemas............................... 126
3. Simplificando frações algébricas.............. 132
4. Adição e subtração com frações algébricas....................................... 135
5. Novos problemas e equações................... 137

UNIDADE 8 – Sistemas de equações

1. Equações com duas incógnitas................ 143
2. O método da adição................................... 151
3. Sistemas indeterminados...........................158

UNIDADE 9 – Razões, proporções e regra de três

1. Razões.. 165
2. Algumas razões importantes.................... 165
3. Proporções.. 167
4. Proporções e regra de três........................ 169

UNIDADE 10 – Retas e ângulos

1. Posição relativa entre retas 177
2. Ponto médio de um segmento 178
3. Construção de retas perpendiculares e de retas paralelas 178
4. Distância entre dois pontos 180
5. Distância de ponto à reta 180
6. Ângulos formados por retas paralelas cortadas por uma transversal 182

UNIDADE 11 – Triângulos

1. Elementos, perímetro e classificação 195
2. Soma dos ângulos internos de um triângulo 197
3. Propriedade do ângulo externo 198

UNIDADE 12 – Triângulos: congruência e pontos notáveis

1. Congruência de figuras planas 205
2. Casos de congruência de triângulos 207
3. Medianas, bissetrizes e alturas num triângulo 213
4. Propriedades dos triângulos isósceles 217
5. Maior lado e maior ângulo de um triângulo 220

UNIDADE 13 – Quadriláteros e outros polígonos

1. Nomenclatura – polígonos convexos 225
2. Elementos dos quadriláteros 225
3. Classificação dos quadriláteros 226
4. Propriedades dos paralelogramos 228
5. Propriedades dos trapézios isósceles 231
6. Ângulos de um polígono 233

UNIDADE 14 – Circunferência e círculo

1. Caracterização 243
2. Posição relativa de duas circunferências 247
3. Posição relativa entre reta e circunferência 247
4. Propriedade da mediatriz de uma corda 249
5. Arco e ângulo central 254
6. Comprimento de um arco 257
7. Construindo polígonos regulares 261
8. Ângulo inscrito 262

UNIDADE 15 – Possibilidades e estatística

1. Contando possibilidades 271
2. Os gráficos estatísticos 275

Sugestões de livros e *sites* 291

Referências 294

Moldes e malhas 295

Respostas dos exercícios 299

UNIDADE 1

Conjuntos numéricos

1. Números, uma criação humana

Os números foram criados pelo ser humano para serem usados em inúmeras atividades. Para nós é difícil imaginar o mundo sem eles.

Podemos classificar os números em conjuntos de acordo com suas propriedades e aplicações. Nesta unidade estudaremos os **conjuntos numéricos**.

2. Números naturais

Para contar, usamos os números 1, 2, 3, 4, 5, 6, ... etc. Junto com o zero, esses números formam o **conjunto dos números naturais**, que é indicado assim:

$$\mathbb{N} = \{0, 1, 2, 3, 4, 5, 6, 7, 8, ...\}$$

Sabemos muitas coisas sobre os números naturais. Veja:

1. Todo número natural tem um sucessor: existem infinitos números naturais.
- o sucessor de 13 é 14.
- o sucessor de 1 999 é 2 000, e assim por diante.

2. Todo número natural, com exceção do zero, tem um antecessor.
- o antecessor de 25 é 24.
- o antecessor de 4 576 é 4 575.

REFLETINDO

Pense em dois números naturais quaisquer.

1. Some esses números. Você obteve um número natural?

2. Multiplique esses números. Você obteve um número natural?

3. O que observamos nos itens acima depende dos números naturais escolhidos?

A partir dessas constatações, podemos escrever as propriedades 3 e 4 a seguir.

3. A soma de dois números naturais sempre é um número natural.
4. O produto de dois números naturais sempre é um número natural.
No entanto...

Os números naturais foram os primeiros números criados e são importantíssimos. No decorrer de sua história, a humanidade teve de inventar novos números para representar e resolver problemas do cotidiano, das ciências em geral e da própria Matemática.

EXERCÍCIOS

1. Responda: Em quais situações a seguir foram usados números naturais?

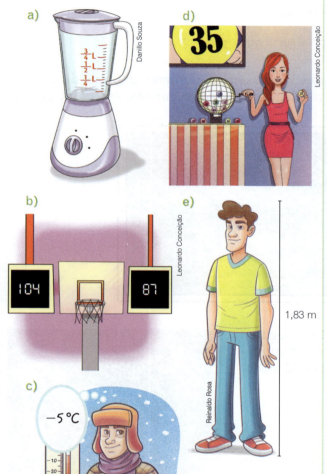

2. Responda:
   a) Qual é o sucessor de 48 999?
   b) Qual é o antecessor de 72 000?
   c) 8 000 é o sucessor de que número?
   d) 3 640 é o antecessor de que número?

3. Escreva o número 35 como:
   a) o produto de dois números naturais ímpares;
   b) a soma de dois números naturais consecutivos;
   c) a soma de cinco números naturais consecutivos.

4. Utilizando uma só vez cada um dos algarismos 2, 4, 6 e 7, escreva:
   a) o maior número natural;
   b) o maior número ímpar;
   c) o menor número par.

5. O filho do senhor Paulo é sócio de um sindicato. O número de sua carteirinha é um milhão, três mil e noventa.

   a) Como se chama o filho do senhor Paulo?
   b) Escreva como se lê o menor número representado nessas carteirinhas.
   c) Escreva como se lê o maior número representado nessas carteirinhas.
   d) A carteirinha do senhor Mauro, outro sócio desse sindicato, tem o número um milhão, duzentos e vinte. Represente-o usando algarismos.

6. Dois irmãos são viajantes.
   • Carlos volta para casa nos dias 3, 6, 9, …
   • Luís volta para casa nos dias 4, 8, 12, …

   Em quais dias do mês você encontra os dois em casa?

CONJUNTOS NUMÉRICOS 9

SEÇÃO LIVRE

Um pouco de história

Quanto tempo você gastaria para calcular o valor de:

$$1 + 2 + 3 + 4 + \ldots + 97 + 98 + 99 + 100 \ ?$$

Certo dia, um professor pediu a seus alunos que somassem os números naturais de 1 a 100. Gauss, com apenas 9 anos na época, encontrou a resposta em poucos segundos. Veja como ele fez:

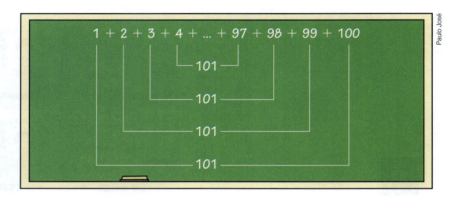

Começou somando 1 com 100, depois 2 com 99, a seguir 3 com 98 e assim por diante, obtendo sempre o mesmo número 101. Ora, na soma desejada este número aparece 50 vezes. Então o resultado é:

$$50 \cdot 101 = 5\,050$$

Carl Friedrich Gauss foi um matemático alemão que viveu de 1777 a 1855. Já adulto, divertia-se ao declarar que aprendera a contar antes de saber falar. Por seus muitos trabalhos em vários ramos da Matemática, é considerado hoje um dos maiores matemáticos de todos os tempos.

Utilize a ideia de Gauss para resolver o problema a seguir no caderno.

Na pilha ao lado, foram colocadas 20 latas de ervilha na base e uma a menos em cada fileira. Quantas latas foram empilhadas?

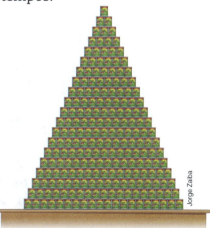

Carl Friedrich Gauss em retrato pintado por Christian Albrecht Jensen, c.1850.

3. Números inteiros

Os números negativos

Responda às perguntas feitas por Pedro e Marina.

Meu pai tinha R$ 500,00 em sua conta-corrente no banco e fez uma retirada de R$ 530,00. Qual é o saldo da conta após a retirada?

Li que ontem, em Gramado, no Rio Grande do Sul, a temperatura, que era de 7 °C, caiu 9 °C. Qual é a temperatura depois dessa queda?

Para responder às questões, você efetuou subtrações que não têm resultado no conjunto dos números naturais:

$$500 - 530 = -30 \qquad 7 - 9 = -2$$

Nessas e em muitas outras situações, usamos os **números negativos**.

Os números negativos – uma longa história

A ideia de quantidades negativas é antiga, mas passou-se muito tempo até que os números negativos fossem aceitos como números de fato.

Os matemáticos chineses da Antiguidade já trabalhavam com a ideia de número negativo. Eles faziam cálculos com dois tipos de barras: vermelhas para quantidades positivas, que chamavam de excessos, e pretas para quantidades negativas, consideradas faltas.

Na obra de Brahmagupta, matemático hindu nascido em 598, encontra-se o que corresponderia às regras de sinais para a divisão envolvendo números negativos. No entanto, nenhuma dessas civilizações considerava que os números negativos fossem realmente números.

Com os números negativos, a álgebra pôde se desenvolver mais rapidamente.

Leonardo Pisano (1170-1250), chamado de Fibonacci, escreveu em sua obra *Liber Abaci* o seguinte comentário sobre um problema que envolvia dívidas: "Este problema não tem solução, exceto se interpretarmos a dívida como um número negativo".

O conjunto $\mathbb{Z}$

Juntando ao conjunto dos números naturais os números inteiros negativos, obtemos o conjunto de todos os **números inteiros: $\mathbb{Z}$**.

$$\mathbb{Z} = \{..., -5, -4, -3, -2, -1, 0, 1, 2, 3, 4, 5, ...\}$$

Sobre os números inteiros, sabemos entre outras coisas que:

1. Todo número inteiro tem sucessor.
2. Todo número inteiro tem antecessor.
   - o sucessor de -4 é -3.
   - o antecessor de -99 é -100 e assim por diante.
3. Os números inteiros podem ser representados por pontos na reta numérica:

   $$\xrightarrow{-4-3-2-101234}$$

4. A soma de dois números inteiros é um número inteiro.
5. O produto de dois números inteiros é um número inteiro.
6. A diferença entre dois números inteiros é um número inteiro.
7. O quociente entre dois números inteiros muitas vezes **não é** um número inteiro.
   Veja que $3 : 4$ ou $-7 : 5$, e inúmeras outras divisões entre inteiros não têm como resultado um número inteiro.
8. Sabemos, por exemplo, que $\sqrt{9} = 3$ porque $3^2 = 9$. Mas e $\sqrt{20}$? É um número inteiro?

> Pense e responda!
> 1. Quantos números inteiros há entre -4 e 3?
> 2. E entre -2 e -1?

> Na reta numérica a distância entre dois números consecutivos é sempre a mesma.

Não há número inteiro que ao quadrado resulte em 20, pois $4^2 = 16$ e $5^2 = 25$.

Registrem no caderno.

1. A raiz quadrada de um número inteiro é sempre um número inteiro? Deem exemplo!
2. Todo número natural é um número inteiro?
3. Todo número inteiro é um número natural?
4. Quantos números naturais de três algarismos existem?
5. Quantos números inteiros há entre -6 e 4?
6. E entre -8 e -9?
7. Qual é o próximo número da sequência: $8, 7, 5, 2, -2, ...$?
8. Na reta numérica que número está mais perto do 0: $+5$ ou -5?

EXERCÍCIOS

7. Responda.

a) Se −15 significa 15 metros para a esquerda, o que significa +15?

b) Se +70 significa um lucro de R$ 70,00, o que significa −70?

c) Se −6 significa 6 anos mais novo, o que significa +6?

8. Responda.

a) Existe o menor número inteiro?

b) Existe o maior número inteiro?

c) Quantos números inteiros existem?

9. Responda.

a) Sou um número inteiro e o meu sucessor é −999. Quem sou?

b) Sou um número inteiro. Não sou positivo. Não sou negativo. Quem sou?

c) Sou um número inteiro maior que −15 e menor que −13. Quem sou?

10. A formiga só pode deslocar-se nas linhas indicadas e para um número maior. Que trajeto ela tem de seguir até encontrar o doce?

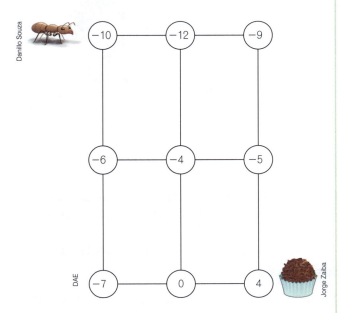

11. O saldo bancário de Douglas passou de −173 reais para +919 reais. Quanto foi depositado em sua conta?

12. Rafael jogou quatro vezes um jogo no *video game*. Aconteceu o seguinte:

| ganhou 7 | perdeu 4 | ganhou 6 | perdeu 8 |

Qual foi a pontuação final de Rafael?

13. Observe o quadro.

Cidade europeia	A	B	C
Temperatura máxima	+3 °C	+5 °C	−2 °C
Temperatura mínima	−10 °C		−8 °C

a) Qual das temperaturas é a mais baixa?

b) Qual das temperaturas é a mais alta?

c) Qual foi a variação da temperatura na cidade A? E na cidade C?

d) Se na cidade B a variação da temperatura foi de 6 °C, qual é o valor da temperatura que falta no quadro?

14. Copie e complete o quadrado mágico.

−2	3	−4
		1

A soma dos números de qualquer linha, coluna ou diagonal é sempre a mesma.

4. Números racionais

Você já conhece as frações. A origem delas está ligada a certas situações de medida em que era necessário registrar partes da unidade. Mas as frações têm um significado mais amplo.
Vamos relembrar?

Vimos que o quociente entre dois números inteiros nem sempre é um número inteiro.
Por exemplo, quero dividir três barras de chocolate entre quatro pessoas.

Cada pessoa deve receber $\frac{3}{4}$ de chocolate.

Portanto, $3 : 4 = \frac{3}{4}$ ou ainda, usando a forma de número decimal: $3 : 4 = \frac{3}{4} = 0,75$.

Os números obtidos pela divisão de dois números inteiros formam o **conjunto dos números racionais** que é representado pela letra $\mathbb{Q}$ (de quociente). Divisões que não têm resultado em $\mathbb{Z}$, têm resultado em $\mathbb{Q}$.
Podemos descrever os números racionais assim:

Os números racionais são os que podem ser escritos na forma $\frac{a}{b}$, sendo a e b números inteiros e $b \neq 0$.

Lembre-se: $\frac{a}{b} = a : b$

b deve ser um número diferente de zero porque não existe divisão por zero.

Quem veio primeiro: frações ou números negativos?

Os homens da Idade da Pedra não usavam frações, mas com o advento de culturas mais avançadas, durante a Idade do Bronze, parece ter surgido a necessidade do conceito de fração e de notação para frações.

As inscrições hieroglíficas egípcias têm uma notação especial para as frações unitárias, isto é, com numerador um. A fração $\frac{1}{8}$ aparecia então como:

O inverso de um número inteiro era indicado colocando sobre a notação para o inteiro um sinal oval alongado.

Convém ressaltar que as frações (positivas, é claro) surgiram antes dos números negativos, que demoraram a ser aceitos como números.

Fonte de pesquisa: BOYER, Carl B. *História da Matemática*. São Paulo: Edgar Blücher, 1996.

EXERCÍCIOS

15. Veja os números que aparecem nas frases a seguir.

- A jarra tem capacidade para $\frac{3}{4}$ de litro.
- Numa cidade há 8049 bicicletas.
- O saldo de gols de um time de futebol é −6.
- Leandro tem 17 anos.
- A velocidade de um carro é de 92,75 km/h.
- A temperatura atingiu −2,8 °C.

Responda.

a) Quais deles representam números naturais?
b) Quais deles representam números inteiros?
c) Quais deles representam números racionais?

16. Observe a *pizza* cortada em fatias iguais e responda.

a) Duas fatias representam que fração da *pizza*? E três?
b) Qual é o número de pedaços que representa meia *pizza*?

17. O que você pode dizer sobre estes números?

$-\dfrac{5}{10}$ $-\dfrac{1}{2}$ $-0,5$ $-\dfrac{13}{26}$

18. Copie e complete.

a) $\dfrac{3}{4} = \dfrac{9}{\square} = \dfrac{\square}{20} = \dfrac{30}{\square} = \dfrac{\square}{80}$

b) $\dfrac{12}{42} = \dfrac{\square}{7} = \dfrac{4}{\square} = \dfrac{\square}{84} = \dfrac{30}{\square}$

19. Indique, pelas letras, os pacotes com a mesma quantidade.

20. Procure entre os cartões aquele que corresponde a cada condição.

Ⓐ $\dfrac{20}{8}$ Ⓑ $\dfrac{30}{5}$ Ⓒ $\dfrac{10}{3}$

a) Representa um número inteiro.
b) Representa um número entre 3 e 4.
c) Representa um número fracionário entre 2 e 3.

21. Se um pacote de café pesar 125 g, quantos pacotes com esse peso poderão ser feitos com 1 kg de café?

5. Representação dos números racionais

Todo número inteiro é um número racional. Observe:

- 6 pode ser escrito como $\frac{6}{1}$ ou $\frac{24}{4}$ ou $\frac{42}{7}$, por exemplo.

Da mesma forma,

- $0 = \frac{0}{1} = \frac{0}{2} = \frac{0}{3}$

- $-20 = -\frac{20}{1} = -\frac{100}{5}$

e assim por diante.

>
>
> **REFLETINDO**
>
> Registre no caderno.
>
> **1.** Represente o número 10 como quociente de números inteiros.
>   a) 10 é um número racional?
>   b) Existe número inteiro que não seja racional?
>
> **2.** Os números racionais abaixo representam que número inteiro?
>
> $\frac{-20}{5}$ $\frac{20}{-5}$ $-\frac{20}{5}$

Forma decimal e forma fracionária

Um número racional pode ser escrito na forma de número decimal.

- $\frac{7}{10} = 0{,}7$ • $\frac{143}{100} = 1{,}43$ • $\frac{4}{5} = 4 : 5 = 0{,}8$ • $\frac{17}{8} = 17 : 8 = 2{,}125$

Nesses exemplos, a forma decimal é **finita**.

- $\frac{5}{9} = 0{,}5555...$ • $\frac{14}{3} = 4{,}6666...$ • $\frac{12}{33} = 0{,}363636...$

Nesses exemplos, a forma decimal é **infinita e periódica**. Esses números são chamados de **dízimas periódicas**. Em 4,666... o período é 6. Em 0,363636... o período é 36.

Ana ficou pensando:

Será que todo número racional é um número decimal finito ou uma dízima periódica?

A resposta é sim. A forma decimal dos números racionais é sempre um número decimal finito ou uma dízima periódica.

EXERCÍCIOS

22. Dividindo R$ 41,00 igualmente entre 4 pessoas, quanto receberá cada uma?

23. Qual é o maior:
   a) $\dfrac{5}{4}$ ou 1,2?
   b) $\dfrac{7}{9}$ ou 0,777…?
   c) $\dfrac{125}{8}$ ou 15,7?
   d) $\dfrac{220}{9}$ ou 24,4?

24. (Saresp) No jogo "Encontrando Números Iguais" são lançados 5 dados especialmente preparados para isso. Observe esta jogada:

dado 1: $\dfrac{3}{2}$ | dado 2: $\dfrac{7}{4}$ | dado 3: 1,50 | dado 4: $1\dfrac{1}{2}$ | dado 5: $\dfrac{1}{5}$

Os dados com números iguais são:
   a) 1, 2 e 4
   b) 1, 3 e 4
   c) 2, 3 e 5
   d) 3, 4 e 5

25. Copie escrevendo os algarismos que faltam para completar a igualdade.

$$4 + \dfrac{1}{10} + \dfrac{3}{100} = 4,\text{▨}$$

26. Encontre um número entre:
   a) 1,862 e 1,864
   b) 0,50001 e 0,50002

27. Cem bombons custaram R$ 37,00. Qual é o preço de 150 bombons? E de 210? Quantos bombons se pode comprar com R$ 92,50?

28. Use a calculadora para expressar as frações na forma decimal e indique quais delas são dízimas periódicas.
   a) $\dfrac{27}{2}$
   b) $\dfrac{3}{8}$
   c) $-\dfrac{41}{6}$
   d) $\dfrac{1}{20}$
   e) $\dfrac{47}{99}$
   f) $\dfrac{8}{3}$

29. Escreva estes números sob a forma de fração irredutível:
   a) 0,3
   b) 0,03
   c) −4,5
   d) 13,7
   e) 2,002
   f) 0,0007

30. Verdadeiro ou falso?
   a) 0,25 · 36 = 2,5 · 3,6
   b) 100 · 0,2 = 100 · $\dfrac{1}{5}$

31. O terreno retangular maior foi dividido inicialmente em quatro partes iguais. Esse processo foi repetido mais duas vezes, conforme mostra a figura.

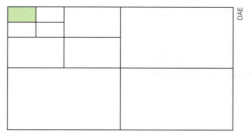

O senhor Farias, por enquanto, só cultivou 22,5 m² do seu terreno, a parte colorida da figura. Qual é a área do terreno do Sr. Farias?

32. Calcule mentalmente e expresse o resultado na forma decimal.
   a) 2 + 0,1
   b) 10 + 0,333…
   c) $1 - \dfrac{3}{4}$
   d) 0,4 + 0,444…
   e) $1,5 + \dfrac{6}{10}$
   f) $\dfrac{3}{4} + \dfrac{1}{4} - \dfrac{1}{2}$

Escrevendo dízimas periódicas na forma de fração

As dízimas periódicas são números racionais. Portanto, podemos representá-las na forma de fração.

$$0{,}777\ldots = \frac{7}{9} \qquad 0{,}111\ldots = \frac{1}{9} \qquad 0{,}2323\ldots = \frac{23}{99} \qquad 0{,}147147\ldots = \frac{147}{999}$$

Acompanhe exemplos de como descobrimos a fração que gera uma dízima.

♦ 0,777...
Vamos chamar a dízima de **x**.
$x = 0{,}777\ldots$
$10x = 7{,}777\ldots$
$10x = 7 + \underbrace{0{,}777\ldots}_{x}$
$10x = 7 + x$
$9x = 7$
$x = \dfrac{7}{9}$

Multiplicamos por 10 porque o período da dízima tem 1 algarismo.

Descobrimos que: $0{,}777\ldots = \dfrac{7}{9}$

♦ 0,2323...
Vamos chamar a dízima de **x**.
$x = 0{,}2323\ldots$
$100x = 23{,}2323\ldots$
$100x = 23 + \underbrace{0{,}2323\ldots}_{x}$
$100x = 23 + x$
$99x = 23$
$x = \dfrac{23}{99}$

Multiplicamos por 100 porque o período da dízima tem 2 algarismos.

Descobrimos que: $0{,}2323\ldots = \dfrac{23}{99}$

♦ $0{,}2777\ldots = 2{,}777\ldots : 10 = (2 + 0{,}777\ldots) : 10 = \dfrac{2 + \dfrac{7}{9}}{10} = \dfrac{\dfrac{25}{9}}{10} = \dfrac{25}{90} = \dfrac{5}{18}$

Escolham dois colegas para irem à lousa escrever as dízimas 0,341341... e 11,444... na forma de fração.

As dízimas periódicas com período 9, como 0,999... têm uma representação que chamamos de **decimal exata**. Acompanhe:

♦ $x = 0{,}999\ldots$
$10x = 9{,}999\ldots = 9 + \underbrace{0{,}999\ldots}_{x}$
$10x = 9 + x$
$9x = 9$
$x = 1$

♦ $x = 4{,}999\ldots$
$x = 4 + \underbrace{0{,}999\ldots}_{1}$
$x = 5$

Leia, troque informações com os colegas e responda se o raciocínio apresentado abaixo para mostrar que 0,999... = 1 está correto.

Como $\dfrac{1}{3} = 0{,}333\ldots$, multiplicando ambos os membros por 3, encontramos 1 = 0,999...

Representação na reta

Os números racionais podem ser representados por pontos na reta numérica. Veja exemplos:

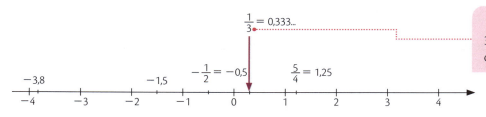

Dividimos a unidade em 3 partes iguais e assinalamos o primeiro ponto da divisão.

Registrem no caderno.

1. 1,3 é um número racional que está entre 1 e 2.
   a) Cite outros números racionais que estão entre 1 e 2.
   b) Agora cite um número racional que está entre 1,3 e 1,4.
   c) Entre dois números racionais sempre há outro número racional? Explique com exemplos.
   d) Qual é o maior número racional? E o menor?
   e) O conjunto dos números racionais é infinito?

2. O número 2,7 possui sucessor? Podemos falar em sucessor ou antecessor de números decimais?

3. As dízimas periódicas podem ser escritas na forma de fração? Elas são números racionais?

EXERCÍCIOS

NO CADERNO

33. Escreva sob a forma de fração irredutível as seguintes dízimas periódicas:
   a) $-0,888...$
   b) $0,3737...$
   c) $0,261261...$
   d) $-1,2323...$
   e) $0,0505...$
   f) $0,5444...$

34. Quando multiplicamos 1,5 por 0,555..., obtemos:
   a) $\dfrac{5}{6}$ b) $\dfrac{6}{5}$ c) $\dfrac{3}{4}$ d) $\dfrac{4}{3}$

35. Calcule e expresse o resultado na forma de fração irredutível.
   a) $1 - 0,5 + 0,222...$
   b) $0,444... + 0,4 - \dfrac{1}{2}$

36. Indique os números inteiros consecutivos que são representados pelas letras A e B.

37. (Vunesp) Observe a reta numérica, na qual estão destacados os pontos S, B, C, A, R, P e M.

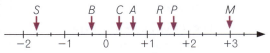

Os números racionais $-1\dfrac{2}{3}$ e $\dfrac{4}{3}$ estão representados na reta numérica, respectivamente, pelos pontos:

   a) B e A   b) B e P   c) R e P   d) S e R

38. (CJW-SP) Na reta numérica dada, cada unidade de comprimento está dividida em quatro partes iguais.

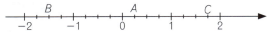

O valor da expressão $(C - A) : (B + A)$ é igual a:

   a) 2   b) 2,5   c) $-1,2$ d) $-1,5$

6. Números irracionais

Um novo tipo de número

Para determinar $\sqrt{2}$, devemos encontrar o número que elevado ao quadrado resulta em 2. Veja como Carla pensou:

$1^2 = 1$ (é pouco)
$2^2 = 4$ (é muito)

Ela concluiu que $\sqrt{2}$ é um número decimal entre 1 e 2.
$$1 < \sqrt{2} < 2$$

Aí experimentou:

$1,4^2 = 1,96$
$1,5^2 = 2,25$

Concluiu que $\sqrt{2}$ está entre 1,4 e 1,5.
$$1,4 < \sqrt{2} < 1,5$$

Continuou experimentando:

$1,41^2 = 1,9881$
$1,42^2 = 2,0164$

Concluiu que $1,41 < \sqrt{2} < 1,42$.

$1,414^2 = 1,999396$
$1,415^2 = 2,002225$

Concluiu que $1,414 < \sqrt{2} < 1,415$.

O resultado se aproxima de 2, mas é sempre um pouco menor ou um pouco maior do que 2. Carla poderia prosseguir indefinidamente nesta aproximação, pois $\sqrt{2}$ é um número com infinitas casas decimais e não tem período.

Mas então, se $\sqrt{2}$ deve ser um número cuja representação decimal não é finita nem periódica, $\sqrt{2}$ não pode ser um número racional.

Você está certa, mas, em Matemática, é preciso **provar** este fato.

Exatamente. Precisamos **demonstrar** que $\sqrt{2}$ não é um número racional, ou seja, que não pode ser escrito na forma de fração.

Prova de que $\sqrt{2}$ não é racional

Neste livro, você terá a oportunidade de acompanhar demonstrações de fatos matemáticos. Usaremos, na prova a seguir, um método bastante frequente nas demonstrações, que é chamado **redução ao absurdo**. De maneira simplificada, este método parte de uma primeira afirmação considerada verdadeira e, por meio do raciocínio lógico, acaba-se chegando numa nova afirmação que contradiz a primeira, ou ainda, a um absurdo, mostrando então que a afirmação inicial é falsa.

Vamos supor que $\sqrt{2}$ seja um número racional e que, portanto, possa ser escrito na forma de fração irredutível $\dfrac{a}{b}$ ($b \neq 0$).

Se $\dfrac{a}{b}$ é irredutível, então $\left(\dfrac{a}{b}\right)^2 = \dfrac{a}{b} \cdot \dfrac{a}{b}$ também é irredutível, pois a e b não possuem divisor comum.

Veja exemplos:
- $\left(\dfrac{2}{3}\right)^2 = \dfrac{4}{9}$
- $\left(\dfrac{1}{6}\right)^2 = \dfrac{1}{36}$
- $\left(\dfrac{4}{7}\right)^2 = \dfrac{16}{49}$

Se $\sqrt{2} = \dfrac{a}{b}$, temos que:

$$2 = \left(\dfrac{a}{b}\right)^2$$

$$2 = \dfrac{a^2}{b^2}$$

$$a^2 = 2b^2$$

a^2 seria um número par, consequentemente a seria um número par, isto é, $a = 2k$, sendo k outro número inteiro. Trocando a por $2k$ em $a^2 = 2b^2$, vem que:

$$(2k)^2 = 2b^2$$
$$4k^2 = 2b^2$$
$$2k^2 = b^2$$

Ou seja, b também seria par o que contradiz a hipótese inicial de que $\dfrac{a}{b}$ é irredutível. Isso significa que não existem a e b inteiros, com b diferente de zero, de modo que $\sqrt{2} = \dfrac{a}{b}$, ou seja, $\sqrt{2}$ não é um número racional.

Descobrimos que há números, por exemplo $\sqrt{2}$, que não são racionais.
A forma decimal desses números é infinita, mas não é periódica.
Vamos aprender mais sobre estes números?

No século III a.C., um grande matemático chamado Euclides provou que não existia fração $\dfrac{a}{b}$ com a e b números inteiros e b diferente de zero que elevada ao quadrado resultasse 2.

Euclides de Alexandria.

CONJUNTOS NUMÉRICOS 21

Apresentando o conjunto dos números irracionais

Números como $\sqrt{2}$, cuja representação decimal é infinita e não periódica, são chamados **números irracionais**.

Os matemáticos mostraram que existem infinitos números irracionais.

Por exemplo, as raízes quadradas dos números primos são números irracionais: $\sqrt{2}, \sqrt{3}, \sqrt{5}, \sqrt{7}, \sqrt{11}, \sqrt{13}, \ldots$ bem como seus opostos.

Todos os números irracionais formam um conjunto que recebe o nome de $\mathbb{I}$.

Eu pensei num número irracional: 2,101112131415161718... Ele terá infinitas casas decimais sem repetição. Você percebeu como foi que eu o inventei?

REFLETINDO

Se x é um número racional, podemos afirmar que x não é um número irracional?

Mas como vamos trabalhar com os números irracionais se eles têm infinitas casas decimais e não conseguimos escrevê-las?

Podemos aproximá-los, usando um número racional, de acordo com nossa necessidade. Por exemplo: $\sqrt{2} \cong 1{,}41$.

$\sqrt{2} \cong 1{,}41$

As calculadoras fazem isso.

Digite:

Aparece no visor 1,732050808, que é um número racional.

A calculadora fez uma aproximação com 9 casas decimais para um número que tem infinitas casas decimais.

Se não for necessária uma precisão tão grande, podemos usar:

$$\sqrt{3} \cong 1{,}73 \text{ ou ainda } \sqrt{3} \cong 1{,}7$$

Em muitas situações poderemos fazer os cálculos usando a forma de radical $\sqrt{2}, \sqrt{5}, \sqrt{11}$ etc., sem precisar recorrer às aproximações.

Digite numa calculadora comum:

1,732050808 × = para elevar este número ao quadrado.

Aparecerá no visor 3,000000001.

De fato, 1,732050808 não é raiz quadrada de 3, mas sim uma aproximação racional para ela.

EXERCÍCIOS

39. Qual das afirmações é verdadeira?

a) $\sqrt{10}$ é racional e $\sqrt{100}$ é racional
b) $\sqrt{10}$ é irracional e $\sqrt{100}$ é racional
c) $\sqrt{10}$ é racional e $\sqrt{100}$ é irracional
d) $\sqrt{10}$ é irracional e $\sqrt{100}$ é irracional

40. Em qual dos quadros encontramos somente números irracionais?

41. Alfredo está querendo obter uma representação decimal finita e exata para o número $\sqrt{6}$. Você acha que ele conseguirá? Por quê?

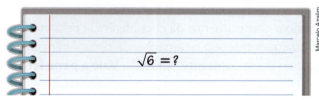

42. Faça a atividade observando os números do quadro e atribuindo a cada número os valores 1, se ele for irracional, e 2, se for racional.

$\dfrac{1}{4}$	$5 + \sqrt{2}$	$\sqrt{49}$
3,222...	0	0,5
$\sqrt[3]{8}$	$\sqrt{100}$	$\sqrt{16+4}$

Qual é a soma dos valores atribuídos?

43. Os números seguintes são valores aproximados de $\sqrt{20}$.

4	4,4	4,48	4,472

a) Calcule o quadrado de cada um desses números, indicando se é maior ou menor do que 20.
b) Qual desses números é a melhor aproximação de $\sqrt{20}$?

44. É fácil descobrir números irracionais. Basta escrever dízimas que sejam infinitas e não periódicas.

Por exemplo:

8,010010001...   e   1,23242526...

Descubra um número irracional desse tipo que esteja entre os números racionais 2 e 3.

45. Escreva os cinco termos seguintes da sequência:

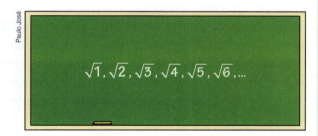

$\sqrt{1}, \sqrt{2}, \sqrt{3}, \sqrt{4}, \sqrt{5}, \sqrt{6}, ...$

Quais deles são irracionais?

46. Identifique como número racional ou como número irracional.

a) 4,25
b) $\sqrt{81}$
c) $\sqrt{50}$
d) -76
e) $\dfrac{1}{3}$
f) 0,0061
g) $-\sqrt{18}$
h) 48 799
i) 7,171771777...
j) 8,434343...

7. Pi – um número irracional

Trace com compasso um círculo de 5 cm de diâmetro em uma cartolina e recorte-o.

Contorne-o com linha grossa como mostra a figura ao lado. Meça o comprimento da linha, obtendo o comprimento da circunferência do círculo. Anote-o.

Repita o procedimento para um círculo de 10 cm de diâmetro e um círculo de 15 cm de diâmetro.

Chamando o diâmetro de d e o comprimento da circunferência de C, calcule o quociente de $\frac{C}{d}$ para cada círculo, preenchendo em seu caderno uma tabela como esta:

d (cm)	C (cm)	$\frac{C}{d}$
5		
10		
15		

Você deve ter obtido, nos três casos, $\frac{C}{d} \cong 3$.

Este símbolo significa aproximadamente igual.

Se prosseguíssemos com nosso experimento, por mais precisas que fossem nossas medidas, não obteríamos um valor exato, pois este quociente tem infinitas casas decimais e não tem período.

Há muitos e muitos séculos, percebeu-se que dividindo o comprimento da circunferência pela medida de seu diâmetro, obtém-se sempre um mesmo número, qualquer que seja o tamanho da circunferência. Ao longo da história, os matemáticos se ocuparam com o cálculo dessa constante. Na seção **Vale a pena ler**, da página 30, você aprenderá mais sobre esse assunto.

No século XVIII provou-se que este quociente é um número irracional que denotamos pela letra grega π (lê-se "pi").

$$\frac{C}{d} = \pi \quad \text{e} \quad \pi = 3,14159265...$$

De acordo com nossas necessidades, usaremos **aproximações racionais para π**. Por exemplo:

$$\pi = 3,14$$

Agora acompanhe:

Se $\frac{C}{d} = \pi$, então $C = \pi \cdot d$. Para calcular a medida C do comprimento de uma circunferência de diâmetro d, multiplicamos seu diâmetro por π.

Ou ainda, como $d = 2 \cdot r$ (r é a medida do raio da circunferência), temos que:

$$C = 2 \cdot \pi \cdot r$$

EXERCÍCIOS

Para os exercícios a seguir, use π = 3,14.

47. O diâmetro do aro de uma cesta de basquete mede 45 cm. Qual é o comprimento aproximado do aro?

48. Uma pessoa que faz caminhada dá 8 voltas em torno de uma praça circular de 120 m de diâmetro. Qual é, aproximadamente, a distância percorrida por essa pessoa?

49. A medida do contorno de uma piscina circular é 50,24 m. Quanto mede, aproximadamente, o raio dessa piscina?

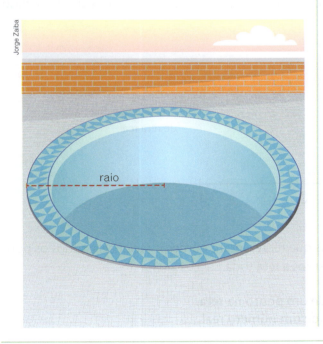

50. Uma pista de atletismo tem a seguinte forma:

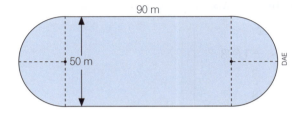

Qual é o comprimento aproximado dessa pista?

51. Uma praça é circular e seu raio mede 64 m. Paulinho e Silvinho, partindo de um mesmo ponto, correram em torno dela em sentido contrário, e pararam ao se encontrar. Naquele instante, Paulinho havia percorrido 182,92 m. E Silvinho, quanto havia corrido?

52. Quantas voltas deverá dar a roda da bicicleta a seguir para percorrer 1 099 m?

8. Números reais

Vimos que todos os números naturais e todos os números inteiros são números racionais.

Juntando os números racionais e os números irracionais num único conjunto, obtemos o **conjunto dos números reais**, que é denotado por $\mathbb{R}$.

- 2
- $-1\,698$
- $\dfrac{3}{8}$
- $-\dfrac{1}{15}$
- 0,47
- $-3,5555\ldots$
- $\sqrt{17}$
- 0

São exemplos de números reais.

Excluindo o zero

Quando queremos excluir o zero de um conjunto numérico, usamos um asterisco:

$\mathbb{N}^*$ é o conjunto dos números naturais sem o zero: $\{1, 2, 3, 4, 5, 6, \ldots\}$

$\mathbb{R}^*$ é o conjunto dos números reais sem o zero, e assim por diante.

Todo número real pode ser representado por um ponto na reta numérica.

Você já sabe como representar números racionais na reta numérica. E os números irracionais?

Vamos localizar, como exemplo, o ponto da reta correspondente a $\sqrt{2}$. Além de poder localizá-lo por uma representação decimal aproximada, podemos obter, por um processo geométrico, a localização exata desse ponto.

A área de cada quadradinho de lado 1 cm é igual a 1 cm².

Dividindo-o ao meio, cada triângulo fica com 0,5 cm² de área.

Como $4 \cdot 0,5 = 2$, a área do quadrado verde é de 2 cm².

Então, a medida do lado do quadrado verde é $\sqrt{2}$ cm.

Transportamos, com auxílio do compasso, a medida deste segmento para a reta numérica, determinando o ponto correspondente a $\sqrt{2}$.

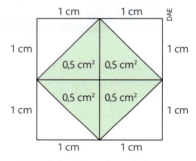

Obs.: O desenho está ampliado.

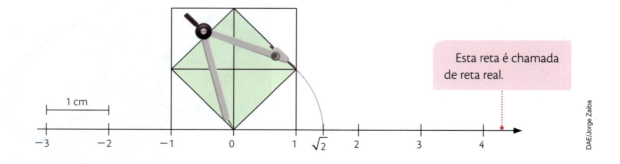

Esta reta é chamada de reta real.

Se marcássemos sobre a reta real todos os pontos que representam números racionais e todos os pontos que representam números irracionais, preencheríamos a reta toda.

Conclusão:
- A todo número real corresponde um ponto na reta.
- A cada ponto da reta corresponde um número real.

26

EXERCÍCIOS

53. Copie a tabela e assinale a que conjuntos pertencem cada um dos números.

Números	10	−8	−3/4	−6/2	0	$\sqrt{4}$	$\sqrt{7}$	π	1,76
Naturais									
Inteiros									
Racionais									
Irracionais									

◆ Que nome pode ser dado a todos eles?

54. Qual dos números a seguir não é real?

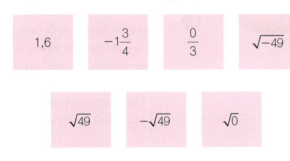

55. O valor da expressão $\dfrac{\sqrt{81} + \sqrt{49}}{\sqrt{81} - \sqrt{49}}$:

a) é um número inteiro.
b) é um número irracional.
c) não é um número real.
d) não é um número racional.

56. Sejam os números:

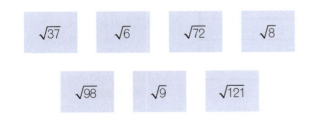

Quais deles estão compreendidos entre 5 e 10?

57. Qual é o maior:

a) $\sqrt{9}$ ou π?
b) 10 ou $\sqrt{20}$?
c) 7,2 ou $\sqrt{50}$?
d) $\sqrt{15}$ ou π?

58. Quais são os números inteiros que estão entre $-\sqrt{10}$ e $\sqrt{10}$?

59. Determine entre quais números inteiros consecutivos fica o valor correspondente a cada item.

a) $\dfrac{\sqrt{108}}{2}$

b) $\sqrt{\dfrac{2}{72}}$

60. Faça uma estimativa para cada uma das expressões.

a) 135,6 + 63,9
b) 753,1 − 52,8
c) 6,9 · 5
d) 4,1 · 4,01
e) 12,9 · 5,1
f) 99,9 · 40,02
g) 8 235 : 1 001
h) 79,8 : 19,2
i) 691,7 : 10,02
j) 49,3 : 0,99

61. Qual é o valor da expressão a seguir?

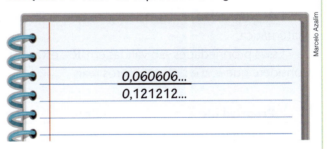

0,060606...
0,121212...

Faça este experimento!

Peça a uma pessoa que diga qualquer número entre 1 e 10.

É quase certo que a pessoa dirá um número inteiro.

Uma resposta como 8,534 ou $5\sqrt{2}$ é rara, apesar de serem respostas tão boas quanto qualquer número inteiro entre 1 e 10.

Por que isso ocorre?

9. Os números reais e as operações

A soma de dois números reais é um número real.

Isso também vale para o produto e a diferença de dois números reais.

Excetuando a divisão por zero, que continua a não existir em $\mathbb{R}$, o quociente de dois números reais é um número real.

Em $\mathbb{R}$ também podemos extrair a raiz quadrada de qualquer número positivo.

No entanto, a raiz quadrada de um número negativo não é um número real, pois todo número real elevado ao quadrado é positivo.

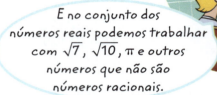

Subtrações do tipo 5 − 9 não tinham solução no conjunto $\mathbb{N}$. No conjunto $\mathbb{Z}$ elas podem ser efetuadas.

Divisões do tipo 3 : 4 não tinham resultado no conjunto $\mathbb{N}$ e no conjunto $\mathbb{Z}$. No conjunto $\mathbb{Q}$ elas podem ser efetuadas.

E no conjunto dos números reais podemos trabalhar com $\sqrt{7}$, $\sqrt{10}$, π e outros números que não são números racionais.

Eu achei legal perceber que novos tipos de números foram sendo criados para representar e resolver questões que os números já existentes não podiam resolver!

Há propriedades das operações que utilizamos com frequência em Matemática.

Essas propriedades são válidas em $\mathbb{R}$ e estão listadas no quadro abaixo. Considere que a, b e c são números reais.

Propriedade	Adição	Multiplicação
Comutativa	$a + b = b + a$	$a \cdot b = b \cdot a$
Elemento neutro	$a + 0 = 0 + a = a$	$a \cdot 1 = 1 \cdot a = a$
Elemento oposto	$a + (-a) = 0$	
Elemento inverso		$a \cdot \frac{1}{a} = 1$ com $a \neq 0$
Multiplicação por zero		$a \cdot 0 = 0$
Associativa	$(a + b) + c = a + (b + c)$	$(a \cdot b) \cdot c = a \cdot (b \cdot c)$
Distributiva		$a \cdot (b + c) = a \cdot b + a \cdot c$
Anulamento do produto		Se $a \cdot b = 0$, então $a = 0$ ou $b = 0$
Operação inversa	Se $a + b = c$, então $a = c - b$ e $b = c - a$	Se $a \cdot b = c$ com $a \neq 0$ e $b \neq 0$, então $a = \frac{c}{b}$ e $b = \frac{c}{a}$

REFLETINDO

1. O que é necessário para que um produto seja igual a zero?

2. Qual é o único número real que não tem inverso?

3. Que número somado a $-\sqrt{7}$ resulta em zero?

EXERCÍCIOS

62. Entre as expressões abaixo, a que apresenta resultado igual a 40 é:

a) 5 · 0 · 8
b) 10 + 10 · 2
c) 23 − 3 · 2
d) 40 + 0 : 40

63. Copie e relacione cada número ao seu inverso, se existir.

Ⓐ $\frac{5}{2}$
Ⓑ 0,5
Ⓒ 0
Ⓓ 1
Ⓔ $\frac{1}{5}$

Ⅰ 5
Ⅱ $\frac{10}{5}$
Ⅲ $\frac{2}{5}$
Ⅳ $\frac{5}{5}$

64. Utilizando a propriedade distributiva, calcule:

a) $\frac{2}{5} \cdot \left(-\frac{1}{5} + \frac{1}{3}\right)$
b) 4 · (0,25 + 0,3 − 0,1)
c) $\left(\frac{3}{2} - \frac{1}{8} + \frac{5}{4}\right) \cdot 8$

65. Qual é o oposto do inverso de $-\frac{37}{52}$?

66. (Unifor-CE) Se o triplo de um número é $\frac{18}{5}$, então:

a) seu quíntuplo é 18.
b) seu dobro é $\frac{12}{5}$.
c) sua metade é $\frac{2}{5}$.
d) sua terça parte é $\frac{1}{5}$.

67. Copie e complete.
Se (x − 2)(x − 3) = 0 e x ≠ 2, então x = .

68. Explique por que, se a · b ≠ 0, então a ≠ 0 e b ≠ 0.

69. Qual é o número real cujo dobro é $\frac{\sqrt{6}}{3}$?

70. (Obmep) Em qual das alternativas aparece um número que fica entre $\frac{19}{3}$ e $\frac{55}{7}$?

a) 4
b) 5
c) 7
d) 9

71. Verdadeiro ou falso?

a) 0,4333... = 0,1 + 0,333...
b) 0,8666... = 0,8 + 0,666...
c) 0,1222... = − 0,1 + 0,222...

72. (Obmep) Qual é o valor de $1 + \dfrac{1}{1 - \dfrac{2}{3}}$?

a) 2
b) $\frac{3}{2}$
c) 4
d) $\frac{4}{3}$

73. (CAp-Unicamp-SP) Quanto ao valor da expressão:

$$E = \dfrac{\dfrac{2}{3} - \dfrac{1}{2}}{2} + 4 \cdot \dfrac{0,5 + 1}{6},$$

é correto afirmar que:

a) E < 1
b) E > 13
c) E = 13
d) 1 < E < 2

74. (Cesgranrio-RJ) Se as frações representadas pelos pontos R e P forem multiplicadas, o ponto sobre a reta numérica da figura que representará o produto será:

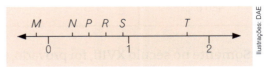

a) M
b) N
c) S
d) T

VALE A PENA LER

Um pouco mais sobre π e os números irracionais

Como vimos, π é a razão constante entre o comprimento de uma circunferência e seu diâmetro. Desde a antiguidade, o valor dessa razão intriga os matemáticos, que, ao longo dos séculos, se dedicaram ao cálculo de π. Arquimedes, por exemplo, grande matemático e físico grego, por volta de 250 a.C., obteve aproximações para π a partir do cálculo dos perímetros de polígonos inscritos e circunscritos.

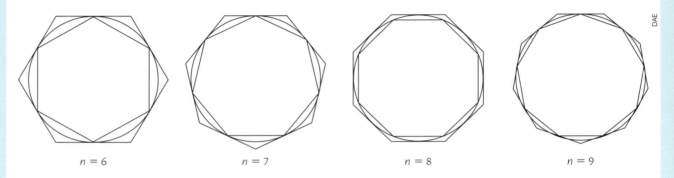

Ele percebeu que quanto maior o número de lados do polígono, mais seu perímetro se aproximava do comprimento da circunferência, com diferenças cada vez menores (para menos quando o polígono estava dentro da circunferência, para mais quando o polígono estava fora). A partir do perímetro dos polígonos de 96 lados, ele concluiu que π estava entre $\frac{223}{71}$ e $\frac{22}{7}$. Em números decimais: **3,1408 < π < 3,1429**.

Outras civilizações também conheciam a relação entre o comprimento da circunferência e o seu diâmetro. Veja no quadro algumas das aproximações usadas para π ao longo da história:

Origem – ano aproximado	Aproximação para π
Antigo Testamento 500 a.C.	3
Egípcios 2000 a.C.	$\frac{256}{81} \cong 3{,}1605$
China 480 d.C.	$\frac{355}{113} \cong 3{,}1416$

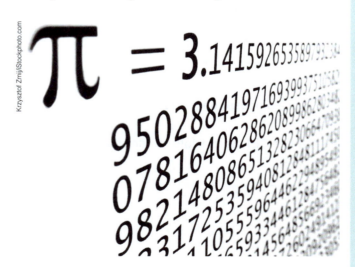

Somente no século XVIII, foi provado, por J. H. Lambert, matemático francês, que π não é um número racional, ou seja, que sua parte decimal é infinita e não periódica. Portanto, o valor de π que utilizamos na prática, na resolução de problemas, sempre é uma **aproximação**. O número de casas decimais utilizadas dependerá da precisão necessária para a situação.

REVISANDO

NO CADERNO

75. Indique dois números:

a) inteiros que sejam naturais;
b) inteiros que não sejam naturais;
c) racionais que sejam inteiros;
d) racionais que não sejam inteiros;
e) reais que sejam racionais;
f) reais que sejam irracionais.

Compare suas respostas com as de seus colegas.

76. É correto afirmar que toda dízima periódica é um número racional?

77. Responda.

Não sou um número natural,
não sou inteiro,
não sou racional,
mas sou real.
Quem sou eu?

78. Sendo $\frac{1}{3} = 0{,}333\ldots$, calcule na forma de dízima:

a) $\frac{2}{3}$ sabendo que $\frac{2}{3} = 2 \cdot \frac{1}{3}$

b) $\frac{3}{3}$ sabendo que $\frac{3}{3} = 3 \cdot \frac{1}{3}$

c) $\frac{5}{3}$ sabendo que $\frac{5}{3} = 1 + \frac{2}{3}$

Da resolução do item **b** podemos concluir que:

$$0{,}999\ldots = 1$$

79. Qual é o número racional na forma decimal que está escondido?

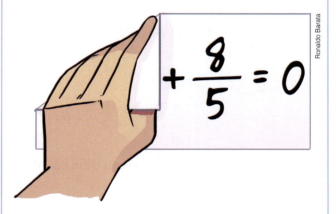

80. Sabendo que $41 \cdot 271 = 11111$, calcule mentalmente:

a) $123 \cdot 271$
b) $22222 : 271$

81. Sabendo que $345 : 15 = 23$, escreva o valor dos seguintes quocientes, sem efetuar cálculos:

a) $34{,}5 : 15$
b) $34{,}5 : 1{,}5$
c) $3{,}45 : 1{,}5$
d) $345 : 0{,}15$

82. Entre as marcas 0 e 12, que indicam quilômetros numa pista de corrida, foram colocadas outras. Os intervalos indicados por duas marcas consecutivas têm o mesmo comprimento. Descubra os números.

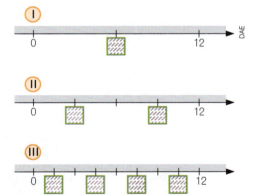

a) Dados os números racionais 10,5 e 12, encontre ao menos um número racional entre eles.
b) Entre dois números racionais existe sempre outro número racional?
c) O conjunto dos números racionais é infinito?

83. Você sabe que $\sqrt{25} = 5$ e que $\sqrt{36} = 6$. Indique cinco números irracionais situados entre 5 e 6.

84. Escreva a dízima correspondente a cada um dos números.
   a) $-\dfrac{13}{9}$
   b) $\dfrac{25}{33}$
   c) $\dfrac{114}{45}$
   d) $\dfrac{17}{400}$

Confirme os resultados com uma calculadora.

85. Escreva em ordem crescente os números reais.

$\dfrac{1}{3}$ $\dfrac{6}{20}$ $0,3222\ldots$ $\dfrac{4}{2}$ $\dfrac{3}{2}$

86. Num supermercado, os DVDs estavam em promoção.

LEVE 5 E PAGUE 4 R$ 42,00

Quanto se pagaria pelos 5 se não estivessem em promoção?

87. (Obmep) O gráfico mostra o resumo completo do último jogo disputado pelos oito jogadores da seleção de basquete da escola.

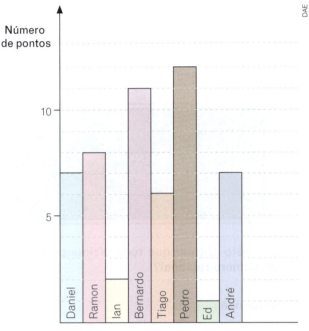

a) Quantos pontos fez Ramon?
b) Qual jogador fez o maior número de pontos? Quantos?
c) Qual foi o número total de pontos marcados pela equipe?

88. O que você pode dizer sobre estes números?

$\dfrac{\sqrt{16}}{5}$ $\dfrac{8}{10}$ $\dfrac{4}{5}$ $0,8$

89. Efetue e expresse o resultado na forma de fração irredutível.
   a) $\dfrac{1}{4} \cdot 0,5 + \dfrac{1}{2}$
   b) $\dfrac{9 + 2 \cdot 0,5}{3 - (-1)}$
   c) $\left(2,5 + \dfrac{1}{3}\right) : 0,75$
   d) $0,111\ldots + \dfrac{4}{3}$

90. Dê o valor da expressão:

$\left(\dfrac{1}{5} + \dfrac{1}{3}\right) : \left(\dfrac{3}{5} - \dfrac{1}{15}\right) + 0,999\ldots$

91. Julieta tirou do *freezer* uma refeição que estava a dois graus negativos. Aqueceu a refeição e a temperatura subiu 27 graus. A que temperatura ficou a refeição?

92. Três garotos, Paulo, Rui e Ari, jogam pingue-pongue. Após cada partida, quem perde sai. Sabe-se que Paulo jogou 17 partidas, Rui jogou 13 e Ari jogou 12 partidas. Quantas partidas foram disputadas?

93. (Fuvest-SP) Estão construindo um anel rodoviário circular em torno da cidade de São Paulo, distando aproximadamente 20 km da Praça da Sé. Quantos quilômetros deverá ter essa rodovia?

94. Um pneu anda 21,98 metros para a frente quando dá 7 voltas. Qual é o diâmetro do pneu?

DESAFIOS NO CADERNO

95. Qual é o maior número inteiro compreendido entre $-\dfrac{5}{2}$ e $\dfrac{1}{3}$?

96. Uma piscina está aberta todos os dias da semana.

- Sílvio vai à piscina de 2 em 2 dias.
- Mário vai à piscina de 3 em 3 dias.
- Lúcia vai à piscina de 5 em 5 dias.

No domingo, os três se encontram lá.

a) Daqui a quantos dias os três voltarão a se encontrar?

b) Será em que dia da semana?

97. (Ufac) Apenas para decolar e pousar, um Boeing 737 consome, em média, 1 980 litros de combustível. Para se ter uma ideia, isso representa 90% de todo combustível que ele gasta em uma viagem Rio-São Paulo. Então, qual a quantidade de combustível que o Boeing consome em uma viagem do trecho Rio-São Paulo?

CONJUNTOS NUMÉRICOS **33**

SEÇÃO LIVRE

A matemática dos códigos

A. No dia a dia, muitos números – de carteira de identidade, de CPF, de contas bancárias etc. – são utilizados. Geralmente eles apresentam um dígito de verificação, normalmente após o hífen, como em 32176-9. A finalidade desse dígito adicional é evitar erros na digitação ou no preenchimento de documentos com números.

Um dos métodos empregados para gerar o dígito adicional obedece aos seguintes passos:

- multiplica-se o último algarismo do número por 1, o penúltimo por 2, o antepenúltimo por 1, e assim sucessivamente, ou seja, sempre alternando-se multiplicações por 1 e por 2;
- soma-se 1 a cada um dos resultados de tais multiplicações que for igual a 10 ou que for superior a 10;
- somam-se os resultados obtidos;
- calcula-se o resto da divisão dessa soma por 10, obtendo-se assim o dígito verificador.

Para o número 54 286, o dígito verificador obtido pelo processo acima descrito é:

a) 1   b) 3   c) 6   d) 8

B. (CPII-RJ) O conhecido *Código de Barras* é uma representação gráfica de dados numéricos, que permite sua captura automática por meio de leitura óptica. Alguns desses códigos utilizam 13 dígitos que são escritos de duas formas: em barras pretas e brancas e também, logo abaixo delas, com os algarismos de nosso sistema de numeração, para que possam ser lidos por uma pessoa, quando necessário. Para detectar erros de digitação e verificar se o código é válido, após sua leitura, a máquina processa internamente as seguintes operações:

1ª	Multiplica o primeiro dígito do código por 1; o segundo dígito por 3, o terceiro por 1; o quarto por 3; e assim sucessivamente, até o 13º dígito, que será multiplicado por 1.
2ª	Soma todos os produtos obtidos na 1ª operação.
3ª	Verifica se a soma obtida é um múltiplo de 10.

O código será considerado válido se a soma obtida for um múltiplo de 10.

a) O caixa de um supermercado digitou o seguinte número do código de barras de um artigo:

7610500900403

Houve erro de digitação?

b) O código de barras de um artigo veio com o 4º dígito manchado, como na figura. Determine esse dígito.

34

AUTOAVALIAÇÃO

NO CADERNO

Anote no caderno o número do exercício e a letra correspondente à resposta correta.

98. O número 6,54 milhões é igual a:
- a) 6540
- b) 65400
- c) 654000
- d) 6540000

99. O número 8200000000 é igual a:
- a) 820 mil
- b) 82 bilhões
- c) 8,2 milhões
- d) 8,2 bilhões

100. A escrita 8,2 bilhões é lida como:
- a) oito bilhões e dois mil.
- b) oito bilhões e vinte mil.
- c) oito bilhões e duzentos mil.
- d) oito bilhões e duzentos milhões.

101. (Saresp) Joana e seu irmão estão representando uma corrida em uma estrada assinalada em quilômetros, como na figura abaixo:

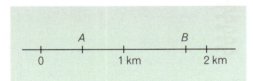

Joana marcou as posições de dois corredores com os pontos A e B. Esses pontos A e B representam que os corredores já percorreram, respectivamente, em km:
- a) 0,5 e $1\frac{3}{4}$
- b) 0,25 e $\frac{10}{4}$
- c) $\frac{1}{4}$ e 2,75
- d) $\frac{1}{2}$ e 2,38

102. (Saresp) Observe a reta numérica:

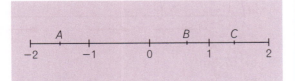

Os números A, B e C são, respectivamente:
- a) $-\frac{15}{10}$; $-0,6$; $\sqrt{2}$
- b) $-1,5$; $\frac{6}{10}$; $\sqrt{2}$
- c) 1,5; 0,6; 1,5
- d) 1,5; $\sqrt{2}$; π

103. (PUC-RJ) Assinale a afirmação verdadeira.

a) $\sqrt{2} = 1,414$
b) $\sqrt{2} = 1,4142$
c) $\sqrt{2} = 1,41421$
d) nenhuma das alternativas anteriores

104. (PUC-SP) Sabe-se que o produto de dois números irracionais pode ser um número racional. Um exemplo é:
- a) $1 \cdot \sqrt{3} = \sqrt{3}$
- b) $\sqrt{2} \cdot \sqrt{3} = \sqrt{6}$
- c) $\sqrt{4} \cdot \sqrt{9} = \sqrt{36}$
- d) $\sqrt{3} \cdot \sqrt{12} = \sqrt{36}$

105. (Uece) As letras a, b, c, d e e, no quadro, assumem valores que configuram uma situação lógica.

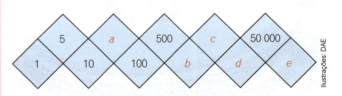

Assim, a + c + d é igual a:
- a) 16150
- b) 15650
- c) 15500
- d) 15050

106. O valor de $\frac{0,064}{0,008}$ é:
- a) 8
- b) 0,8
- c) 80
- d) 800

107. (UFRN) O valor de $\frac{2}{0,666...}$ é:
- a) 3
- b) 12
- c) 0,333...
- d) 1,333...

108. (OBM) Joana escreve a sequência de números naturais:

1, 6, 11, ...

Cada número, com exceção do primeiro, é igual ao anterior mais cinco. Joana para quando encontra o primeiro número de três algarismos. Esse número é:

a) 100
b) 102
c) 101
d) 103

109. Torcedores do Corinthians, 728 precisamente, pretendem alugar alguns ônibus para assistirem a um jogo no Estádio do Maracanã. Os ônibus disponíveis têm 42 lugares cada um. Quantos ônibus devem ser alugados?

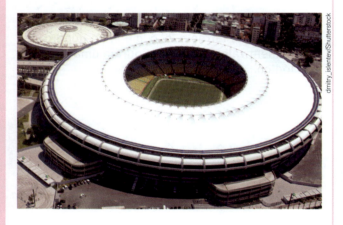

a) 17
b) 18
c) 19
d) 17,333...

110. (Cesgranrio-RJ) O valor de:

$$0,333... + \frac{7}{2} - \left(\frac{2}{3} + 2\right)$$ é:

a) $\frac{1}{2}$
b) $\frac{1}{3}$
c) $\frac{7}{6}$
d) $\frac{3}{2}$

111. (OBM) Qual dos números a seguir está mais próximo de $\dfrac{60,12 \times (0,99)^2}{\sqrt{401}}$?

a) 0,3
b) 0,03
c) 3
d) 30

112. Se $a = 0,444...$ e $b = 0,333...$, então $b\sqrt{a}$ é igual a:

a) $\frac{1}{9}$
b) $\frac{2}{9}$
c) $\frac{5}{9}$
d) $\frac{7}{9}$

113. (UFRN) Para os festejos natalinos, uma fábrica de doces lançará uma caixa de chocolates, desse modo:

O número de chocolates poderá ser dividido igualmente entre:
2, 3, 4, 5 e 6 pessoas, não havendo sobra.

O menor número de chocolates que essa caixa deverá conter será:

a) 30   b) 60   c) 120   d) 180

114. A figura abaixo representa o trajeto que uma formiga faz para ir de A até B, utilizando o caminho indicado com setas. Qual distância ela percorre?

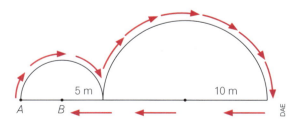

a) 57,1 m
b) 62,1 m
c) 72,1 m
d) 77,1 m

UNIDADE 2
Potenciação e notação científica

1. Expoentes inteiros

Um condomínio é formado por 6 conjuntos residenciais. Cada conjunto residencial tem 6 edifícios. Cada edifício tem 6 andares. Cada andar tem 6 apartamentos. Quantos apartamentos há no condomínio?

Podemos resolver esse problema calculando $6 \cdot 6 \cdot 6 \cdot 6 = 1296$. Logo, são 1296 apartamentos. Essa multiplicação de fatores iguais pode ser escrita na forma de potência:

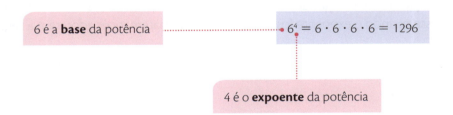

6 é a **base** da potência

$6^4 = 6 \cdot 6 \cdot 6 \cdot 6 = 1296$

4 é o **expoente** da potência

Veja mais situações que envolvem a potenciação.
Para calcular a área deste jardim, elevamos a medida de seu lado ao quadrado, ou seja, efetuamos uma potenciação.

$A = 7^2 = 49$
$A = 49 \text{ m}^2$

7 m

7 m

POTENCIAÇÃO E NOTAÇÃO CIENTÍFICA 37

Quem vai à lousa para mostrar como calcular o volume desta caixa-d'água cúbica?

Recorde com exemplos o cálculo de algumas potências:
- $(-2)^5 = (-2) \cdot (-2) \cdot (-2) \cdot (-2) \cdot (-2) = -32$
- $\left(\dfrac{2}{5}\right)^3 = \dfrac{2}{5} \cdot \dfrac{2}{5} \cdot \dfrac{2}{5} = \dfrac{8}{125}$
- $(-1,3)^2 = (-1,3) \cdot (-1,3) = 1,69$
- $7^1 = 7$

Se a é um número diferente de zero, $a^0 = 1$. Então:
- $13^0 = 1$
- $(-4)^0 = 1$
- $\left(\dfrac{2}{5}\right)^0 = 1$

Até agora, consideramos o expoente sempre um número natural: 0, 1, 2, 3, 4, ...
Observe os esquemas que construímos:

$3^5 = 243$ ÷ 3
$3^4 = 81$ ÷ 3
$3^3 = 27$ ÷ 3
$3^2 = 9$ ÷ 3
$3^1 = 3$ ÷ 3
$3^0 = 1$

$(-2)^5 = -32$ ÷ (−2)
$(-2)^4 = 16$ ÷ (−2)
$(-2)^3 = -8$ ÷ (−2)
$(-2)^2 = 4$ ÷ (−2)
$(-2)^1 = -2$ ÷ (−2)
$(-2)^0 = 1$

Quem vai à lousa para montar um esquema como esses usando a base 5? Para começar: $5^5 = 3\,125$.

Podemos construir esquemas semelhantes a esses usando como base outros números diferentes de zero. Se você prestar atenção na construção dos esquemas, perceberá que eles obedecem a um padrão. Para que o padrão prosseguisse quando o expoente fosse diminuindo, os matemáticos adotaram a seguinte definição:

Copie os quadros no caderno e complete-os.

$3^5 = 243$
$3^4 = 81$
$3^3 = 27$
$3^2 = 9$
$3^1 = 3$
$3^0 = 1$
$3^{-1} = \;\square$
$3^{-2} = \;\square$
$3^{-3} = \;\square$

$(-2)^5 = -32$
$(-2)^4 = 16$
$(-2)^3 = -8$
$(-2)^2 = 4$
$(-2)^1 = -2$
$(-2)^0 = 1$
$(-2)^{-1} = \;\square$
$(-2)^{-2} = \;\square$
$(-2)^{-3} = \;\square$

Vimos, por exemplo, que:
- $5^{-3} = \dfrac{1}{125} = \dfrac{1}{5^3}$
- $(-2)^{-3} = -\dfrac{1}{8} = -\dfrac{1}{(-2)^3}$

Se $a \neq 0$ e n é um número natural, definimos:

$$a^{-n} = \dfrac{1}{a^n}, \text{ ou } a^{-n} = \left(\dfrac{1}{a}\right)^n$$

EXERCÍCIOS

1. Considere o produto 2 · 2 · 2 · 2 · 2 · 2.
   Escreva-o como potência de base:
   a) 2
   b) 4
   c) 8
   d) 64

2. Calcule.
   a) 6^3
   b) 2^6
   c) 0^9
   d) 11^3
   e) 101^2
   f) 400^2

3. Calcule.
   a) $(-1)^4$
   b) $(-13)^2$
   c) $(-5)^3$
   d) $(-10)^5$
   e) $(-2,3)^2$
   f) $(-0,1)^3$

4. Calcule.
   a) $(-3)^2$
   b) -3^2

   Por que os resultados são diferentes?

5. Calcule.
   a) -7^2
   b) $(-7)^2$
   c) -2^4
   d) $(-2)^4$
   e) -4^3
   f) $(-4)^3$
   g) $-(+2)^5$
   h) $-(-3)^4$

6. Utilizando potências, escreva uma expressão que traduza o número de quadradinhos de cada figura e calcule o valor dessa expressão.

   a)
   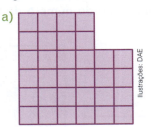

   b)
   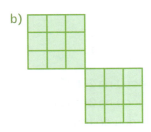

7. Num depósito há 12 caixas, cada caixa contém 12 estojos e cada estojo contém 12 lápis. Quantos lápis há no total?

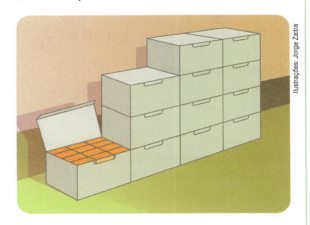

8. Calcule.
   a) $\left(\dfrac{3}{5}\right)^2$
   b) $\left(-\dfrac{4}{7}\right)^2$
   c) $\left(-\dfrac{1}{5}\right)^3$
   d) $\left(-\dfrac{1}{2}\right)^4$
   e) $\left(+\dfrac{1}{3}\right)^5$
   f) $\dfrac{3^2}{2}$

9. No chão de uma sala quadrada há um tapete também quadrado, como mostra a figura abaixo.

   a) Escreva o que se pretende calcular com a expressão $\left(\dfrac{7}{2}\right)^2 - \left(\dfrac{5}{2}\right)^2$.

   b) Será que a área do chão sem tapete é 3,5 m²?

10. Quantos quadrados de 2 cm de lado podem ser obtidos a partir de uma folha de cartolina de 75 cm por 45 cm?

11. Qual é o expoente?

a) $2^{\square} = 32$
b) $2^{\square} = \dfrac{1}{32}$
c) $3^{\square} = 81$
d) $3^{\square} = \dfrac{1}{81}$
e) $10^{\square} = 1\,000$
f) $10^{\square} = \dfrac{1}{1\,000}$

12. Calcule e compare.

a) 5^2 e $(-5)^2$
b) 5^{-2} e $(-5)^{-2}$
c) 5^3 e $(-5)^3$
d) 5^{-3} e $(-5)^3$

13. Veja duas maneiras de calcular $\left(\dfrac{4}{5}\right)^{-2}$:

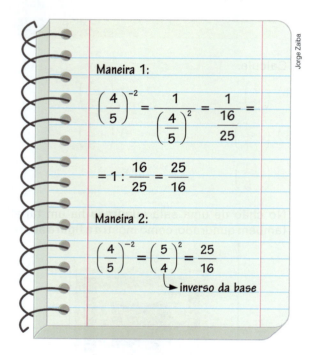

Agora calcule mentalmente.

a) Quanto é $\left(\dfrac{2}{3}\right)^{-1}$?
b) Quanto é $\left(\dfrac{1}{2}\right)^{-3}$?
c) Quanto é $\left(\dfrac{5}{2}\right)^{-2}$?
d) Quanto é $\left(-\dfrac{7}{4}\right)^{-2}$?

14. Calcule mentalmente.

a) $3^{-1} + \dfrac{2}{3}$
b) $3^{-1} \cdot 9$
c) $7^{-2} \cdot 49$
d) $6^{-2} + \dfrac{35}{36}$

15. Uma lanchonete oferece dois tipos de sanduíches, dois tipos de sucos e dois tipos de sorvetes. Quantos lanches diferentes podem ser oferecidos, se cada um deve conter um sanduíche, um suco e um sorvete?

16. Dê o valor de:

a) 87^0
b) $(-6)^1$
c) $(0,222...)^1$
d) $\left(\dfrac{5}{2}\right)^0$
e) $(8,333...)^0$
f) $(-7)^0$
g) -7^0
h) $\dfrac{5^0}{2}$

17. Alfredo colocou na 1ª caixa 4 botões e em cada caixa seguinte o quádruplo do número de botões da anterior.

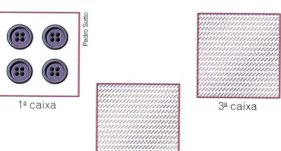

1ª caixa   2ª caixa   3ª caixa

a) Quantos botões colocou na 2ª caixa?
b) Quantos botões colocou na 3ª caixa?
c) Quantos botões guardou ao todo?

2. Propriedades das potências

Encontraremos as propriedades por meio de exemplos. No entanto, elas valem para qualquer base.

◆ O que representa a expressão $7^3 \cdot 7^2$?

$$7^3 \cdot 7^2 = (7 \cdot 7 \cdot 7) \cdot (7 \cdot 7) =$$
$$= 7 \cdot 7 \cdot 7 \cdot 7 \cdot 7 =$$
$$= 7^5$$

Assim, $7^3 \cdot 7^2 = 7^{3+2} = 7^5$.

> Para multiplicar potências de mesma base, conservamos a base e somamos os expoentes.

Essa propriedade nos leva a outras duas. Acompanhe:

◆ Qual é o significado da expressão $(5^2)^3$?

$$(5^2)^3 = 5^2 \cdot 5^2 \cdot 5^2 =$$
$$= 5 \cdot 5 \cdot 5 \cdot 5 \cdot 5 \cdot 5 =$$
$$= 5^6$$

Assim, $(5^2)^3 = 5^{2 \cdot 3} = 5^6$.

> Se uma potência está elevada a um expoente, podemos conservar a base e multiplicar os expoentes.

POTENCIAÇÃO E NOTAÇÃO CIENTÍFICA

- Qual é o significado da expressão $(2 \cdot 5)^3$?

$$(2 \cdot 5)^3 = (2 \cdot 5) \cdot (2 \cdot 5) \cdot (2 \cdot 5) =$$
$$= 2 \cdot 5 \cdot 2 \cdot 5 \cdot 2 \cdot 5 =$$
$$= 2 \cdot 2 \cdot 2 \cdot 5 \cdot 5 \cdot 5 =$$
$$= 2^3 \cdot 5^3$$

Assim, $(2 \cdot 5)^3 = 2^3 \cdot 5^3$.

Atenção!

Não confunda:
- $(3 \cdot 5)^2 = 3^2 \cdot 5^2$
- $(3 + 5)^2 = 8^2$

> **Para elevar um produto a um expoente, elevamos cada fator a esse expoente.**

E sobre a divisão de potências de mesma base: o que será que podemos descobrir?
- O que representa a expressão $2^5 : 2^3$?

$$2^5 : 2^3 = \frac{2 \cdot 2 \cdot 2 \cdot 2 \cdot 2}{2 \cdot 2 \cdot 2} = 2^2$$

Assim, $2^5 : 2^3 = 2^{5-3} = 2^2$.

> **Para dividir potências de mesma base, conservamos a base e subtraímos os expoentes.**

Agora vamos voltar à expressão $9^7 \cdot 9^5 : 9^{10}$, proposta no início desta seção.

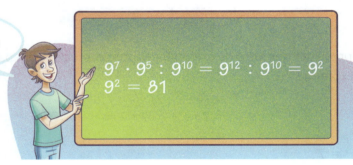

Aplicando as propriedades que vimos...

$9^7 \cdot 9^5 : 9^{10} = 9^{12} : 9^{10} = 9^2$
$9^2 = 81$

Usando as propriedades das potências, podemos simplificar expressões e economizar cálculos.

- $6^5 \cdot 6^{-7} \cdot 6^4 = 6^{5 + (-7) + 4} = 6^2 = 36$

- $\dfrac{11^8 \cdot 11^7}{11^{13}} = \dfrac{11^{15}}{11^{13}} = 11^2 = 121$

Para achar 11^8 na calculadora, devemos digitar [1] [1] [×] e a tecla [=] por 7 vezes.
Nas calculadoras comuns, esse número não cabe no visor. Por isso é bem mais fácil resolver a expressão aplicando as propriedades das potências.

- $\left(-\dfrac{2}{5}\right)^6 \cdot \left(-\dfrac{2}{5}\right)^4 : \left(-\dfrac{2}{5}\right)^{11} = \left(-\dfrac{2}{5}\right)^{10} : \left(-\dfrac{2}{5}\right)^{11} = \left(-\dfrac{2}{5}\right)^{-1} = -\dfrac{5}{2}$

- $a^5 \cdot (a^{-4})^2 : a^{-2} = a^5 \cdot a^{-8} : a^{-2} = a^{-3} : a^{-2} = a^{-3-(-2)} = a^{-3+2} = a^{-1} = \dfrac{1}{a}$

Nessa expressão devemos ter $a \neq 0$.

EXERCÍCIOS

18. Escreva sob a forma de uma só potência.
    a) $a^2 \cdot a \cdot a^4$
    b) $5^8 \cdot 5^{-1} \cdot 5^2$
    c) $(0,1)^{-2} \cdot (0,1)^{-6}$
    d) $3 \cdot 3^4 \cdot 9$

19. Responda.

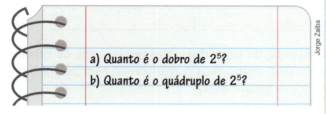
a) Quanto é o dobro de 2^5?
b) Quanto é o quádruplo de 2^5?

20. Aplique as propriedades convenientes.
    a) $(3^2)^4$
    b) $(5^2)^{-1}$
    c) $(7^{-3})^{-2}$
    d) $(2 \cdot 3 \cdot 4)^3$

21. Responda.

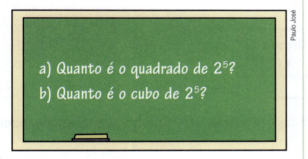
a) Quanto é o quadrado de 2^5?
b) Quanto é o cubo de 2^5?

22. Sabendo que $2^{10} = 1\,024$, calcule mentalmente 2^9.

23. Certo ou errado?
    a) $(5 \cdot 3)^2 = 5^2 \cdot 3^2$
    b) $(2 \cdot 5)^3 = 10^3$
    c) $(5 + 3)^2 = 5^2 + 3^2$
    d) $(10 \cdot 10)^2 = 1\,000$

24. Calcule mentalmente.

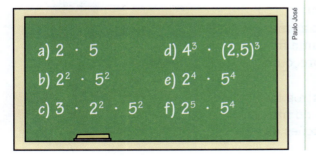
a) $2 \cdot 5$
b) $2^2 \cdot 5^2$
c) $3 \cdot 2^2 \cdot 5^2$
d) $4^3 \cdot (2,5)^3$
e) $2^4 \cdot 5^4$
f) $2^5 \cdot 5^4$

25. Relacione as expressões que têm o mesmo valor.
    (A) $7 \cdot 7 \cdot 7 \cdot 7 \cdot 7$
    (B) $(7^2)^4$
    (C) $(7^2)^2$
    (D) $7^4 \cdot 7^2$
    (I) 49^4
    (II) $7 \cdot 7 \cdot 7 \cdot 7$
    (III) $(7^3)^2$
    (IV) $7^4 \cdot 7$

26. Qual é o valor de $2^{359} : 2^{356}$?

27. Escreva sob a forma de uma só potência.

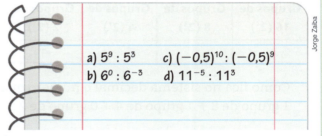
a) $5^9 : 5^3$
b) $6^0 : 6^{-3}$
c) $(-0,5)^{10} : (-0,5)^9$
d) $11^{-5} : 11^3$

28. Responda.

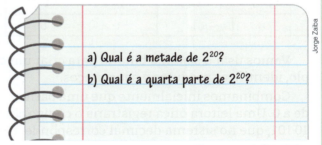
a) Qual é a metade de 2^{20}?
b) Qual é a quarta parte de 2^{20}?

29. Escreva sob a forma de uma só potência.
    a) $(3^8 : 3^7) \cdot 3^4$
    b) $(10^8 : 10^4) : 10$
    c) $(10^2)^3 \cdot 10$
    d) $3^8 : (3 \cdot 3^5)$

30. Qual dos números é o maior?

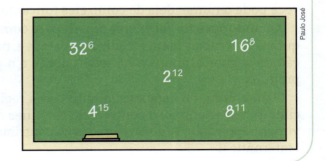
32^6 16^8
2^{12}
4^{15} 8^{11}

SEÇÃO LIVRE

O sistema decimal e o sistema binário

O sistema de numeração que usamos é de base dez. Agrupamos de dez em dez.

$8\,367 = 8\,000 + 300 + 60 + 7 =$
$= 8 \cdot 1\,000 + 3 \cdot 100 + 6 \cdot 10 + 7 \cdot 1 =$
$= 8 \cdot 10^3 + 3 \cdot 10^2 + 6 \cdot 10^1 + 7 \cdot 10^0$

Grupos de 1 000 (10^3)	Grupos de 100 (10^2)	Grupos de 10 (10^1)	Grupos de 1 (10^0)
8	3	6	7

Os computadores utilizam o sistema binário, ou seja, de base dois. Nesse sistema, os números são escritos somente com os algarismos 0 e 1. Veja como fica o número 7 escrito na base dois: $7 = 4 + 2 + 1$ (um grupo de 4, um grupo de 2 e um grupo de 1)

Grupos de 16 (2^4)	Grupos de 8 (2^3)	Grupos de 4 (2^2)	Grupos de 2 (2^1)	Grupos de 1 (2^0)
		1	1	1

→ 7 na base dois fica 111

Como fica no sistema decimal o número que no sistema binário é escrito como 1 101? Veja:
1 grupo de 8 + 1 grupo de 4 + 0 grupo de 2 + 1 grupo de 1 = 13

Grupos de 16 (2^4)	Grupos de 8 (2^3)	Grupos de 4 (2^2)	Grupos de 2 (2^1)	Grupos de 1 (2^0)
	1	1	0	1

→ $1 \cdot 2^3 + 1 \cdot 2^2 + 0 \cdot 2^1 + 1 \cdot 2^0 = 13$

Vamos usar o sistema binário para criar um código de barras bem simplificado, para, por exemplo, identificar produtos e seus preços.

Combinamos inicialmente que uma barra preta corresponde a 1, e uma barra branca corresponde a 0. Uma leitora ótica registraria o código abaixo, impresso na embalagem de um produto, como 10 101, que no sistema decimal corresponde a 21. Esse seria o número de controle desse produto.

Consultando a lista de preços, o 21 poderia corresponder ao sabonete que custa R$ 2,89, por exemplo.

É claro que os códigos de barras verdadeiros são bem mais complicados e sofisticados do que esse e fornecem outras informações, como país de origem e fabricante. No entanto, você pode ter uma ideia de como eles funcionam.

Quando você for fazer compras, repare como as máquinas nos caixas leem o código de barras e, numa fração de segundo, aparece na tela o nome e o preço do produto.

Para o dono do estabelecimento esses registros facilitam, por exemplo, o controle de estoques e do movimento do caixa. Tudo isso graças às contribuições da Matemática!

Confira que 10 101 na base dois corresponde a 21 na base dez usando o que vimos sobre o sistema binário.

3. Potências de base 10

$10^0 = 1$
$10^1 = 10$
$10^2 = 100$
$10^3 = 1\,000$
$10^4 = 10\,000$
$10^5 = 100\,000$

 INTERAGINDO

Registrem no caderno.

1. Comparem o número de zeros do resultado de cada potência com o valor do expoente. O que vocês observam?
2. Como escrevemos 1 000 000 000 (1 bilhão) usando uma potência de base 10?
3. O resultado da potência 10^{23} terá quantos zeros?
4. Escrevam 10^{-4} e 10^{-5} na forma de número decimal.
5. Comparem o número de zeros à esquerda do 1 no resultado dessas potências com o valor do expoente. O que vocês observaram?
6. Quem vai à lousa escrever 0,000000001 como uma potência de base dez?

$10^{-1} = \dfrac{1}{10^1} = \dfrac{1}{10} = 0,1$

$10^{-2} = \dfrac{1}{10^2} = \dfrac{1}{100} = 0,01$

$10^{-3} = \dfrac{1}{10^3} = \dfrac{1}{1000} = 0,001$

EXERCÍCIOS — NO CADERNO

31. Indique a letra que corresponde à resposta de cada item.

a) Quantos milímetros há em um metro?

| A 10 | B 10^2 | C 10^3 | D 10^4 |

b) Quantos gramas há em um quilograma?

| A 10 | B 10^2 | C 10^3 | D 10^4 |

c) Quantos centímetros há em um metro?

| A 10 | B 10^2 | C 10^3 | D 10^4 |

32. Responda.

a) Quantos zeros devemos colocar após o algarismo 1 ao escrevermos a potência 10^{15}?

b) Quantos algarismos tem o número 10^{15}?

33. Escreva conforme o exemplo:

$$5\,000 = 5 \cdot 1\,000 = 5 \cdot 10^3$$

a) 700
b) 34 000
c) 370 000
d) 6 000 000 000

34. Observe os exemplos e complete.

- $(0,1)^1 = 0,1$
- $(0,1)^2 = 0,1 \cdot 0,1 = \underline{0,01}$ 2 zeros
- $(0,1)^3 = 0,1 \cdot 0,1 \cdot 0,1 = \underline{0,001}$ 3 zeros

a) $(0,1)^4 = $
b) $(0,1)^5 = $

35. Escreva na forma de uma potência de base 10.

a) 1 000
b) 0,001
c) 10 000
d) 0,0001
e) 1 000 000
f) 0,000001

36. Qual destes números é o maior?

100^8 $10\,000^4$

$1\,000^6$

4. Multiplicação por potências de base 10

Lembrando...

0,321 · 10 = 3,21 ⟶ multiplicamos por 10: a vírgula se desloca 1 casa para a direita;
0,321 · 10² = 32,1 ⟶ multiplicamos por 100: a vírgula se desloca 2 casas para a direita;
0,321 · 10³ = 321 ⟶ multiplicamos por 1 000: a vírgula se desloca 3 casas para a direita.

Você percebeu o padrão?

Quando multiplicamos um número decimal por 10, 10², 10³, ..., a vírgula se desloca para a direita o número de casas indicado no expoente.

Veja:

$56{,}4 \cdot 10^{-1} = 56{,}4 \cdot \dfrac{1}{10} = \dfrac{56{,}4}{10} = 5{,}64$ ⟶ a vírgula se desloca uma casa para a esquerda;

$56{,}4 \cdot 10^{-2} = 56{,}4 \cdot \dfrac{1}{100} = \dfrac{56{,}4}{100} = 0{,}564$ ⟶ a vírgula se desloca duas casas para a esquerda;

Multiplicar por 10^{-2} é dividir por 100.

$56{,}4 \cdot 10^{-3} = 0{,}0564$, pois multiplicar por 10^{-3} é o mesmo que dividir por 1 000, então a vírgula se desloca três casas para a esquerda.

1. Procure, com ajuda dos colegas, resumir em palavras o que ocorre quando multiplicamos um número decimal por 10^{-1}, 10^{-2}, 10^{-3}, ...

2. Veja se Ana Lúcia escreveu corretamente as potências em seu caderno:

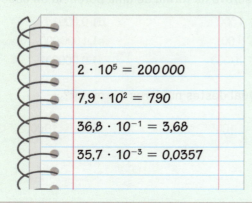

3. Agora confira se são verdadeiras as igualdades escritas por Rogério:

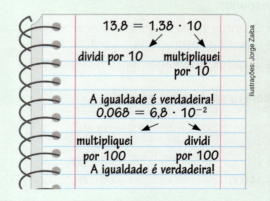

EXERCÍCIOS

37. A banda The Beatles, dos anos 60, já vendeu mais de um bilhão de discos. Escreva esse número na forma de potência de base 10.

Ringo Star, Paul McCartney, John Lennon e George Harrison, formavam a banda The Beatles.

38. Uma pessoa bebe, em média, 1,75 litro de água por dia. Mantida essa média de consumo de água por pessoa, quantos litros beberão num dia:

a) 10 pessoas?
b) 100 pessoas?
c) 1 000 pessoas?
d) 10 000 pessoas?

39. Um comerciante comprou 10 000 latinhas de refrigerante de 0,35 litro cada uma. Quantos litros de refrigerante esse comerciante comprou?

40. Um carro gasta 9 litros de gasolina ao rodar 100 km. Se mantiver sempre esse consumo, quanto gastará:

a) em 1 000 km?
b) em 10 km?
c) em 1 km?
d) em 20 km?

41. Copie e complete.

×	10	100	1000	0,1	0,01	0,001
	10^1	10^2	10^3	10^{-1}	10^{-2}	10^{-3}
804						
0,25						
6 000						
18,3						

42. Qual é o expoente?

a) $0,06 = 6 \cdot 10^{?}$
b) $240 = 2,4 \cdot 10^{?}$
c) $13,05 = 1,305 \cdot 10^{?}$
d) $85\,000 = 8,5 \cdot 10^{?}$
e) $0,00439 = 4,39 \cdot 10^{?}$

43. Use uma potência de 10 para escrever em centímetros:

a) 10 m
b) 1 km
c) 1 mm
d) 100 m

5. Notação científica

Os cientistas, em suas experiências e estudos, lidam com muitas medidas. A distância da Terra ao Sol, por exemplo, é de 149 000 000 000 m.

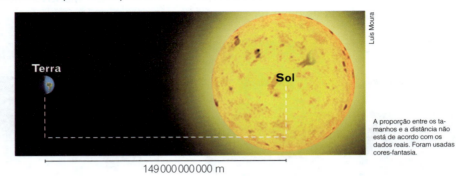

A proporção entre os tamanhos e a distância não está de acordo com os dados reais. Foram usadas cores-fantasia.

A espessura de uma fibra nervosa de nosso corpo, responsável por transmitir sensações como a do tato, é de 0,000008 m.

Essas medidas apresentam muitos algarismos. Usando as potências de base dez, podemos registrá-las de modo mais simples, evitando erros.

$$149\,000\,000\,000 \text{ m} = 1{,}49 \cdot 10^{11} \text{ m}$$

Como a vírgula foi deslocada 11 casas para a esquerda, multiplicamos por 10^{11} para que a igualdade ficasse verdadeira.

Obtivemos um número entre 1 e 10 multiplicado por uma potência de base 10: esse número está escrito na **notação científica**.

No caso da fibra nervosa, temos:

$$0{,}000008 \text{ m} = 8 \cdot 10^{-6} \text{ m}$$

Como a vírgula se deslocou 6 casas para a direita, multiplicamos por 10^{-6}.

Veja mais exemplos de medidas registradas na notação científica:
- Velocidade da luz: 300 000 km/s = $3 \cdot 10^5$ km/s
- Ano-luz (distância que a luz percorre em um ano) = 9 460 000 000 000 km = $9{,}46 \cdot 10^{12}$ km
- Massa do próton (partícula do átomo): 0,00000000000000000000000167 g = $1{,}67 \cdot 10^{-24}$ g

Registrem no caderno.

1. A pirâmide de Quéops, que é uma das três pirâmides do Egito, foi construída com 25 000 000 de toneladas de pedra. Escrevam esse número usando notação científica.
2. Quantas casas decimais tem $0{,}2^7$.
3. Qual é o triplo de 3^9?
4. Qual a metade de 2^8?
5. Mostrem que $(a^3)^5 = (a^5)^3$.
6. Escrevam em ordem crescente:

   $5{,}2 \cdot 10^{-3}$; $9{,}4 \cdot 10^{-4}$; 10^{-1}
7. Um número positivo é sempre menor que seu quadrado?

SEÇÃO LIVRE

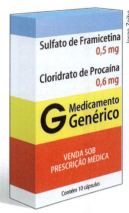

Você lembra o que é miligrama (mg)? É a milésima parte do grama.

A. Marcos trabalha numa indústria farmacêutica. Com uma balança muito precisa ele mediu a massa de certa substância presente na composição de um remédio: 0,5 mg.
Ele precisa converter essa medida para gramas e então escrevê-la na notação científica. Você e seus colegas podem ajudá-lo?

B. Com os colegas, procurem em jornais, revistas, livros ou na internet números com muitos algarismos.
Por exemplo: população da Terra, massa de bactérias ou de vírus, distância da Terra a outros planetas ou estrelas, número e tamanho aproximado de células do corpo humano etc.
Recortem e montem cartazes com essas informações, escrevendo cada número na notação científica.
Exponham os cartazes nos corredores ou no pátio da escola. Um dos cartazes pode explicar para as pessoas o que é notação científica e as vantagens de sua utilização.

EXERCÍCIOS

44. Represente a sequência de números usando a notação científica.

3 000	300	30	3
0,3	0,03	0,003	0,0003

45. No quadro estão indicadas as distâncias aproximadas de alguns planetas em relação ao Sol. Escreva esses números usando a notação científica.

Mercúrio
57 900 000 km
Vênus
108 900 000 km

As dimensões e as distâncias entre os elementos não estão em proporção. Foram utilizadas cores-fantasia.

46. Escreva, em notação científica, os números que aparecem nas frases.

a) A espessura de uma folha de papel é de 0,002 mm.

b) O tamanho do vírus da gripe é de 0,0000000023 m.

47. O número de glóbulos vermelhos de um adulto é de $2,5 \cdot 10^{10}$. Escreva esse número na notação decimal.

48. Carlos, um jardineiro bastante esperto, está tentando calcular o número de sementes existentes em um pacote que contém 48 gramas. Retirou do pacote 30 sementes, cujo peso é de $6 \cdot 10^{-2}$ gramas.
Com essa amostra e com o auxílio de uma calculadora, estime o número total de sementes que há no pacote.

REVISANDO

49. Quantos quadradinhos, ou cubinhos, tem cada figura? Represente esse número como potência.

a)

d)

b)

e)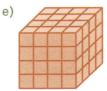

c)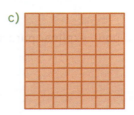

f)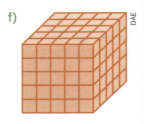

50. Num estaciomento há 4 automóveis, cada automóvel tem 4 rodas, e em cada roda há 4 parafusos. Qual é o total de parafusos de todas as rodas desses automóveis?

51. Calcule mentalmente.

a) 17^1　　c) 10^4　　e) $(-0,1)^3$

b) 0^{25}　　d) 1^{20}　　f) $\left(-\dfrac{7}{8}\right)^2$

52. Calcule.

a) 2^4　　c) $(-4)^2$　　e) $(-2)^4$

b) 4^2　　d) 4^{-2}　　f) $(-2)^{-4}$

53. Qual é o expoente?

a) $11^{\square} = 121$　　d) $\left(-\dfrac{1}{2}\right)^{\square} = -\dfrac{1}{8}$

b) $\left(\dfrac{5}{7}\right)^{\square} = \dfrac{25}{49}$　　e) $100^{\square} = 10\,000$

c) $10^{\square} = 100\,000$　　f) $(-4)^{\square} = -64$

54. Na figura:

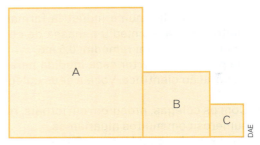

- o lado do quadrado A é 0,8 m;
- o lado do quadrado B é metade do lado do quadrado A;
- o lado do quadrado C é metade do lado do quadrado B.

Qual a área total da figura?

55. Qual é a soma do quadrado de $\dfrac{2}{3}$ com o dobro de $\dfrac{1}{9}$?

56. Calcule.

a) $-5^2 + 1 - 74^0$　　d) $3^2 + 3^{-2}$

b) $(-8)^2 - 2 - (-1)$　　e) $5^0 - (-1) - \left(-\dfrac{1}{2}\right)^2$

c) $(1 - 2,5)^2$　　f) $\left(\dfrac{1}{2}\right)^{-1} + \left(\dfrac{1}{2}\right)^{-2}$

57. Escreva os números dos cartões em ordem crescente.

A	B	C
2^5	10	$(-2)^3$

D	E	F
5^{-2}	5^2	3^3

58. Indique as expressões que têm o mesmo valor.

(A) $5 \cdot 5 \cdot 5 \cdot 5 \cdot 5$　　(E) 25^4

(B) $(5^2)^4$　　(F) $5 \cdot 5 \cdot 5$

(C) $(5^2)^2$　　(G) $(5^3)^2$

(D) $5^4 \cdot 5^2$　　(H) $5^4 \cdot 5$

59. Qual cartão representa valor diferente dos demais?

A	B	C	D
$(5^2)^3$	$(5^3)^2$	5^{3^2}	5^6

60. O piso de uma sala quadrada é revestido de mosaicos quadrados. Quantos mosaicos são necessários se na diagonal estiverem 8 mosaicos? E se na diagonal estiverem 12? E n?

61. Calcule.

a) $\dfrac{4^5}{4^3}$ b) $\dfrac{-4^5}{4^3}$ c) $\dfrac{-4^5}{-4^3}$ d) $\dfrac{(4^2)^3}{4^5}$

62. Observe os cálculos e responda.

$(3+4)^2 = 7^2 = 49$	$(5-2)^2 = 3^2 = 9$
$3^2 + 4^2 = 9 + 16 = 25$	$5^2 - 2^2 = 25 - 4 = 21$

a) $(a+b)^2$ deve ser igual a $a^2 + b^2$?
b) $(a-b)^2$ deve ser igual a $a^2 - b^2$?

63. Quantos cubos de 2 cm de aresta cabem num cubo de 8 cm de aresta?

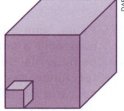

64. Sabendo que $39^2 = 1521$, calcule mentalmente.

a) $3,9^2$ b) $0,39^2$ c) 390^2

65. Calcule.

a) 10^3 b) 10^6 c) 10^9 d) 10^{12}

Em seguida escreva como se leem os números obtidos.

66. Escreva, em notação científica, os números que aparecem nas frases.

a) Num cérebro há 14 000 000 000 de neurônios.
b) Um vírus tem 0,00000000025 cm de diâmetro.

67. O percurso do Rali Lisboa-Dacar tem 7 915 km. Escreva essa distância em metros usando a notação científica.

Fonte: <www.dakar.com/2007/DAK/presentation/pt/r3_5-le-parcours.html>. Acesso em: maio 2015.

68. Num domingo, três pessoas ouviram um segredo. Cada uma delas repetiu esse segredo a três pessoas diferentes no dia seguinte. E o segredo continuou a ser divulgado da mesma maneira. Quantas pessoas souberam o segredo na quinta-feira?

Domingo	Segunda	Terça	Quarta	Quinta
3 pessoas				

69. Será possível equilibrar numa balança quatro cubos feitos do mesmo material com 6, 8, 10 e 12 cm de aresta?

70. Qual cartão registra valor diferente dos demais?

A — $(-3)^2$
B — $\dfrac{1}{3^{-2}}$
C — $\left(\dfrac{1}{3}\right)^2$
D — $\left(\dfrac{1}{9}\right)^{-1}$

71. Escreva na forma de potência de base 3.

a) O quadrado de 3^5.

b) O triplo de 3^6.

c) $\dfrac{1}{3}$ de 3^9.

d) $\dfrac{1}{9}$ de 3^{12}.

72. Eu ia a caminho do mercado. Encontrei um homem com seis filhos. Cada filho levava seis caixinhas. Cada caixinha continha seis ovos.

a) Quantas caixinhas estavam sendo levadas para o mercado?

b) Quantos ovos estavam sendo levados para o mercado?

73. Complete o quadrado mágico.

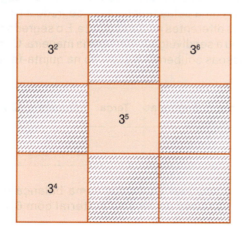

DESAFIOS NO CADERNO

74. Qual é o valor das expressões?

a) $\dfrac{93^2}{31^2}$

b) $\dfrac{51^4}{102^4}$

75. Veja como a sequência a seguir é formada de uma maneira muito curiosa.

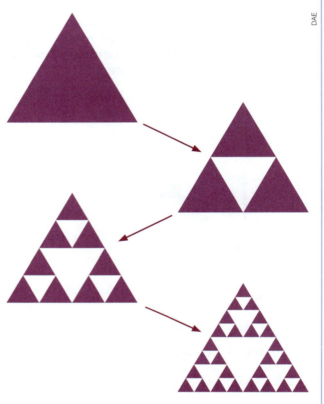

a) Qual é o número de triângulos roxos em cada figura?

b) Qual será o número de triângulos roxos na próxima figura?

76. Paula, uma cliente muito exigente, sempre aborrecia a sua costureira com insistentes pedidos de descontos. Certa vez, ao confeccionar uma roupa pela qual normalmente cobraria R$ 120,00, a costureira, já cansada, disse a ela:

— Eu faço a roupa de graça e você me paga apenas a colocação dos 7 botões, da seguinte forma: 1 real pelo primeiro botão, 2 reais pelo segundo, 4 reais pelo terceiro, 8 reais pelo quarto e assim por diante...

Paula ficou entusiasmada e aceitou o negócio. Quem saiu ganhando?

AUTOAVALIAÇÃO

NO CADERNO

Anote no caderno o número do exercício e a letra correspondente à resposta correta.

77. $5^2 - 3^2$ e $(5-3)^2$ são, respectivamente, iguais a:

a) 4 e 4
b) 4 e 16
c) 16 e 4
d) 16 e 16

78. $(5^6 \cdot 5^{-2}) : 5^4$ é igual a:

a) 0
b) 1
c) 5^{-3}
d) 5^{-8}

79. Manuel deu, a cada um dos seus 6 amigos, 6 pacotes com 6 figurinhas cada. Quantas figurinhas ele deu, no total?

a) 18
b) 36
c) 42
d) 216

80. O resultado de
$9^5 + 9^5 + 9^5 + 9^5 + 9^5 + 9^5 + 9^5 + 9^5 + 9^5$ é:

a) 9^6
b) 81^6
c) 81^{45}
d) 9^{45}

81. Quantos metros há em 1 000 000 km?

a) 10^3
b) 10^6
c) 10^9
d) 10^{12}

82. Um número é expresso por $(3^6 : 3^4) + 2 \cdot 3^2$. Outra forma de expressar esse número é:

a) 3^3
b) 3^4
c) $2 \cdot 3^4$
d) $2 \cdot 6^2$

83. O número $(0,666...)^2$ é igual a:

a) 0,3666...
b) 0,3636...
c) 0,444...
d) 0,1333...

84. Qual é o valor que mais se aproxima do lado do azulejo quadrado cuja área é 30 cm²?

a) 5,3 cm
b) 5,4 cm
c) 5,6 cm
d) 5,7 cm

85. (PUC-SP) O valor da expressão $\dfrac{10^{-3} \cdot 10^5}{10 \cdot 10^4}$ é:

a) 10
b) 10^3
c) 10^{-2}
d) 10^{-3}

86. (UFG-GO) Para cobrir o piso de um banheiro de 1,00 m de largura por 2,00 m de comprimento, com cerâmicas quadradas medindo 20 cm de lado, o número necessário de cerâmicas é:

a) 30
b) 50
c) 75
d) 100

87. O valor de $\dfrac{3^{-1} + 5^{-1}}{2^{-1}}$ é:

a) $\dfrac{1}{2}$
b) $\dfrac{1}{8}$
c) $\dfrac{4}{15}$
d) $\dfrac{16}{15}$

88. Para revestir um quadrado de 2 metros de lado são precisos 120 azulejos. E para revestir um quadrado de 1 metro de lado?

a) 30 azulejos
b) 60 azulejos
c) 90 azulejos
d) 240 azulejos

89. O valor de $\dfrac{4 \cdot (0,3)^2}{2 - 1,4}$ é:

a) 3
b) 6
c) 0,3
d) 0,6

90. (Vunesp) Ao escalar uma montanha, um alpinista percorre 256 m na primeira hora, 128 m na segunda hora, 64 m na terceira hora, e assim sucessivamente. Quando tiver percorrido 496 m, terão passado:

a) 4 horas.
b) 5 horas.
c) 4 horas e 30 minutos.
d) 5 horas e 30 minutos.

91. O número 0,00000784 é escrito na forma $7,84 \cdot 10^n$. O valor de n é:

a) 6
b) 8
c) −6
d) −8

92. Se você pudesse enfileirar átomos de hidrogênio, seriam necessários cerca de 20 bilhões de átomos para formar uma fila de 2 metros. O número 20 bilhões expresso em notação científica é igual a:

a) $2 \cdot 10^9$
b) $2 \cdot 10^{12}$
c) $2 \cdot 10^{10}$
d) $2 \cdot 10^{-10}$

93. (Feso-RJ) Um torneio de tênis é disputado por 32 jogadores, que são agrupados em pares. Os jogadores de cada par se enfrentam e os perdedores são eliminados – não há empates. Os vencedores são agrupados em novos pares e assim por diante até que reste apenas o campeão. Quantas partidas são disputadas?

a) 30
b) 31
c) 60
d) 61

94. Uma colônia de bactérias isolada para cultura se reproduz tão rapidamente que dobra de volume nas cubas a cada minuto. Sabendo que em 6 minutos uma cuba fica totalmente cheia, determine em quantos minutos as bactérias ocupam a metade da cuba.

a) 3 minutos
b) 4 minutos
c) 5 minutos
d) 2 minutos

95. Um salão de forma quadrada vai ser revestido com mosaicos como mostra a figura. Os mosaicos das diagonais são pretos e os restantes são brancos. Se forem usados 101 mosaicos pretos, qual será o número total de mosaicos brancos?

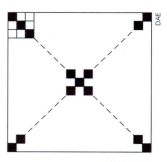

a) 2 300
b) 2 399
c) 2 500
d) 2 601

UNIDADE 3

Radiciação

1. Mais sobre raízes

Sabemos que:

- $\sqrt{25} = 5$, porque $5^2 = 25$
- $\sqrt{\dfrac{16}{81}} = \dfrac{4}{9}$, porque $\left(\dfrac{4}{9}\right)^2 = \dfrac{16}{81}$
- $\sqrt{0{,}49} = 0{,}7$, porque $0{,}7^2 = 0{,}49$

e assim por diante.

> Lembre-se! Embora tenhamos que $(-5)^2 = 25$, o símbolo $\sqrt{25}$ indica a raiz quadrada positiva de 25.

> - Calcule $1{,}02^2$ fazendo $1{,}02$ ☒ × ☒ = na calculadora. Digite $\sqrt{}$. Que número você encontrou?
> - Copie e complete no caderno:
> $\sqrt{1{,}0404} = \boxed{}$
> porque $1{,}02^2 = \boxed{}$

O problema a seguir envolve o cálculo de uma raiz quadrada. Acompanhe.

Em determinado projetor, a área A da imagem projetada depende da distância x do projetor à tela. A fórmula matemática que representa essa relação é:

$$A = \dfrac{1}{9}x^2$$

A área da imagem projetada é igual a $\dfrac{1}{9}$ do quadrado da distância do projetor à tela.

Um professor quer obter uma imagem com 4 m². A que distância da tela ele deve colocar o projetor?

Para que a área A seja de 4 m², devemos ter $4 = \dfrac{1}{9}x^2$.

Se a nona parte de x^2 é 4, temos que $x^2 = 4 \cdot 9 = 36$.

Se $x^2 = 36$, então $x = \sqrt{36}$, ou seja, $x = 6$.

Logo, o projetor deve ficar a 6 m da tela.

RADICIAÇÃO 55

Agora acompanhe outra situação.

Um reservatório de água terá a forma de um cubo. Nele devem caber 64 000 litros de água. Qual deverá ser a medida de sua aresta?

Lembrando que 1 m³ = 1 000 L, o volume do reservatório deve ser igual a 64 m³.

O volume V de um cubo de aresta *a* é: $V = a \cdot a \cdot a = a^3$

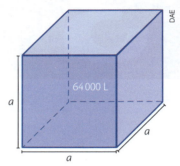

Nesta situação, $a^3 = 64$.
Qual número elevado ao cubo dá 64?
$3^3 = 3 \cdot 3 \cdot 3 = 27$ ⟶ É pouco...
$4^3 = 4 \cdot 4 \cdot 4 = 64$
Encontramos a medida procurada: a aresta do cubo deve medir 4 m.
A raiz cúbica de 64 é 4, ou seja, $\sqrt[3]{64} = 4$, porque $4^3 = 64$.
Daí,

- $\sqrt[3]{1000} = 10$, porque $10^3 = 1\,000$
- $\sqrt[3]{-8} = -2$, porque $(-2)^3 = -8$
- $\sqrt[3]{\dfrac{1}{125}} = \dfrac{1}{5}$, porque $\left(\dfrac{1}{5}\right)^3 = \dfrac{1}{125}$

- Qual é a raiz cúbica de 27?
- E a raiz cúbica de −27?

- $\sqrt[4]{81} = 3$, porque $3^4 = 81$
- $\sqrt[5]{-32} = -2$, porque $(-2)^5 = -32$
- $\sqrt[6]{1} = 1$, porque $1^6 = 1$

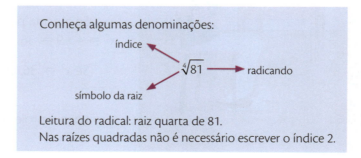

Leitura do radical: raiz quarta de 81.
Nas raízes quadradas não é necessário escrever o índice 2.

EXERCÍCIOS

1. Expresse cada número como uma raiz quadrada.
   a) 5
   b) 0
   c) 16
   d) 7,1
   e) 0,3
   f) $\dfrac{2}{5}$

2. Calcule mentalmente.
   a) $\sqrt{36}$
   b) $\sqrt{4}$
   c) $\sqrt{\dfrac{1}{9}}$
   d) $\sqrt{0,36}$
   e) $\sqrt{0,04}$
   f) $\sqrt{\dfrac{81}{25}}$

3. Um quadrado tem 49 cm² de área. Qual é seu perímetro?

4. O piso de uma cozinha quadrada está revestido com 256 mosaicos quadrados. Quantos mosaicos há em cada lado do piso?

5. O cubo de −2 é igual a −8. Qual será a raiz cúbica de −8?

6. Observe os cubos representados a seguir:

a) $a = 0{,}2$ m

c) $a = 2{,}1$ m

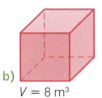
b) $V = 8$ m³

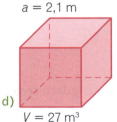
d) $V = 27$ m³

Conhecendo a medida da aresta, determine o volume, e, conhecendo o volume, determine a medida da aresta.

7. Calcule mentalmente.
   a) $\sqrt[3]{0}$
   b) $\sqrt[3]{1}$
   c) $\sqrt[3]{\dfrac{1}{8}}$
   d) $\sqrt[3]{125}$
   e) $\sqrt[3]{0{,}001}$
   f) $\sqrt[3]{\dfrac{1}{27}}$

8. Quais igualdades são verdadeiras?

   a) $\sqrt[3]{64} = 4$
   b) $\sqrt[3]{-64} = 4$
   c) $\sqrt[3]{64} = -4$
   d) $\sqrt[3]{-64} = -4$

9. Copie e complete o quadro.

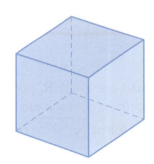

Comprimento da aresta do cubo			
Área da face do cubo	4 cm²		
Volume do cubo		27 cm³	64 cm³

10. Calcule.
    a) $3 + \sqrt{64}$
    b) $7^2 - \sqrt{25}$
    c) $\sqrt{3 \cdot 8 + 1}$
    d) $\sqrt{\dfrac{12}{3}}$

11. Calcule.
    a) $\sqrt{100} - \sqrt{36} + \sqrt{0{,}36}$
    b) $\sqrt{16} + \sqrt{\dfrac{1}{9}} - \sqrt{\dfrac{1}{4}}$

A radiciação no conjunto dos números reais

Para representar a raiz de índice n de um número real a, escrevemos: $\sqrt[n]{a}$.
Lemos assim: raiz enésima de a.
Para efetuar a radiciação em $\mathbb{R}$, devemos observar o sinal do radicando (a) e se o índice (n) é par ou ímpar. Veja as possibilidades:

1. a é um **número real positivo** e n é um **número natural par** diferente de zero: a raiz enésima de a é o número positivo b tal que $b^n = a$.

Exemplos:
- $\sqrt{81} = 9$
- $\sqrt[4]{10\,000} = 10$
- $\sqrt{\dfrac{49}{64}} = \dfrac{7}{8}$

Raízes de índice par com radicando negativo não são definidas em $\mathbb{R}$.

2. a é um **número real negativo** e n é um **número natural par** diferente de zero. Nessa situação, a raiz enésima de a não existe no conjunto $\mathbb{R}$, pois não há número real que elevado a expoente par resulte em um número negativo.

Exemplos:
- $\sqrt[4]{-16}$ não existe em $\mathbb{R}$, pois não há número real que elevado à quarta potência dê resultado negativo: $2^4 = 16$ e $(-2)^4 = 16$.
- Da mesma forma, $\sqrt{-0{,}25}$, por exemplo, não existe em $\mathbb{R}$.

3. a é um **número real** e n é um **número natural ímpar** maior do que 1. A raiz enésima de a é um número b tal que $b^n = a$.

Nesse caso:
- se a for positivo, teremos b positivo.
- se a for negativo, teremos b negativo.

Exemplos:
- $\sqrt[3]{-27} = -3$
- $\sqrt[3]{27} = 3$
- $\sqrt[5]{32} = 2$
- $\sqrt[5]{-32} = -2$

4. Se $a = 0$, então a raiz enésima de a é igual a zero para qualquer n natural maior do que 1.

Exemplos:
- $\sqrt{0} = 0$
- $\sqrt[3]{0} = 0$
- $\sqrt[6]{0} = 0$

Operações inversas

A adição e a subtração são operações inversas.

♦ 13 − 8 = 5, pois 5 + 8 = 13

A multiplicação e a divisão são operações inversas.

♦ 12 : 4 = 3, pois 3 · 4 = 12

A potenciação e a radiciação são operações inversas.

♦ $\sqrt{81} = 9$, pois $9^2 = 81$

♦ $\sqrt[3]{-125} = -5$, pois $(-5)^3 = -125$

Registrem no caderno.

1. Daniel disse que $\sqrt[3]{-1000}$ não existe em $\mathbb{R}$, pois nesse conjunto numérico não se definem raízes com radicando negativo. Ele está certo? Justifiquem.

2. Expliquem por que são verdadeiras as igualdades abaixo:
   a) $\sqrt{6^2} = 6$
   b) $\sqrt[3]{15^3} = 15$
   c) $\sqrt[4]{7^4} = 7$

   Elevamos ao quadrado e extraímos a raiz quadrada.

3. Que radiciações não são definidas em $\mathbb{R}$?

4. É verdade que $\sqrt{0,25} = \frac{1}{2}$? E $\sqrt{0,9} = 0,3$?

5. Utilizem a calculadora para determinar o número positivo que ao quadrado resulta em 6,9696.

EXERCÍCIOS

No caderno

12. Qual número natural elevado:
   a) ao quadrado dá 169?
   b) ao cubo dá 1 000?
   c) à quarta potência dá 16?
   d) à quinta potência dá 32?

13. Responda.
   a) Quais números elevados ao cubo dão 64 e −64?
   b) Quais são as raízes cúbicas de 64 e −64?

14. Copie e complete de modo a obter afirmações verdadeiras.
   a) $\sqrt{\square} = 9$
   b) $\sqrt{\square} = 20$
   c) $\sqrt{\square} = 0,2$
   d) $\sqrt{\dfrac{\square}{\square}} = \dfrac{6}{5}$
   e) $\sqrt[3]{\square} = 9$
   f) $\sqrt[3]{\square} = 0$
   g) $\sqrt[3]{\square} = 0,1$
   h) $\sqrt[3]{\dfrac{\square}{\square}} = \dfrac{1}{2}$

15. Quanto é?
   a) $\sqrt[4]{81}$
   b) $\sqrt[4]{625}$
   c) $\sqrt[4]{\dfrac{1}{81}}$
   d) $\sqrt[3]{-125}$
   e) $\sqrt[5]{1}$
   f) $\sqrt[5]{-1}$
   g) $\sqrt[6]{64}$
   h) $\sqrt[3]{0,027}$
   i) $\sqrt[3]{-\dfrac{1}{8}}$

16. Aline precisa responder à questão:

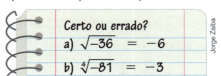

Como você responderia? Justifique.

17. Calcule, caso exista em $\mathbb{R}$.
   a) $\sqrt{100}$
   b) $-\sqrt{100}$
   c) $\sqrt{-100}$
   d) $\sqrt[3]{27}$
   e) $\sqrt[3]{-27}$
   f) $-\sqrt[3]{-27}$

18. O que você pode concluir sobre as raízes de índices pares de um número negativo?

2. Raízes exatas

Gilson comprou uma chácara que tem 18 496 m² de área. A chácara não tem a forma de um quadrado, mas, para ter uma ideia de quanto representa essa área, ele pensou:

18 496 m² correspondem à área de um quadrado com lado de que medida?

Como a área de um quadrado de lado ℓ é $A = \ell^2$, temos que $\ell^2 = 18\,496$, ou seja, $\ell = \sqrt{18\,496}$.

A maioria das calculadoras tem a tecla $\boxed{\sqrt{\ }}$ (raiz quadrada).

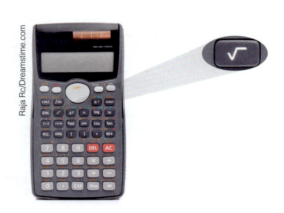

Gilson usou a sua para determinar $\sqrt{18\,496}$:

- digitou 18 496;
- apertou a tecla $\boxed{\sqrt{\ }}$;
- apareceu no visor 136;

Portanto, $\sqrt{18\,496} = 136$.

Ele pôde confirmar o resultado dessa forma:

$\boxed{1}\ \boxed{3}\ \boxed{6}\ \boxed{\times}\ \boxed{=}$ obtendo 18496

A chácara tem área equivalente à de um quadrado de 136 m de lado.

---

1. Use a numeração das casas para obter as medidas aproximadas do quarteirão onde você mora. Calcule a área ocupada pelo quarteirão. Ela é maior ou menor do que a área da chácara de Gilson?

2. Use a calculadora para obter $\sqrt{75{,}69}$:

- digite 75 $\boxed{\cdot}$ 69;
- aperte a tecla $\boxed{\sqrt{\ }}$.

Aparece no visor: 8.7. Então, $\sqrt{75{,}69} = 8{,}7$.

Que potenciação devemos fazer para verificar se 8,7 é a raiz quadrada de 75,69?

3. Dois quadrados têm áreas respectivamente iguais a 84,64 cm² e 21,16 cm². Os lados desses quadrados são tais que a medida de um deles é igual:

a) ao quádruplo da medida do outro.

b) ao dobro da medida do outro.

Use calculadora e indique a alternativa correta no caderno.

Se não for possível usar uma calculadora, podemos fazer tentativas para calcular raízes. Veja exemplos:

- $\sqrt{529}$ = ▨ ⟶ Procuramos o número que elevado ao quadrado resulta em 529.

Primeiro localizamos 529 entre os quadrados de dois números naturais, fazendo uma aproximação inicial.

$\left.\begin{array}{l} 20^2 = 400 \\ 30^2 = 900 \end{array}\right\}$ ⟶ O número que procuramos está entre 20 e 30.

Para encontrar o algarismo das unidades, procuramos entre aqueles cujo quadrado termina em 9, como acontece com 529. Números terminados em 3 ou em 7 têm quadrado terminado em 9.

Como 529 está mais próximo de 400 do que de 900, é mais lógico experimentar 23 · 23.

23 · 23 = 529 ⟶ Portanto, $\sqrt{529}$ = 23.

- $\sqrt{33{,}64}$ = ▨ ⟶ Procuramos o número que elevado ao quadrado resulta em 33,64.

$\left.\begin{array}{l} 5^2 = 25 \\ 6^2 = 36 \end{array}\right\}$ ⟶ $\sqrt{33{,}64}$ é um número decimal entre 5 e 6

Como 33,64 tem último algarismo igual a 4, podemos experimentar 5,2 ou 5,8.
33,64 está mais próximo de 36 do que de 25
Fazemos 5,8 · 5,8 = 33,64.
$\sqrt{33{,}64}$ = 5,8

Há calculadoras com a tecla ▨ (raiz cúbica). Há outras, ainda, com a tecla ▨ (que permite determinar raízes quartas, quintas etc.). Como essas calculadoras não são tão comuns, podemos usar tentativas para calcular raízes que não são quadradas. Isso só vai requerer um pouco mais de cálculos:

- $\sqrt[3]{19{,}683}$

Localizamos 19,683 entre os cubos de dois números naturais:

$\left.\begin{array}{l} 2^3 = 8 \\ 3^3 = 27 \end{array}\right\}$ ⟶ $\sqrt[3]{19{,}683}$ é um número decimal entre 2 e 3

Experimentamos:

$\left.\begin{array}{l} 2{,}5^3 = 15{,}625 \\ 2{,}6^3 = 17{,}576 \\ 2{,}7^3 = \mathbf{19{,}683} \end{array}\right\}$ ⟶ $\sqrt[3]{19{,}683}$ = 2,7

Raja Rc/Dreamstime.com

REFLETINDO

A raiz quadrada de certo número natural está entre 80 e 90 e é também um número natural. O algarismo das unidades desse número é 5. Qual é o número?

RADICIAÇÃO **61**

EXERCÍCIOS

19. Um dos seguintes números representa o valor de 16^2.

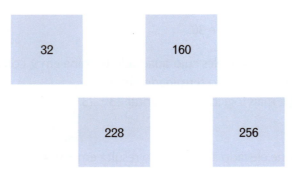

Responda mentalmente: qual é? Justifique.

20. Um dos seguintes números representa o valor de $\sqrt{1521}$.

Qual deles? Justifique.

21. Certo ou errado?

a) $0,4 = \dfrac{4}{10}$

b) $2,25 = \dfrac{225}{100}$

22. Certo ou errado?

a) $\sqrt{0} = 0$

b) $\sqrt{4} = 2$

c) $\sqrt{0,4} = 0,2$

d) $\sqrt{225} = 15$

e) $\sqrt{2,25} = 1,5$

f) $\sqrt{0,25} = 0,5$

23. Usando o processo por tentativas, calcule.

a) $\sqrt{361}$

b) $\sqrt{7225}$

c) $\sqrt[3]{-343}$

d) $\sqrt[5]{243}$

e) $\sqrt[7]{128}$

f) $\sqrt{5,29}$

g) $\sqrt{26,01}$

h) $\sqrt{0,0289}$

24. João tem 184 "quadradinhos" de cartolina, todos iguais.

Qual é o maior quadrado que ele pode formar com esses "quadradinhos"? Quantos "quadradinhos" vão sobrar?

25. Em cada item, indique o maior dos números.

a) $6,3$ ou $\sqrt{40}$

b) $4,5$ ou $\sqrt{20}$

c) π ou $\sqrt{9}$

d) $\sqrt{15}$ ou π

26. João comprou um terreno quadrado com 625 m² de área.

a) Quantos metros mede o seu perímetro?

b) Qual será a área, em m², de um terreno cujo lado tem o dobro da medida em relação a esse de João?

27. Um jardim quadrado tem a mesma área de um terreno retangular de 6 metros por 24 metros. Quanto mede cada lado do jardim?

3. Raízes não exatas

Preste atenção no que o professor está dizendo:

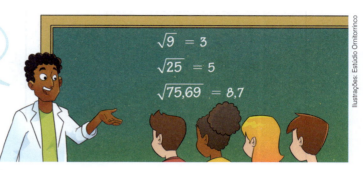

Quando as raízes forem números irracionais, trabalharemos com parte das casas decimais. Teremos uma raiz aproximada do número.

Acompanhe o texto a seguir.

Números quadrados perfeitos

Um número recebe o nome de **quadrado perfeito** se é o quadrado de um número natural.

- 49 é um quadrado perfeito, pois é o quadrado de 7
- 100 é um quadrado perfeito, pois é o quadrado de 10
- 28 não é um quadrado perfeito, pois não há número natural que elevado ao quadrado resulte 28, já que $5^2 = 25$ e $6^2 = 36$

Monte, com seus colegas, um quadro com os quadrados perfeitos de 0 a 100.

A raiz quadrada de um número quadrado perfeito é um número natural. Todos os demais números naturais têm como raiz quadrada um número irracional.

Veja exemplos de números irracionais:
- $\sqrt{3} = 1{,}7320508\ldots$
- $\sqrt{5} = 2{,}2360679\ldots$
- $\sqrt{6} = 2{,}4494897\ldots$
- $\sqrt{28} = 5{,}2915026\ldots$

A fatoração pode nos ajudar a descobrir se um número é quadrado perfeito, ou seja, se sua raiz quadrada é um número natural.

Como exemplo, vamos verificar se 256, 1 225 e 320 são quadrados perfeitos:

256	2
128	2
64	2
32	2
16	2
8	2
4	2
2	2
1	

$256 = 2^8 = (2^4)^2 = 16^2$
256 é o quadrado de 16, portanto 256 é um quadrado perfeito
$\sqrt{256} = 16$

1 225	5
245	5
49	7
7	7
1	

$1225 = 5^2 \cdot 7^2 = (5 \cdot 7)^2 = 35^2$
1 225 é um quadrado perfeito, pois é o quadrado de 35
$\sqrt{1225} = 35$

Fique esperto!
Entre dois números quadrados perfeitos há números racionais cujas raízes quadradas são exatas, mas não são números naturais.
Por exemplo:
- $\sqrt{1{,}69} = 1{,}3$
- $\sqrt{14{,}44} = 3{,}8$
- $\sqrt{31{,}36} = 5{,}6$

Atenção!

Repare que, nesses exemplos, aplicamos não só os conhecimentos sobre fatoração como também propriedades da potenciação. Em Matemática é assim, muitos assuntos se relacionam!

320	2
160	2
80	2
40	2
20	2
10	2
5	5
1	

$320 = 2^6 \cdot 5$
320 não é um quadrado perfeito
$\sqrt{320}$ é um número irracional

REFLETINDO

1. Qual é o maior quadrado perfeito que se escreve com dois algarismos?

2. Um número natural cujo algarismo das unidades é 8 pode ser um quadrado perfeito?

Não dá para chegar a um quadrado como fizemos nos dois exemplos anteriores!

Para uso prático, podemos encontrar uma aproximação para $\sqrt{320}$.

Na calculadora:

$\sqrt{320} \cong 17{,}888543$ (A calculadora já faz a aproximação.)

Você pode usar $\sqrt{320} \cong 17{,}88$, por exemplo.

O número de casas decimais da aproximação depende da precisão necessária aos cálculos.

Se não for possível usar calculadora, podemos fazer tentativas.

Sabemos que $20^2 = 400$. Então $\sqrt{320}$ é menor que 20. Podemos experimentar 19, 18, 17, 16 ...
Veja algumas dessas tentativas:

$17^2 = 289$
$18^2 = 324$ $\longrightarrow$ $\sqrt{320}$ é um número entre 17 e 18

Deve estar mais próximo de 18, pois $18^2 = 324$, que passa pouco de 320.

Experimentamos:

$17,7^2 = 313,29$
$17,8^2 = 316,84$ $\longrightarrow$ $\sqrt{320}$ é um número entre 17,8 e 17,9 (Mais perto de
$17,9^2 = 320,41$ 17,9, pois $17,9^2 = 320,41$, que passa pouco de 320.)

Experimentamos:

$17,88^2 = 319,69$ $\longrightarrow$ Temos aproximações com duas casas decimais.
$17,89^2 = 320,05$ $\sqrt{320} \cong 17,88$ ou $\sqrt{320} \cong 17,89$
Usaremos $\sqrt{320} \cong 17,88$.

Estúdio Ornitorrinco

Mostraremos a seguir o processo descrito por Heron de Alexandria (século I d.C.) para calcular a raiz quadrada aproximada de 720. Veja que interessante!

Ele tomou o primeiro número quadrado maior do que 720, que é 729.

$\sqrt{729} = 27$

Dividiu 720 por 27, o que resulta $26\frac{2}{3}$, e juntou esse valor ao próprio 27.

$27 + 26\frac{2}{3} = 53\frac{2}{3}$

720	27
180	26
18	

Observe que:
$\dfrac{18}{27} = \dfrac{2}{3}$

Então, ele dividiu $53\frac{2}{3}$ por 2 e considerou esse resultado como a aproximação da raiz quadrada de 720.

$\sqrt{720} = 26\frac{1}{2}\frac{1}{3}$

$53 : 2 = 26\frac{1}{2}$ e $\frac{2}{3} : 2 = \frac{1}{3}$

De fato, $26\frac{1}{2}\frac{1}{3}$ multiplicado por ele mesmo resulta em $720\frac{1}{36}$, de modo que a diferença entre os quadrados é $\frac{1}{36}$.

Heron de Alexandria prossegue em seu relato mostrando como obter aproximações ainda melhores para $\sqrt{720}$.

Fonte de pesquisa: Jean-Luc Chabert et al. *Historie d'algorithmes*. Paris: Ed. Belin, 1994.

Registrem no caderno.

1. $\sqrt{300}$ está entre quais dois números consecutivos?

2. Descubram um quadrado perfeito entre 400 e 500.

3. Determinem o maior número primo p tal que $p^2 < 400$.

RADICIAÇÃO **65**

EXERCÍCIOS

28. Responda.
a) $\sqrt{18}$ é maior do que 4?
b) $\sqrt{18}$ é maior do que 5?
c) $\sqrt{18}$ pode ser calculada exatamente?
d) $\sqrt{18}$ é um número compreendido entre 4 e 5?

29. Copie e complete, substituindo os ▨ por números naturais consecutivos.
a) ▨ < $\sqrt{43}$ < ▨
b) ▨ < $\sqrt{54}$ < ▨
c) ▨ < $\sqrt{85}$ < ▨
d) ▨ < $\sqrt{250}$ < ▨

30. Escreva, em ordem crescente, os seguintes números:

5, $\sqrt{23}$, $\sqrt{40}$, 6, $\sqrt{27}$, $\sqrt{20}$

31. Qual é o maior número: $(1,5)^2$ ou $\sqrt{4}$?

32. Qual das seguintes expressões é a maior?
a) $\sqrt{100}$
b) $\dfrac{1}{0,01}$
c) $\sqrt{1000}$
d) $\sqrt{\dfrac{1}{0,1}}$

33. (CAp-UFRJ) Determine todos os números naturais que são maiores do que $\dfrac{168}{12}$ e menores do que $\sqrt{350}$.

34. Calcule, decompondo os números em fatores primos.
a) $\sqrt{144}$
b) $\sqrt{196}$
c) $\sqrt{225}$
d) $\sqrt{324}$

35. Veja o exercício que Vítor vai resolver:

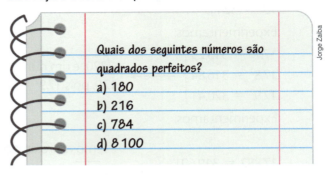

Quais dos seguintes números são quadrados perfeitos?
a) 180
b) 216
c) 784
d) 8 100

Resolva-o você também!

36. Escreva todos os quadrados perfeitos compreendidos entre 60 e 200.

37. Usando o sistema de numeração decimal, pergunta-se:
a) Um quadrado perfeito pode terminar com o algarismo 5? Dê exemplos.
b) Um quadrado perfeito pode terminar com o algarismo 2? Dê exemplos.

38. Rosângela está construindo quadrados com palitos de fósforo adicionando "quadradinhos" aos quadrados já construídos, formando uma sequência, de acordo com o esquema:

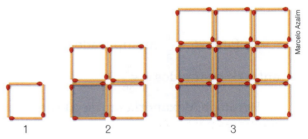

a) Rosângela terminou de construir o quadrado de número 29. Qual é o número de "quadradinhos" que Rosângela precisa adicionar a esse quadrado para obter o quadrado de número 30?
b) Escreva uma expressão que represente o número de "quadradinhos" de cada figura.

39. Qual é o menor número inteiro positivo pelo qual se deve multiplicar 588 para se obter um quadrado perfeito?

40. (Cotuca/Unicamp-SP) Um piso retangular tem lados medindo 8 metros e 9,60 metros.

a) Calcule a área do piso em cm².
b) Quantas lajotas quadradas de 40 cm de lado serão necessárias para revestir esse piso?
c) Se o piso foi revestido por 750 lajotas quadradas, qual é a medida dos lados dessas lajotas?

41. Para $\sqrt{17}$ a calculadora mostrou o número:

4,123105626

a) Esse número é um valor exato ou aproximado de $\sqrt{17}$?
b) Escreva um valor aproximado de $\sqrt{17}$ com 2 casas decimais.

42. Com o auxílio da calculadora, determine o perímetro da figura, sabendo que A e B são quadrados.

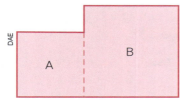

Área de A: 34 m²
Área de B: 50 m²

Utilize valores aproximados com duas casas decimais.

43. Indique, mentalmente, se os números que iremos obter estão entre: 1 e 10; 10 e 20; 100 e 200; 1 000 e 2 000.

a) $2{,}7 \cdot 5{,}8$
b) $1{,}36 \cdot 1200$
c) $2 \cdot \sqrt{5}$
d) $2{,}718 \cdot 53$
e) $3 \cdot \sqrt{7}$
f) $2^3 + \sqrt{5}$

44. Escreva os números $\sqrt{49}$, 15, $\dfrac{20}{3}$, $10\sqrt{2}$ e 6π em ordem crescente.

45. Calcule.

a) $\sqrt{1{,}21} + 0{,}7$
b) $\sqrt{169} + \sqrt{1{,}69}$
c) $\sqrt[3]{1000} - \sqrt[3]{729}$
d) $\sqrt{100} + \sqrt{50 : 2}$

46. Qual é o valor da expressão a seguir?

$$\left[\left(\frac{5}{6} - \frac{1}{5}\right) - \frac{1}{3}\right] : \sqrt{\frac{9}{4}}$$

a) 0,20
b) 0,45
c) 1,05
d) 1,45

47. (Fesp-RJ) Um jardim tem forma quadrada e área de 34 m². Das alternativas apresentadas, a que indica a medida mais provável do lado desse jardim é:

a) 5,74 m
b) 5,79 m
c) 5,83 m
d) 5,88 m

48. A soma dos quadrados de dois números é 1 600. Se o menor desses números é 24, qual é o maior?

49. (Vunesp) A ilustração mostra o número de azulejos quadrados alinhados horizontalmente em duas paredes de uma cozinha retangular, sendo que cada azulejo tem área de 625 cm².

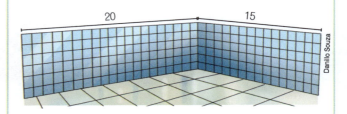

Desprezando-se os espaços entre cada azulejo, pode-se afirmar que a área dessa cozinha é igual a:

a) 8,75 m²
b) 12,50 m²
c) 16,25 m²
d) 18,75 m²

VALE A PENA LER

A sábia civilização mesopotâmica

A região da Mesopotâmia (*Mesopotâmia* significa "terra entre dois rios") ficava na Ásia, entre os rios Tigre e Eufrates, onde hoje se localiza o Iraque. As antigas civilizações que habitaram essa região são chamadas frequentemente de babilônias por causa da cidade de Babilônia. Parte dos conhecimentos matemáticos dos babilônios ficou gravada em tabletas: os babilônios registravam tudo em placas de barro mole com estilete e depois coziam as tabletas ao sol ou em fornos. Há tabletas que datam de 5 000 anos atrás.

Os matemáticos babilônios eram hábeis no cálculo e criaram processos para extrair raízes quadradas. Há várias tabletas com tabelas envolvendo o cálculo de raízes quadradas.

Na tableta VAT 6598 (data aproximada: entre 2000 e 1700 a.C.), que está no Museu de Berlim, há um problema que pede para que se determine a diagonal de uma porta retangular de altura 40 e largura 10.

Os babilônios resolviam esse problema usando uma relação entre os lados de um triângulo retângulo que eles já conheciam:

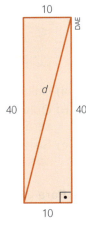

$$d^2 = 40^2 + 10^2$$
$$d^2 = 1\,600 + 100$$
$$d = \sqrt{1\,700}$$

> Essa relação é importantíssima na Matemática e é conhecida por **relação de Pitágoras**. Você trabalhará com ela no 9º ano.

Eles faziam um cálculo aproximado dessa raiz usando seu sistema de numeração, que era sexagesimal.

Ainda como curiosidade, no século XX, foram encontradas e traduzidas tabletas mesopotâmicas com data aproximada de 2000 a.C. apresentando vários problemas. Um deles trata do cálculo da área de um campo circular e utiliza uma aproximação para π igual a $3\frac{1}{8}$ ou 3,125.

A civilização babilônica foi muito importante para a história da Matemática.

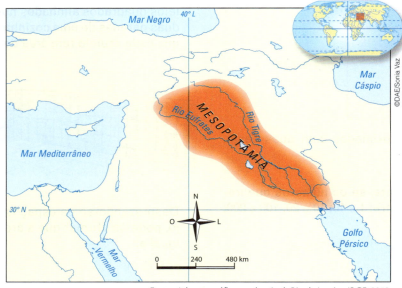

Fonte: *Atlas geográfico escolar*, 6 ed., Rio de Janeiro: IBGE, 2012.

REVISANDO

50. Copie e complete de modo a obter afirmações verdadeiras.

a) $\sqrt{\square} = 3$

b) $\sqrt{\square} = 30$

c) $\sqrt{90\,000} = \square$

d) $\sqrt{\square} = 0,3$

e) $\sqrt{\square} = 7$

f) $\sqrt{\square} = 0,7$

g) $\sqrt{4\,900} = \square$

h) $\sqrt{\square} = 100$

51. Coloque os números em ordem crescente.

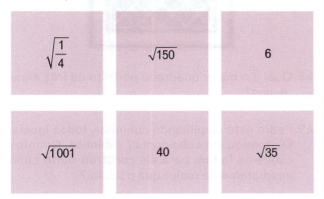

$\sqrt{\dfrac{1}{4}}$; $\sqrt{150}$; 6 ; $\sqrt{1\,001}$; 40 ; $\sqrt{35}$

52. Mafalda pensou num número e calculou sua raiz quadrada. O resultado foi 64. Em que número Mafalda pensou?

53. Metade do comprimento do lado de um terreno de forma quadrada é 35 m. Qual é a área do terreno?

54. Numa calculadora obtemos o número irracional $\sqrt{2} = 1,41421356...$ Dê o valor aproximado de $\sqrt{2}$:

a) com uma casa decimal;
b) com três casas decimais.

55. Calcule usando as aproximações com duas casas decimais.

a) $7 + \sqrt{2}$

b) $\sqrt{25} - \sqrt{2}$

c) $2\sqrt{2}$

d) $\dfrac{\sqrt{2}}{2}$

56. Calcule a diferença entre o quadrado de 5 e a raiz quadrada de 25.

57. Indique quais dos números entre 100 e 300 são quadrados perfeitos.

58.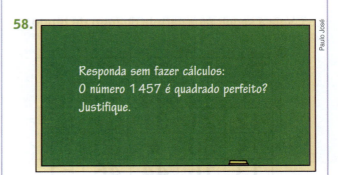

Responda sem fazer cálculos:
O número 1 457 é quadrado perfeito? Justifique.

59. Copie e complete.

No sistema de numeração decimal, o algarismo das unidades de um quadrado perfeito não pode ser $\square$, $\square$, $\square$, ou $\square$.

60. O tabuleiro de xadrez representado na figura tem 576 cm² de área.

a) Determine a medida do comprimento do lado do tabuleiro.

b) Determine a área e o comprimento do lado de cada um dos quadradinhos representados no tabuleiro.

61. Copie e complete de modo a obter afirmações verdadeiras.

a) $\sqrt[3]{8} = \square$

b) $\sqrt[3]{\square} = 20$

c) $\sqrt[3]{\square} = 0,2$

d) $\sqrt[3]{8\,000\,000} = \square$

e) $\sqrt[3]{125} = \square$

f) $\sqrt[3]{\square} = 50$

g) $\sqrt[3]{\square} = 1$

h) $\sqrt[3]{0,001} = \square$

62. Indique os dois números naturais consecutivos entre os quais se situa o número $\sqrt[3]{999}$.

63. Veja a seguir uma cartela de **jogo de bingo**.

B	I	N	G	O
5	18	33	48	64
12	21	31	51	66
14	30	★	60	71
13	16	44	46	61
11	27	41	49	73

a) Indique os quadrados perfeitos.
b) Indique os cubos perfeitos (são os cubos de números inteiros).

64. Responda.

a) Se $\sqrt[4]{a} = 5$, qual é o valor de *a*?
b) Se $\sqrt[6]{a} = 2$, qual é o valor de *a*?
c) Se $\sqrt[n]{81} = 3$, qual é o valor de *n*?
d) Se $\sqrt[n]{32} = 2$, qual é o valor de *n*?

65. Calcule.

a) $-8 - \sqrt{16}$
b) $-8 + \sqrt{16}$
c) $-5 + \sqrt[3]{-8}$
d) $3^2 - \sqrt[7]{1}$
e) $-3\sqrt{100} + 30$
f) $10^3 \cdot \sqrt{50,41}$
g) $\sqrt[4]{16} - \sqrt[3]{0,027}$
h) $5 \cdot \sqrt{0,36} + \sqrt{0,04}$

66. O volume do cubo abaixo é 512 cm³.

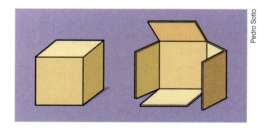

a) Determine o comprimento da aresta do cubo.
b) Para construir um cubo igual ao da figura, quantos cm² de papel são necessários?

67. O senhor Quintino tem em casa um tapete com a forma de um quadrado, como este representado na figura, que tem 21 m² de área. Com o auxílio da calculadora, determine o valor aproximado, com duas casas decimais, da medida do lado do tapete.

68. Qual é o maior quadrado perfeito de três algarismos?

69. Pedro está empilhando cubinhos, todos iguais. Ele formou um cubo com 27 cubinhos. Quantos cubinhos faltam para ele construir outro cubo imediatamente maior que o inicial?

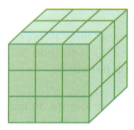

70. Nesta figura há três quadrados. Qual é a medida do lado de cada um deles?

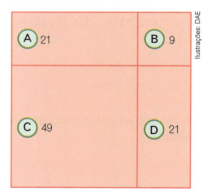

As áreas de A, B, C e D, em m², estão indicadas na figura.

DESAFIOS NO CADERNO

71. (Saeb-MEC) Para ligar a energia elétrica em seu apartamento, Felipe contratou um eletricista para medir a distância do poste da rede elétrica até seu imóvel. Essa distância foi representada, em metros, pela expressão: $(2\sqrt{10} + 6\sqrt{17})$ m. Para fazer a ligação, a quantidade de fio a ser usado é duas vezes a medida fornecida por essa expressão. Nessas condições, Felipe comprará aproximadamente:

a) 43,6 m de fio.
b) 58,4 m de fio.
c) 61,6 m de fio.
d) 81,6 m de fio.

72. Um cubo de alumínio foi introduzido num frasco graduado com 250 cm³ de água.

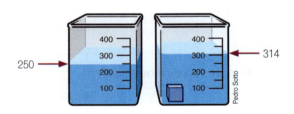

a) Qual é o volume do cubo?
b) Qual é a medida da aresta do cubo?

73. Usando quatro das peças desenhadas se pode construir um quadrado. Qual delas não deve ser utilizada?

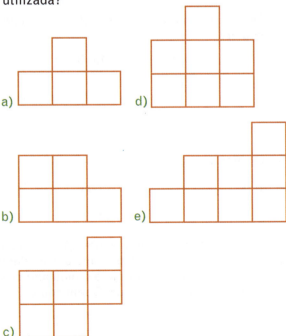

74. O pai de Roberto nasceu no século XX, num ano que é um número inteiro quadrado perfeito. Em que ano ele nasceu?

75. O triplo da raiz quadrada de um número natural x é 60. Qual é o número x?

76. Dois irmãos herdaram dois terrenos de áreas iguais. O terreno de João é retangular e mede 30 m de frente por 120 m de fundo. O de José é um terreno quadrado.

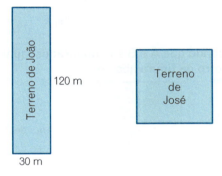

Quantos metros de frente e de fundo tem o terreno de José?

77. Sabemos que um quadrado tem área de 256 cm².

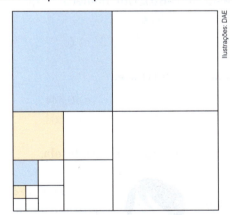

a) Se o dividirmos em quatro quadrados, qual é a medida do lado de cada um dos quadrados obtidos?
b) Se dividirmos um destes em quatro quadrados, qual é a medida do lado do novo quadrado obtido?
c) Se voltarmos a repetir esse processo mais duas vezes, qual é a medida do lado do menor quadrado obtido?

AUTOAVALIAÇÃO

Anote no caderno o número do exercício e a letra correspondente à resposta correta.

78. O valor da expressão $(20 : \sqrt{100})^3$ é:
   a) 6
   b) 8
   c) 60
   d) 80

79. O valor de $\sqrt{0,09} + \sqrt{\dfrac{147}{3}}$ é:
   a) 7,3
   b) 7,03
   c) 49,3
   d) 49,03

80. Sabendo que A e B são quadrados, qual é o perímetro da figura abaixo?

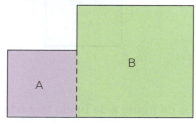

Área de A: 9 m²
Área de B: 25 m²

   a) 26 m
   b) 29 m
   c) 32 m
   d) 34 m

81. (Cesgranrio-RJ) Um número x, que satisfaz $\sqrt{35} < x < \sqrt{39}$, é:
   a) 5,7
   b) 5,8
   c) 6
   d) 6,6

82. O valor de $\sqrt{0,111...}$ é:
   a) 0,222...
   b) 0,333...
   c) 0,444...
   d) 0,666...

83. Responda à pergunta de Gabriela.

Qual será o próximo ano a ser um quadrado perfeito?

   a) 2010
   b) 2016
   c) 2020
   d) 2025

84. Qual é o menor número pelo qual se deve multiplicar 84 para se obter um quadrado perfeito?
   a) 21
   b) 24
   c) 27
   d) 42

85. A metade da raiz quadrada de um número x é igual a 5. Então, o valor de x é:
   a) 10
   b) 25
   c) 50
   d) 100

86. Na figura há três quadrados. A área do quadrado 1 mede 16 cm² e a área do quadrado 2 mede 25 cm².

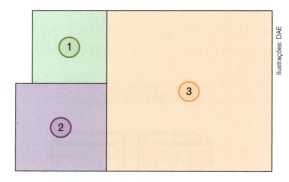

A área do terceiro quadrado é:
   a) 36 cm²
   b) 40 cm²
   c) 64 cm²
   d) 81 cm²

87. (OBM) Quantos são os números inteiros x que satisfazem a inequação $3 < \sqrt{x} < 7$?
   a) 26
   b) 38
   c) 39
   d) 40

88. Qual é o número que completa a sequência a seguir?

3, 5, 7, ▨, 11, 13, 15, 17

   a) 8
   b) $\sqrt{9}$
   c) $\sqrt{18}$
   d) $\sqrt[3]{729}$

89. O valor da expressão $\dfrac{\dfrac{1}{2} + 5,5}{\sqrt{9}}$ é:
   a) 2
   b) 3
   c) 2,5
   d) 3,5

90. "Sou um número primo maior do que 20 e menor do que 50. O meu algarismo das unidades é também um número primo e o meu antecessor é perfeito como quadrado. Quem sou eu?"
   a) 23
   b) 37
   c) 26
   d) 49

UNIDADE 4

Cálculo algébrico

1. Revendo equações

As balanças ilustradas estão equilibradas.

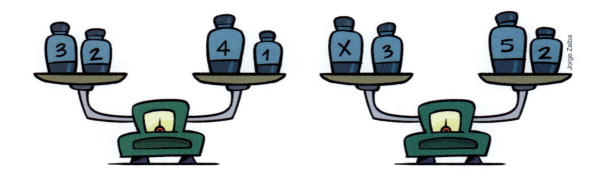

Podemos utilizar igualdades para representar esse equilíbrio:

$$3 + 2 = 4 + 1 \qquad x + 3 = 5 + 2$$

Esta igualdade apresenta uma letra que representa um valor desconhecido.

Equação é uma igualdade em que há pelo menos uma letra para representar um valor desconhecido.

A letra ou as letras que representam valores desconhecidos são as **incógnitas** da equação.
Na equação $x + 3 = 5 + 2$, a incógnita é x.
Toda equação tem dois membros:

$$\underbrace{x + 3}_{1^\circ \text{ membro}} = \underbrace{5 + 2}_{2^\circ \text{ membro}}$$

Observe que o valor de x que torna a igualdade verdadeira é 4, pois, trocando x por 4 na equação, a igualdade fica verdadeira:

$$4 + 3 = 5 + 2.$$

$x = 4$ é a única **solução** dessa equação. Resolver uma equação é encontrar sua solução.

CÁLCULO ALGÉBRICO   73

Existem equações com uma única solução, com mais de uma solução e sem solução.
Por exemplo:

- a equação $x = x - 3$ não tem solução, pois não há número que seja igual a ele mesmo menos 3;
- a equação $a + a = 2a$ tem infinitas soluções, pois todo número somado a ele mesmo resulta no seu dobro.

Vamos resolver a equação $5x - 8 = 3x - 12$ para recordar.

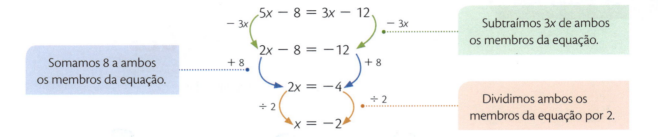

Somamos 8 a ambos os membros da equação.

Subtraímos $3x$ de ambos os membros da equação.

Dividimos ambos os membros da equação por 2.

Encontramos a solução da equação.

Verificamos se a solução está correta substituindo x por -2 na equação:

$$5 \cdot (-2) - 8 = 3 \cdot (-2) - 12$$
$$-10 - 8 = -6 - 12$$
$$-18 = -18 \text{ (Verdadeiro!)}$$

Fazendo a verificação temos certeza se acertamos a resolução da equação.

A solução $x = -2$ está correta.

Muitas vezes utilizamos equações para representar e resolver um problema. Acompanhe.

Comprei um lápis e duas canetas por R$ 11,60. Cada caneta custou R$ 1,00 a mais que o lápis. Qual é o preço do lápis? Qual é o preço de cada caneta?

Representamos o preço do lápis por x.
O preço de cada caneta será representado por $x + 1$.
Como o gasto foi de R$ 11,60 no total, escrevemos:

$x + 2(x + 1) = 11,6$
$x + 2x + 2 = 11,6$
$3x + 2 = 11,6$
$3x = 9,6$
$x = \dfrac{9,6}{3}$
$x = 3,2$
$x + 1 = 3,2 + 1 = 4,2$

Aplicando a propriedade distributiva:
Fazendo $x + 2x = 3x$:

Junte-se a um colega e resolvam, por meio de uma equação, o seguinte problema:

Mariana tem x reais. Para comprar um vestido que custa R$ 120,00 ela precisa do triplo dessa quantia e ainda ficam faltando R$ 6,00. Quanto tem Mariana?

Preço do lápis: R$ 3,20
Preço da caneta: R$ 4,20

EXERCÍCIOS

1. Descubra os números "escondidos" pelas mãos.

   a) 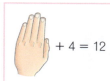 + 4 = 12

   b) 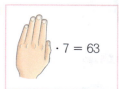 · 7 = 63

   c) 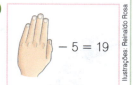 − 5 = 19

   d) 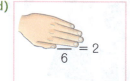 $\frac{}{6}$ = 2

2. Resolva as equações.

   a) $x + 2 = 10$
   b) $x - 6 = -8$
   c) $3x - 21 = 0$
   d) $6 + x = 6{,}4$
   e) $0{,}5x - 9 = 1{,}5$
   f) $4x + 3 = -19$
   g) $5x + 2 = 2x - 1$
   h) $6 - 3x = -10 - 4x$
   i) $2(3x - 5) = 14$
   j) $\frac{2x - 1}{5} = 3$

3. (Obmep) Um grupo de amigos acabou de comer uma *pizza*. Se cada um der R$ 8,00 faltarão R$ 2,50 para pagar a *pizza* e se cada um der R$ 9,00 sobrarão R$ 3,50. Qual é o preço da *pizza*?

4. Observe o quadrado mágico.

A		
	15	3
12		24

   Atenção! A soma dos números de qualquer linha, coluna ou diagonal é sempre a mesma.

   a) Escreva a equação que permite calcular o número A.
   b) Calcule o número A.
   c) Complete o quadrado mágico.

5. (Vunesp) As figuras representam uma balança em duas situações de equilíbrio:

   Figura I – oito esferas equilibram dois cones e um cubo.

   Figura II – um cubo e uma esfera equilibram um cone.

   O número de esferas que equilibram um cone é:

   a) 3   b) 4   c) 5   d) 6

6. (CPII-RJ) Observe as expressões abaixo:

   🔔 + 🔔 + 🔔 + 🌼 + 💣 = 35

   🌼 + 🌼 + 🌼 + 🌼 + 🌼 = 10

   ⭐ + 🌼 + 💍 + 💍 + 💍 = 52

   💣 + 💣 + 🌼 + 💍 + 💍 = 46

   🌼 + 🌼 + 🔔 + 🌼 + 🌼 = 15

   💍 + 🌼 + 🌼 + 🔔 + 💣 = 33

   Quanto vale cada um dos desenhos dessas somas?

2. Variáveis

Célia costura camisas para uma confecção.
Seu salário depende do número de camisas que costura no mês.

Produção de roupas em Ibirá, SP, 2013.

Vamos explicar melhor:
Célia recebe R$ 800,00 fixos mais R$ 2,50 por camisa costurada.

- Se costurar 100 camisas no mês, recebe R$ 1.050,00, pois:

$$800 + 100 \cdot 2{,}50 =$$
$$= 800 + 250 = 1\,050$$

- Se costurar 180 camisas, recebe R$ 1.250,00, pois:

$$800 + 180 \cdot 2{,}50 =$$
$$= 800 + 450 = 1\,250$$

- Se Célia costurar n camisas no mês, qual será o valor de seu salário S?

$$S = 800 + n \cdot 2{,}50$$

O número de camisas n pode ser 50, 82, 120 ou 200, por exemplo.

Para cada valor de n, há um valor para o salário S.
Por isso, nessa fórmula, as letras n e S são chamadas de **variáveis**. Vimos que há uma interdependência na variação que apresentam.

> Observe que usamos letras e operações para mostrar como o salário de Célia depende do número de camisas costuradas no mês.
> Escrevemos uma **fórmula matemática**.

- Para receber R$ 1.600,00, quantas camisas Célia precisa costurar?

Basta substituir, na fórmula, S por 1600:

$$1600 = 800 + n \cdot 2{,}50$$

Obtemos uma **equação**, na qual o valor desconhecido é n. Vamos resolvê-la:

$$1600 - 800 = n \cdot 2{,}50$$
$$800 = n \cdot 2{,}50$$
$$\frac{800}{2{,}5} = n$$
$$n = 320$$

Para receber R$ 1.600,00, Célia precisa costurar 320 camisas.

$S = 800 + 2{,}50 \cdot n$	
n	S
170	
	1800
	1120

Quem quer ir à lousa mostrar aos colegas como encontrar os valores que faltam nessa tabela?

As fórmulas matemáticas são usadas nas ciências e em muitas atividades humanas para descrever a relação entre grandezas.

- Um médico, por exemplo, usa fórmulas para calcular a dose certa de remédio para uma criança, de acordo com o peso e a idade dela.
- Um engenheiro também utiliza fórmulas para projetar uma ponte, um prédio ou um avião.
- Os economistas aplicam fórmulas para calcular a inflação do mês ou o rendimento de uma aplicação financeira, e por aí vai.

No exemplo da Célia, vimos que também podemos usar fórmulas para representar e resolver situações de nosso cotidiano.

> A área de um quadrado de lado ℓ é calculada pela fórmula $A = \ell^2$.
> Você conhece outra fórmula? Cite-a.

Vamos examinar **outra situação**.

Renata vai fazer uma horta retangular nos fundos de sua casa. A horta terá 6 m de comprimento, mas ela não decidiu ainda qual será a medida da largura.

Por isso ela chamou essa medida de x.

O perímetro P da horta depende da medida x da largura.

Renata escreveu a fórmula:

$$P = 6 + x + 6 + x \quad \text{ou}$$
$$P = 2x + 12$$

Para cada medida escolhida para x, teremos uma medida P para o perímetro da horta.

P e x são as variáveis da fórmula **$P = 2x + 12$**.

A fórmula mostra a interdependência na variação entre elas.

- Renata tem 22 m de tela de arame para cercar a horta. Se a largura da horta for de 5,5 m, a tela será suficiente?

Se $x = 5{,}5$ m

$P = 2 \cdot 5{,}5 + 12 = 11 + 12 = 23$

O perímetro da horta seria de 23 m, então faltaria 1 m de tela para cercar a horta.

- Para usar exatamente os 22 m de tela, qual deverá ser a largura da horta?

Fazendo $P = 22$ na fórmula:

$22 = 2x + 12$ ·········· Obtivemos uma equação cuja incógnita é x.

$22 - 12 = 2x$

$10 = 2x$

$x = 5$

Se a largura for de 5 m, Renata usará os 22 m de tela para cercar a horta.

REFLETINDO

Para calcular o volume V de um bloco retangular fazemos:
$$V = c \cdot \ell \cdot a$$

- Isso é uma fórmula?
- O que são as letras V, c, ℓ e a?

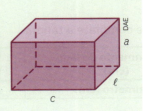

EXERCÍCIOS

7. Numa doçaria está afixada a seguinte tabela:

Número de balas	Preço a pagar (reais)
1	0,16
2	0,32
3	0,48
4	0,64
5	0,80
6	0,96
7	1,12
8	1,28
9	1,44
10	1,60

a) Qual é o preço a pagar na compra de 9 balas?
b) Quantas balas podem ser compradas com R$ 1,12?
c) É possível gastar exatamente R$ 0,75 em balas?
d) Quais seriam os preços da tabela se cada bala custasse 15 centavos?

8. Observe os cinco quadrados:

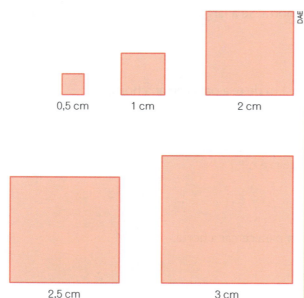

Copie e complete a tabela.

Comprimento do lado (cm)	ℓ	0,5	1	2	2,5	3
Perímetro (cm)	P					

Responda:
a) O perímetro de um quadrado depende do comprimento do seu lado?
b) Qual fórmula matemática relaciona P e ℓ no quadrado?
c) Como são chamadas as letras P e ℓ?

9. Deseja-se determinar o comprimento e a largura de uma sala de modo que a sua área seja 36 m².

a) Se a largura for 4 m, qual deverá ser o seu comprimento?
b) Se o comprimento for 12 m, qual deverá ser a sua largura?
c) Se a largura for chamada de x e o comprimento de y, qual será a fórmula que relaciona y com x?

10. Um motorista, para cobrar um frete, observa no hodômetro do caminhão o número de quilômetros percorridos e utiliza a seguinte tabela:

km rodados	Total a pagar (reais)
0	10,00
1	13,50
2	17,00
3	20,50
4	24,00
⋮	⋮
100	360,00

O total a pagar consiste em uma quantia fixa, que é de R$ 10,00, mais uma quantia que depende do número de quilômetros rodados.

a) Qual fórmula permite calcular o total y a pagar num frete de x quilômetros?
b) Qual é o preço a ser pago num frete de 34 km?
c) Com R$ 311,00 pode-se pagar um frete de quantos quilômetros?

VALE A PENA LER

Linguagem algébrica: um pouco de História

A Álgebra é o ramo da Matemática que trabalha com incógnitas e variáveis.

Assim como as demais áreas da Matemática, a Álgebra não foi criada por uma única pessoa ou sociedade. Ao longo da história, as ideias de álgebra foram sendo experimentadas e aperfeiçoadas.

Atribui-se a Diofante, que viveu em Alexandria, Egito, por volta do século III d.C., as primeiras tentativas de criar uma notação algébrica. Ele representava os números de 1 a 9 pelas letras gregas α, β, γ, δ etc. e a incógnita pela letra σ. Uma igualdade era indicada pela palavra isos.

Podemos citar o francês François Viète (1540-1603) como um dos grandes responsáveis pelo desenvolvimento da linguagem algébrica. Viète era advogado e dedicava seu tempo livre para estudar Matemática. Suas contribuições foram importantes na Aritmética e na Geometria.

François Viète

Conta-se que, durante uma guerra entre França e Espanha, Viète decifrou um complicado código usado pelos inimigos para enviar mensagens, sendo acusado pelo rei da Espanha de ter "parte com o demônio". A verdade é que Viète gostava de Matemática e se dedicava a ela. Interesse e dedicação são fundamentais para alcançar o sucesso em qualquer atividade.

Para simbolizar o que hoje escrevemos como $10x^2 + 6 - 5x = 2$, Johnn Müller (1436-1476) escrevia: *10 census et 6 depentis 5 rebus aequatur 2*. François Viète anotava: *10 in. Aquad + 6 − 5 in a plano aequatur 2*. Foi René Descartes (1596-1650) quem adotou a notação que empregamos atualmente.

Pierre Louis Dumesnil. *Rainha Cristina da Suécia e sua corte* (detalhe), c. 1884. Óleo sobre tela, 97 cm × 126 cm. Cristina, a rainha da Suécia (de preto, à esquerda) recebe a visita de alguns sábios, entre eles René Descartes (de capa preta, com as mãos sobre a mesa).

3. Expressões algébricas

Veja o que Lucinha está dizendo.

Somei 4 a 7, multipliquei o resultado por 3 e subtraí 7.

A **expressão numérica** correspondente a essa sequência de operações é $(7 + 4) \cdot 3 - 7$. Podemos encontrar o valor dessa expressão fazendo:

$$(7 + 4) \cdot 3 - 7 =$$
$$= 11 \cdot 3 - 7 =$$
$$= 33 - 7 = 26$$

Felipe pensou em um número.

Pensei em um número, somei 4 a ele, multipliquei o resultado por 3 e subtraí o próprio número.

Ilustrações: Leonardo Conceição

Representando o número pensado por x, a expressão que representa essa sequência de operações é:

$$(x + 4) \cdot 3 - x$$

Podemos aplicar a propriedade distributiva obtendo:

$$3x + 12 - x$$

Como $3x - x = 2x$, a expressão fica:

$$2x + 12$$

Essa é uma **expressão algébrica**.

Seu valor numérico depende do valor atribuído a x, que é a variável da expressão.

- Se $x = 7$, então $2x + 12 = 2 \cdot 7 + 12 = 26$.

  O valor numérico da expressão é 26.

- Se $x = -3$, então $2x + 12 = 2 \cdot (-3) + 12 = 6$.

  O valor numérico da expressão é 6.

- Se $x = \dfrac{1}{2}$, então $2x + 12 = 2 \cdot \dfrac{1}{2} + 12 = 1 + 12 = 13$.

  O valor numérico da expressão é 13.

Uma expressão matemática contendo letras, números e operações é uma expressão algébrica.
- $4a^3$
- $5a + 3b - 2c$
- $\dfrac{2}{5}xy + 7x^2$
- $3(m - n) + 5m - 2(3m + 1)$

São exemplos de expressões algébricas.

Um CD custa x e um livro custa y. Quanto se paga por dois CDs e três livros?

EXERCÍCIOS

11. Quantas rodas há em:

a) 2 carros?
b) 3 carros?
c) 8 carros?
d) x carros?

12. O número inicial de carros estacionados é y.

Quantos serão depois de se colocar outro carro?

13. Atualmente Paulo tem x anos. Diga o que significam as seguintes expressões:

a) $2x$
b) $x - 2$
c) $x + 5$
d) $2(x + 5)$

14. Um restaurante tem x mesas com 4 pernas e y mesas com 3 pernas. Escreva uma expressão algébrica que represente:

a) o número de mesas;
b) o número de pés das mesas.

15. A variável c representa o preço de uma camiseta e b, o preço de um boné.

O preço pago por Mauro é representado pela expressão $5c + 2b$.

a) O que Mauro comprou?
b) Quanto Mauro gastou, se cada camiseta tiver custado R$ 18,00 e cada boné, R$ 7,00?

16. Para cada uma das figuras:

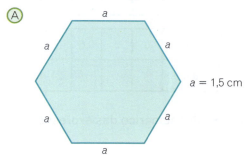

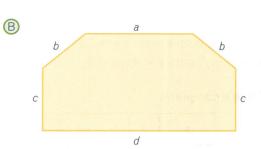

$a = 5$ cm $c = 3$ cm
$b = 2,5$ cm $d = 9$ cm

a) escreva as fórmulas que permitem calcular seus perímetros;
b) utilizando essas fórmulas, calcule esses perímetros.

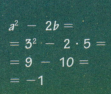

17. Para $x = 5$, calcule o valor de:

a) $2x$
b) $3x + 1$
c) $9 - x$
d) $x - 15$
e) x^2
f) $2x^3 - 1$

18. Copie e complete.

x	0	3	0,5	
$8 - x$				0

m	0	2	0,6	
$3m$				21

19. Calcule o valor numérico das expressões:

a) $x - y$, para $x = -3$ e $y = 7$
b) $x - y$, para $x = -3$ e $y = -7$
c) $5xy - x$, para $x = 2$ e $y = -1$
d) $2x + 3y$, para $x = 0,5$ e $y = 0,7$
e) $4p^2 - pq^2$, para $p = 4$ e $q = 1$

20. Copie e complete.

a	9	0	-4	
$2a + 1$				15

y	8	1	1,5	
$3y - 5$				13

21. Calcule o valor numérico das expressões:

a) $a + b$, para $a = \dfrac{1}{3}$ e $b = -\dfrac{1}{5}$

b) $2x - y$, para $x = 7$ e $y = -\dfrac{1}{2}$

c) $x^2 - yz$, para $x = \dfrac{1}{2}$, $y = \dfrac{1}{3}$ e $z = \dfrac{1}{4}$

22. Faça o que a professora pediu.

Calcule o valor numérico de $\dfrac{x^2 - 3y}{y^2 + 5x}$, para $x = -4$ e $y = -2$.

23. Calcule o valor numérico da expressão $\sqrt{b^2 - 4ac}$, nos seguintes casos:

a) $a = 1$, $b = -3$ e $c = 2$
b) $a = -4$, $b = 20$ e $c = -25$
c) $a = 5$, $b = -8$ e $c = 5$
d) $a = 1$, $b = -5$ e $c = -6$

24. Uma indústria produz apenas dois tipos de camisas. O primeiro com preço de R$ 45,00 por unidade e o segundo com preço de R$ 67,00 por unidade. Se chamarmos de x a quantidade vendida do primeiro tipo e de y a quantidade vendida do segundo tipo, qual será a expressão algébrica da venda desses dois artigos? Qual será o valor se forem vendidas 200 e 300 unidades, respectivamente?

4. Monômios e polinômios

As expressões algébricas aparecem em fórmulas e equações. Por isso é importante saber fazer cálculos com elas. Alguns deles você já sabe fazer, outros vai aprender agora. Não será difícil porque as ideias são semelhantes às usadas para operar com números.

> Expressões algébricas que têm um único termo são chamadas de **monômios**.

Veja exemplos:

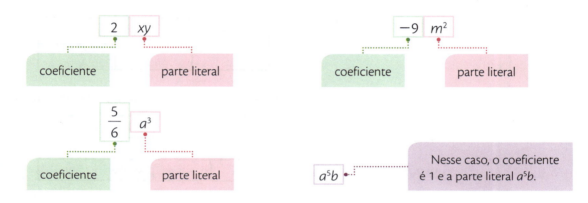

> Monômios que têm a mesma parte literal são **monômios semelhantes** ou **termos semelhantes**.

As expressões abaixo são **polinômios**:
- $5x^2y + 4xy^2 + xy - 2$
- $9m^3 + 7m^2 + n^3 + 6m^2 - 2mn + 1$

Polinômios com dois termos recebem o nome especial de **binômios**.

Veja os exemplos:
- $4x - 8y$
- $a^2 - b^3$
- $\dfrac{3}{5}m + 1$

Polinômios com três termos recebem o nome especial de **trinômios**.

Observe:
- $p^2 - 2pq + q^2$
- $2m^3 + m^2 + 5m$
- $6xyz + 5xz + 9yz$

Expressões algébricas com variáveis no denominador não são polinômios.

Por exemplo:
- $\dfrac{2x + 1}{x - 3}$
- $\dfrac{a}{a^2 + b}$

Essas expressões são chamadas de **frações algébricas**.

Atenção!

Nos monômios, entre os números e as letras só aparece a operação de multiplicação.

Poli significa "muitos". Observe que os termos de um polinômio são monômios.

CÁLCULO ALGÉBRICO 83

EXERCÍCIOS

25. Quais são os termos da expressão $a + 7b - 4c$?

26. Escreva um monômio que traduza:
- a) o dobro de x;
- b) a metade de x;
- c) o triplo de x;
- d) a terça parte de x;
- e) o simétrico de x;
- f) o quadrado de x.

27. Quais das seguintes expressões são monômios?
- a) $-x$
- b) $7a - 4$
- c) $-\dfrac{2}{5}$
- d) abc
- e) $a + b - c$
- f) $\dfrac{a+m}{7}$
- g) $2x^2y$
- h) $2x^2 - y$
- i) $\dfrac{am}{7}$
- j) $2\sqrt{5}y$

28. Copie e complete o quadro.

Monômio	Coeficiente	Parte literal
$3x^4$	3	x^4
$-2a^2$	-2	a^2
$3a^2$		
	1	xy^2
	0,8	m
$-\dfrac{x}{5}$		
-7		

29. Separe em grupos de termos semelhantes.

$5xy$	$9x$	$7x^2$	$-3x$
x^2y^3	$12x^2y$	$2xy$	$-x^2y^3$
$-6x^2$	$-7yx^2$	$\sqrt{3}x^2y^3$	$-4yx$

Curiosidade

É um engano pensar que uma pessoa que calça sapatos 38 tem um pé com 38 cm de comprimento. Veja a fórmula algébrica usada para determinar o tamanho aproximado dos sapatos.

Número do sapato = $\dfrac{5p + 28}{4}$, sendo p o comprimento do pé em centímetros.

Responda:
Qual deve ser o número do sapato de uma pessoa cujo comprimento do pé mede 24 cm?

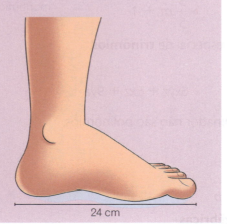

24 cm

Que tal saber se a fórmula funciona para você?

5. Operações e expressões algébricas

Nos exemplos a seguir, vamos operar com expressões algébricas para simplificar fórmulas.

1. A figura abaixo é composta de retângulos de medidas x e y, como este:

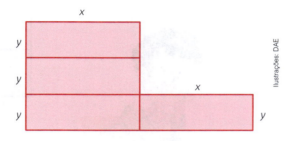

O perímetro da figura formada é obtido somando as medidas de seus lados:

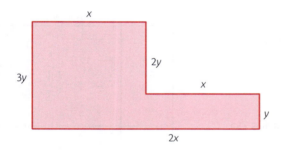

$P = x + 2y + x + y + 2x + 3y$
Podemos somar os termos semelhantes:
$x + x + 2x = 4x$ e $2y + y + 3y = 6y$
e indicar de forma mais simples o perímetro:
Perímetro $= 4x + 6y$

E a área da figura?
Cada retângulo tem área $A = x \cdot y = xy$.
Como a figura é composta de quatro desses retângulos, $A_{figura} = 4 \cdot xy = 4xy$.

Outra opção para o cálculo da área seria decompor a figura em dois retângulos:

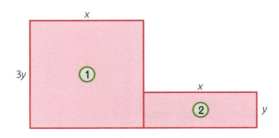

$A_1 = x \cdot 3y = 3xy$
$A_2 = x \cdot y = xy$
$A_{figura} = 3xy + xy$ ($3xy$ e xy são termos semelhantes: podem ser somados)
$A_{figura} = 4xy$

CÁLCULO ALGÉBRICO

2. Num loteamento, os quarteirões serão divididos em quatro terrenos. As medidas ainda não foram escolhidas, por isso estão representadas por letras no desenho.

O perímetro desse quarteirão é:
$P = 2x + x + 2x + x + x + y + x + y$
Somando os termos semelhantes, a fórmula fica:
$P = 8x + 2y$

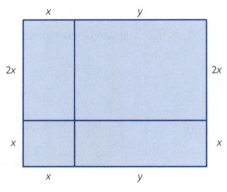

Puxa! Reconhecendo e somando os termos semelhantes, a expressão ficou bem mais simples!

E a área do quarteirão?
Podemos obter uma fórmula para expressá-la por dois caminhos diferentes.

- Somando as áreas dos quatro terrenos:
  $A = 2x^2 + x^2 + 2xy + xy = 3x^2 + 3xy$
- Multiplicando as medidas $3x$ e $(x + y)$ dos lados do quarteirão:
  $A = 3x(x + y) = 3x^2 + 3xy$

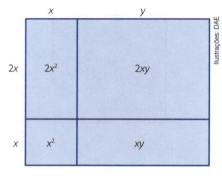

Multiplicamos um monômio por um binômio aplicando a propriedade distributiva.

Calcule o perímetro e a área do quarteirão para $x = 15$ m e $y = 20$ m.

INTERAGINDO

Registrem no caderno.

1. $3x^2y$ e $2xy^2$ são monômios semelhantes?
2. Mariana escreveu que $5a + 3b = 8ab$. Isso está correto? Por quê?
3. Carlos escreveu que $7xy - 5yx = 2xy$. Ele acertou?
4. Representem usando uma expressão algébrica:
   a) o dobro da soma de dois números;
   b) a diferença entre os quadrados de dois números.

Simplificação de expressões com letras

Observe a lousa:

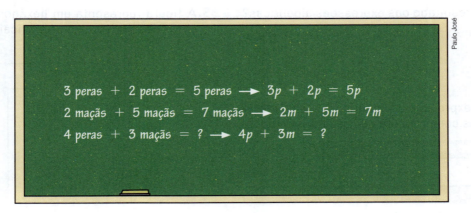

Com base nessas ideias, podemos efetuar cálculos envolvendo adições e subtrações em expressões algébricas. Acompanhe os exemplos:

1. $3a + 5b - 2b + 7a =$
$= 3a + 7a + 5b - 2b =$
$= 10a + 3b$

Identificamos os termos semelhantes.
Efetuamos a adição ou subtração entre os termos semelhantes.
Obtemos uma expressão mais simples.

2. $3x^2 + 5y - 7x^2 + 4y =$
$= 3x^2 - 7x^2 + 5y + 4y =$
$= -4x^2 + 9y$

Em Matemática dizemos que **reduzimos os termos semelhantes** da expressão.

3. $-5a^2 + 6ab - 8a^2 - 2ab + 3a =$
$= -5a^2 - 8a^2 + 6ab - 2ab + 3a =$
$= -13a^2 + 4ab + 3a$

Observe que não há termo semelhante a 3a.

4. $9a^2 + 5b^2 - (3b^2 - 2a^2 + ab) =$
$= 9a^2 + 5b^2 - 3b^2 + 2a^2 - ab =$
$= 11a^2 + 2b^2 - ab$

Atenção, pois essa expressão tem parênteses!
Eliminamos os parênteses.
Reduzimos então os termos semelhantes.

5. $\dfrac{x}{6} - \dfrac{3x}{2} + \dfrac{y}{4} =$
$= \dfrac{x}{6} - \dfrac{9x}{6} + \dfrac{y}{4} =$
$= -\dfrac{8x}{6} + \dfrac{y}{4} =$
$= -\dfrac{4x}{3} + \dfrac{y}{4}$

Repare que $\dfrac{x}{6}$ e $\dfrac{3x}{2}$ são termos semelhantes.

Para efetuar $\dfrac{x}{6} - \dfrac{3x}{2}$, escrevemos as frações num mesmo denominador.

CÁLCULO ALGÉBRICO

EXERCÍCIOS

30. Qual é o resultado das expressões algébricas?
    a) $a + a + a$
    b) $a + a$
    c) $3a + 2a$
    d) $p + p + p + p + p$
    e) $p + p + p$
    f) $5p - 3p$

31. Escreva expressões simplificadas que representem os comprimentos dos seguintes tubos.

    a)

    b)

    c)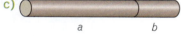

32. Simplifique as expressões, reduzindo os termos semelhantes.

   a) $4m + m$
   b) $-7x - x$
   c) $xy - 10xy$
   d) $0,5m^2 - m^2$
   e) $6t - 4t - 2t$
   f) $15a + 10 - 3a$

33. A figura representa um hexágono cujos lados são todos horizontais ou verticais.

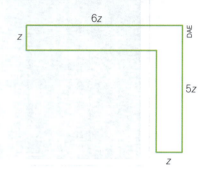

   a) O que é um hexágono?
   b) Escreva uma expressão simplificada para o perímetro da figura.
   c) Calcule o perímetro do hexágono para $z = 1,5$.

34. O número de cada retângulo é obtido adicionando os números dos dois retângulos situados abaixo. Escreva uma expressão simplificada para o retângulo superior.

   a)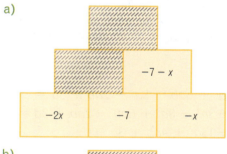

   b)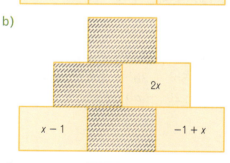

   c)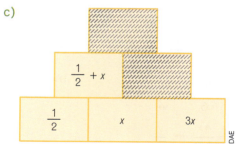

35. Simplifique as expressões, reduzindo os termos semelhantes.

a) $a + 1 + a - 7$

b) $-9x + 5m + 7x - 2m$

c) $xy^2 + xy^2 + x^2y$

d) $3x + 5x + 0{,}2x - x + 2x$

36. Qual polinômio corresponde à situação?

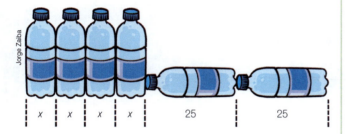

37. Simplifique estas outras expressões, reduzindo os termos semelhantes.

a) $\dfrac{3}{8}x + \dfrac{1}{2}x$

b) $\dfrac{a}{2} - \dfrac{2a}{3}$

c) $7p - \dfrac{3}{5}p$

d) $2x^3 + x^3 + x + \dfrac{1}{2}x$

e) $3a - 6a - \dfrac{3}{5} + 1$

f) $\dfrac{2}{3}a + \dfrac{1}{6} - \dfrac{a}{2} - \dfrac{1}{9}$

38. Escreva uma expressão simplificada que represente o perímetro do retângulo.

39. Supondo que a unidade é o metro, represente as expressões que permitam determinar os comprimentos dos tubos *A*, *B* e *C*.

a)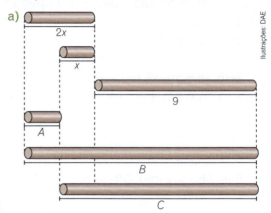

b)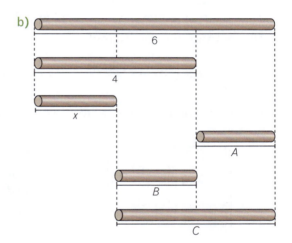

40. Calcule.

a) $9x - (5 - x)$

b) $7x + (2 - 10x) - (x - 4)$

c) $x^2 - 1{,}5x + 2 + (-x^2 + 2{,}3x - 6)$

d) $(x - 2y) + (2x + 2z - y) - (y + x - 3z)$

e) $\dfrac{1}{2}a - c - \left(\dfrac{1}{2}c - \dfrac{3}{4}a\right)$

41. Um comerciante compra diversos artigos por *x* reais a dúzia e revende cada artigo por $\dfrac{x}{9}$ reais. Em cada artigo, seu lucro em reais é de:

a) $\dfrac{x}{3}$

b) $\dfrac{x}{4}$

c) $\dfrac{x}{8}$

d) $\dfrac{x}{36}$

CÁLCULO ALGÉBRICO   89

Mais operações...

Veja agora exemplos de cálculos com expressões algébricas envolvendo **multiplicações**, **divisões** e **potenciações**.

◆ Que expressão representa a área do retângulo?

A área do retângulo maior é dada pela multiplicação dos monômios $2x$ e $4y$.
Observando a figura:
$2x \cdot 4y = (2 \cdot 4) \cdot (x \cdot y) = 8xy$

É sempre possível representar o produto de dois monômios como um único monômio. Basta multiplicar os coeficientes e as partes literais.

$4y^2 \cdot (-2)y^3 = 4 \cdot (-2) \cdot y^2 \cdot y^3 = -8y^5$

$(-8am) \cdot (+2m) = (-8) \cdot 2 \cdot a \cdot m \cdot m = -16am^2$

◆ Como calcular o resultado de $(20x^5) : (4x^2)$?

É mais fácil escrever o quociente em forma de fração. Observe:

$(20x^5) : (4x^2) = \dfrac{20x^5}{4x^2} = \dfrac{20 \cdot x \cdot x \cdot x \cdot \cancel{x} \cdot \cancel{x}}{4 \cdot \cancel{x} \cdot \cancel{x}} = 5 \cdot x \cdot x \cdot x = 5x^3$

Vamos mostrar outro exemplo:

$(25a^6x^5) : (-5a^2x^3) = \dfrac{25a^6x^5}{-5a^2x^3} = -5a^4x^2$ detalhando $\begin{cases} 25 : (-5) = -5 \\ a^6 : a^2 = a^4 \\ x^5 : x^3 = x^2 \end{cases}$

◆ Que expressão representa a área do quadrado?

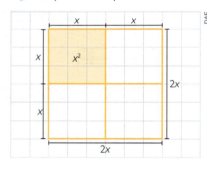

A área do quadrado maior pode ser determinada de dois modos:
◆ quatro quadrados de área $x^2 = 4x^2$
ou
◆ um quadrado de lado $2x = (2x)^2 = 4x^2$

mesma área

Observe outros exemplos:
◆ $(a^3b^4)^2 = (a^3b^4) \cdot (a^3b^4) = a^3 \cdot a^3 \cdot b^4 \cdot b^4 = a^6 \cdot b^8$
◆ $(-5a^2c^3)^3 = (-5)^3 \cdot (a^2)^3 \cdot (c^3)^3 = -125a^6c^9$

INTERAGINDO

Registrem no caderno.

1. Verifiquem se cada afirmação é verdadeira ou falsa.
   a) $7x^2 = (7x)^2$ b) $(-0,2p)^3 = -0,08p^3$ c) $x \cdot x \cdot x = 3x$ d) $(-5ab^3)^2 = 25a^2b^6$

2. Se representarmos um número ímpar por $2n + 1$, como representaremos o número ímpar consecutivo à ele?

3. Por qual monômio devemos dividir $4x^2$ para obter $\dfrac{1}{2x}$ como resultado?

EXERCÍCIOS

42. Calcule.

a) $a \cdot a \cdot a$
b) $a \cdot a$
c) $a^2 \cdot a^3$
d) $p \cdot p \cdot p \cdot p \cdot p$
e) $p \cdot p$
f) $p^5 \cdot p^2$

43. Considere o retângulo formado por quadradinhos de lado x.

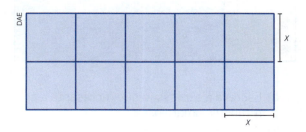

a) Quanto mede o comprimento e a largura desse retângulo?
b) Qual é a área de cada quadrado?
c) Indique o produto que permite calcular a área desse retângulo?
d) Contando os quadrados, indique a área do retângulo.
e) Compare os resultados obtidos nos dois últimos itens.

44. Calcule.

a) $2x \cdot 5x$
b) $4y \cdot 3y^2$
c) $-2x \cdot 7x$
d) $y \cdot (-5y)$
e) $-3a^2 \cdot 5ab$
f) $-x^2 y \cdot y^2$
g) $4p^2 \cdot (-6q^3)$
h) $(-8a^2 c) \cdot (-6ac)$

45. O produto de $(0,2a^3) \cdot (0,3a^2)$ é igual a:

a) $0,6a^5$
b) $0,6a^6$
c) $0,06a^5$
d) $0,06a^6$

46. Calcule.

a) $6n \cdot (-n) \cdot (-n)$
b) $2a \cdot (3a - 7)$
c) $(-2x) \cdot 5xy \cdot x^4$
d) $2m(-m^2 - m + 5)$

47. Efetue e simplifique.

a) $\dfrac{1}{4} y^2 (10 - y)$
b) $-\dfrac{1}{2} (2a - 8)$
c) $-5m\left(-1,2 - \dfrac{4}{5}m\right)$
d) $\dfrac{x}{6}\left(\dfrac{x}{2} - 6x^2 + 12\right)$

48. Qual monômio representa a área de cada uma das partes coloridas dos quadrados de lado x?

a)

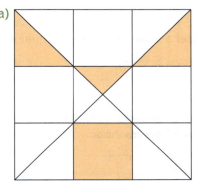

b)

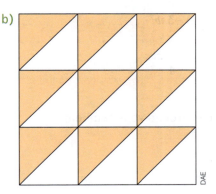

49. Indique as expressões entre as quais se pode colocar o sinal de =.

$3a$	$a \cdot a$	$2a \cdot a$
$2a$	$2a^3$	$a^2 \cdot 2$
$a + a + a$	$2a \cdot a \cdot a$	$a + a$
$a + 2a$	$2a^2$	a^2

50. Calcule.

a) $4x^2 \cdot 4x^2$
b) $2x^3 \cdot 2x^3$
c) $(-3x) \cdot (-3x)$
d) $(-2x) \cdot (-2x) \cdot (-2x)$
e) $(4x^2)^2$
f) $(2x^3)^2$
g) $(-3x)^2$
h) $(-2x)^3$

51. Eleve ao quadrado cada um dos seguintes monômios:

a) $-7m$
b) $\dfrac{1}{2}y$
c) $-0,3p^3$
d) $-\dfrac{4}{5}pq^2$

52. Vítor vai fazer a lição de casa. Veja qual é:

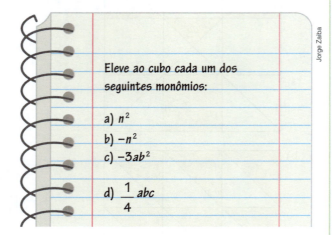

Eleve ao cubo cada um dos seguintes monômios:
a) n^2
b) $-n^2$
c) $-3ab^2$
d) $\dfrac{1}{4}abc$

Resolva o exercício você também.

53. Calcule.

a) $14m^2 : 7m$
b) $-2x^3 : x$
c) $20x^2 : 4$
d) $10x^7 : 6x^5$
e) $6m^5 : (-2m^2)$
f) $12x^3y^2 : 2xy$
g) $(-3ab^3) : (-ab^2)$
h) $(-8ac^5) : (-16c^2)$

54. A área do retângulo da figura é dada por $10y^2$. Qual é a medida do menor lado desse retângulo?

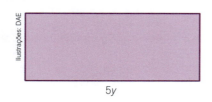

5y

55. Veja a figura:

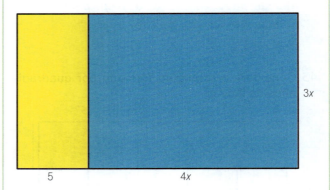

a) Escreva a expressão que representa a área do retângulo amarelo.
b) Escreva a expressão que representa a área do retângulo azul.
c) Escreva a expressão que representa a soma das áreas dos retângulos amarelo e azul.
d) Calcule $3x(4x + 5)$.
e) Compare os resultados obtidos nos dois últimos itens.

56. Observe a figura em que estão representados dois retângulos e calcule mentalmente a sua área total.

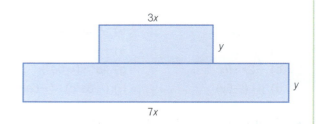

57. Calcule.

a) $10(4p + 5q)$
b) $7x(x - 5)$
c) $(x^2 - y)x$
d) $-3t(-2t - 4)$

58. Simplifique as expressões.

a) $7x^2 + 2(x^2 - 1)$
b) $10 - 4(x - 3) + 5$
c) $-9(2x - 1) + 15x$
d) $0,25(4x - 100) + 7x$
e) $3a^2 - a(2a - 7) + 1$
f) $5\left(\dfrac{1}{5} + x\right) - 3x - 10$

6. Multiplicação de polinômios

Um terreno retangular de lados a e b teve suas medidas aumentadas para $a + 5$ e $b + 2$.
A área do terreno é dada pela expressão: $(a + 5)(b + 2)$.

Ao mesmo tempo, a área do retângulo pode ser escrita como a soma das áreas das quatro figuras em que ele foi dividido:

$$ab + 2a + 5b + 10$$

Então:
$(a + 5)(b + 2) = ab + 2a + 5b + 10$

De forma prática, distribuímos a multiplicação fazendo:
$(a + 5)(b + 2) = a(b + 2) + 5(b + 2) = ab + 2a + 5b + 10$

Veja outros exemplos:

1. $(2x - 3)(x^2 + 3x + 5) = 2x^3 + 6x^2 + 10x - 3x^2 - 9x - 15 = 2x^3 + 3x^2 + x - 15$

Há outra forma de dispor esses cálculos:

Multiplicamos cada termo de $x^2 + 3x + 5$ por $2x$.

$$\begin{array}{r} x^2 + 3x + 5 \\ 2x - 3 \\ \hline 2x^3 + 6x^2 + 10x \\ - 3x^2 - 9x - 15 \\ \hline 2x^3 + 3x^2 + x - 15 \end{array}$$

Em seguida multiplicamos cada termo de $x^2 + 3x + 5$ por (-3) colocando os termos semelhantes na mesma coluna.

Somamos os termos semelhantes obtendo o produto desejado.

2. Uma fábrica produz blocos de cimento com medidas dadas por $3x + 2$, $2x - 1$ e $x + 5$ com $x > 0{,}5$.

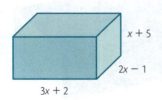

Copie e complete o quadro no caderno para alguns valores de x.

x	3x + 2	2x − 1	x + 5	Volume
1	5	1	6	5 · 1 · 6 = 30
2				

Vamos escrever uma fórmula geral para o volume de qualquer um desses blocos:

$V = \underbrace{(3x + 2)(2x - 1)}_{6x^2 - 3x + 4x - 2}(x + 5) = (6x^2 + x - 2)(x + 5)$

$V = 6x^3 + 30x^2 + x^2 + 5x - 2x - 10$
$V = 6x^3 + 31x^2 + 3x - 10$

O volume de cada bloco é dado por meio da fórmula:
$V = 6x^3 + 31x^2 + 3x - 10$

Substitua x por 1 nessa fórmula, faça os cálculos e confirme se o valor do volume é $V = 30$, como está no quadro.

Faça o mesmo para $x = 2$.

Verifique se essa expressão teria sentido para $x = 0$.

CÁLCULO ALGÉBRICO 93

EXERCÍCIOS

59. Observe o retângulo:

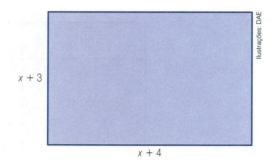

a) O que significa para essa figura a expressão $2(x + 3) + 2(x + 4)$?

b) E a expressão $(x + 3)(x + 4)$?

c) Escreva um polinômio que represente o perímetro e outro que represente a área desse retângulo.

60. Teste suas habilidades na multiplicação de polinômios.

a) $(x + 2)(x + 3)$

b) $(a - 2)(a - 7)$

c) $(y + 6)(y - 6)$

d) $(2x - 5)(3x - 2)$

e) $(1 - 2x)(4 + 3x)$

f) $(-x + 4)(x + 5)$

g) $(2x + y)(x - y)$

h) $(xy - 7)(xy + 6)$

61. Observe os retângulos representados na figura:

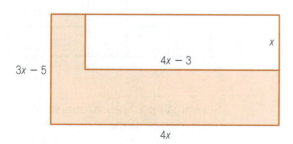

a) Escreva um polinômio que represente a área colorida.

b) Faça $x = 5$ cm e calcule essa área de dois modos diferentes.

c) Neste exercício, x pode ser 1?

62. Calcule.

a) $(x^2 + 3x - 4)(x - 2)$

b) $(c^3 + 4c^2 + c)(c - 1)$

63. Escreva o polinômio que permite calcular a área da parte colorida da figura.

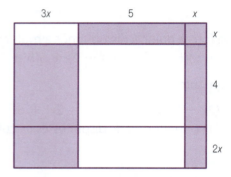

Todos os quadriláteros são retângulos.

64. Mostre que $(x + y)(x^2 - xy + y^2) = x^3 + y^3$.

65. Simplifique as expressões.

a) $(x + 4)(x - 3) + 2$

b) $(x + 3)(x + 4) - 2(x + 1)$

c) $3x(x - 1) + (x + 2)(x + 5)$

66. Considere o bloco retangular abaixo:

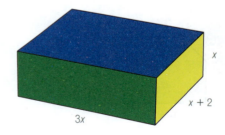

Escreva o polinômio que representa:

a) a soma do comprimento de todas as arestas do bloco;

b) a área da face azul;

c) a área da face amarela;

d) a área da face verde;

e) a soma das áreas de todas as faces;

f) o volume do bloco.

REVISANDO

67. Escreva um monômio que represente:

a) o dobro de $2x$;
b) metade de $2x$;
c) o quadrado de $2x$;
d) o triplo de $2x$;
e) a terça parte de $2x$;
f) o cubo de $2x$.

68. Dê exemplos de monômios que estejam de acordo com as condições:

a) ter coeficiente 1;
b) ter coeficiente -1 e ter duas variáveis;
c) ser semelhante ao monômio $\frac{2}{5}x^2$;
d) ser semelhante ao monômio $7x^3$ e de coeficiente simétrico.

69. Se um sanduíche custa s reais e um refrigerante r reais, indique o custo, em reais, de:

a) dois sanduíches;
b) sete refrigerantes;
c) um sanduíche e três refrigerantes;
d) cinco sanduíches e um refrigerante.

70. Utilize o enunciado do último exercício e responda o que representa cada uma das expressões a seguir:

a) $10s$
b) $10s + 5s$
c) $10r + 30r$

71. Copie e complete mentalmente o quadro.

c	1	0,1	0	$\frac{1}{2}$	$-\frac{1}{2}$
$c + 0{,}5$					
$2c$					
c^2					

72. Calcule o valor numérico de:

a) $-x - x^2 - x^3 - x^4$ para $x = -2$
b) $(a + b) \cdot (a - b)$ para $a = -4$ e $b = -\frac{1}{2}$

73. (OM-SP) Qual o valor de $a - b$, se $a = \frac{2}{3}$ e $b = -\frac{3}{5}$?

74. Existe o valor numérico da expressão $\frac{7x}{x - y}$ para $x = 3$ e $y = 3$? Por quê?

75. Uma fábrica produz apenas camisetas e bolas. A primeira com custo de R$ 20,00 por unidade e a segunda com custo de R$ 15,00 por unidade. Se chamarmos de x a quantidade produzida de camisetas e de y a quantidade produzida de bolas, qual será a expressão algébrica do custo desses dois artigos? Qual será o custo se forem produzidas 300 e 500 unidades, respectivamente?

76. Descubra o valor de x a partir da informação dada.

a) O valor numérico da expressão $2x - 1$ é 17.

b) O valor numérico da expressão $-3x + 42$ é 6.

77. A figura representa um quadrado de lado x cm.

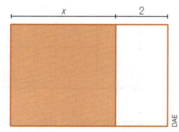

Um dos lados do quadrado aumentou 2 cm.

Escreva a expressão simplificada que representa:

a) o perímetro do quadrado;

b) a área do quadrado;

c) o perímetro do retângulo;

d) a área do retângulo.

78. De um triângulo equilátero de lado x retirou-se o outro triângulo equilátero de lado 0,5.

Qual é o perímetro da parte restante?

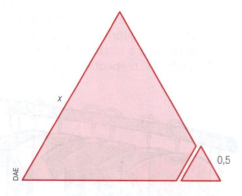

79. A figura é formada por retângulos de mesma altura. Determine as medidas desconhecidas.

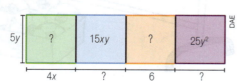

80. Simplifique os polinômios reduzindo seus termos semelhantes.

a) $7x - y + 2x - 2y$

b) $9p + p - 10p$

c) $-6m - m - 4m - 2m$

d) $5x^2 - 3x - 5x^2 - 4x$

e) $0,3x - 0,01x - 0,1x$

f) $\frac{3}{2}x^2 + \frac{3}{4}x^2$

g) $\frac{x}{9} - \frac{y}{2} - \frac{x}{6} + \frac{y}{3}$

81. Reduza os termos semelhantes.

a) $20 + (3x - 4)$

b) $8x^2 - 6 - (5 - 7x^2)$

c) $10a^2 - (-a^2 - 4a + 5)$

d) $5x + (7x - 12) - (20 + 4x)$

e) $8x + (-0,5x) - (-1,2x)$

f) $\left(\frac{1}{3}y + \frac{1}{2}x\right) - \left(\frac{4}{3}y - \frac{3}{2}x\right)$

82. A figura desenhada na lousa representa um retângulo:

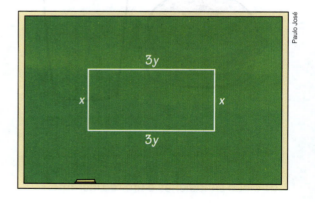

a) Escreva uma expressão simplificada para o cálculo do perímetro do retângulo.

b) Se o perímetro for 60, poderá ser:

◆ $x = 6$ e $y = 8$?

◆ $x = 2$ e $y = 24$?

◆ $x = 12$ e $y = 6$?

83. Teste suas habilidades em operações com monômios.

a) $-4 \cdot 5y$
b) $3a \cdot 7a^2$
c) $2ab \cdot 6ac$
d) $-2m \cdot (-4n)$
e) $\dfrac{2}{3}c \cdot 3c$
f) $2x : 2x$
g) $3m : 6m$
h) $-8a^2 : 4a$
i) $9n^2 : 6n$
j) $5x^2 : 10x^3$

84. Qual é o polinômio que representa a área do trapézio?

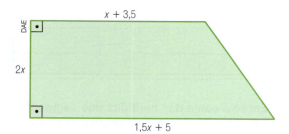

85. Calcule.

a) $(a - 7)(a - 9)$
b) $(6 - 5x)(1 - 2x)$
c) $(-x + 5)(x + 2)$
d) $(x^2 + x - 1)(x - 1)$

86. Sendo:

$A = x - 3 \qquad C = x + 1$
$B = x - 2 \qquad D = x + 4$

calcule:

a) $AB + C$
b) $A + CD$
c) $BD + C$
d) ABC

87. Represente por um binômio a medida do segmento AD.

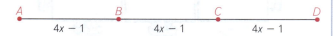

88. Paulo tem três irmãs e cinco irmãos. Sua irmã Neuza tem x irmãs e y irmãos. Qual é o produto de x por y?

89. (Encceja-MEC) A revista *Época* de 28/2/05 publicou a reportagem "Cerco aos Fumantes", informando que "o Distrito Federal arrecada R\$ 3 milhões em impostos com a venda de cigarros, mas gasta R\$ 12 milhões para tratar os males do fumo". Se este gasto do governo for x, a arrecadação de impostos será representada pela expressão algébrica:

a) $4x$
b) $\dfrac{x}{4}$
c) $3x$
d) $\dfrac{x}{3}$

90. Escreva o polinômio que representa:

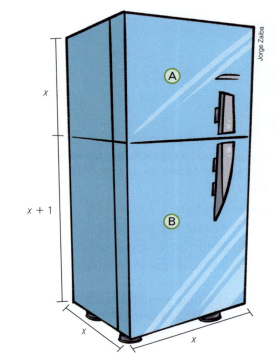

a) o volume do sólido A;
b) o volume do sólido B;
c) a soma dos volumes de A e de B.

91. A figura abaixo é um polígono cujos lados são todos horizontais ou verticais. Qual é o perímetro desse polígono?

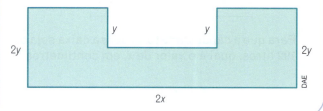

DESAFIOS NO CADERNO

92. (Encceja-MEC) Felipe encontrou um papel com as informações a seguir. Reconheceu que se tratava do desenho do terreno que havia comprado.

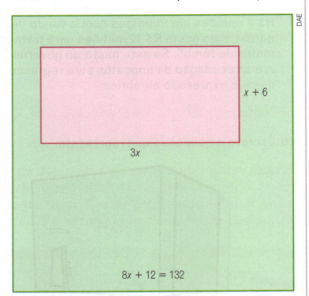

Interpretando a equação expressa no papel, em relação aos dados do desenho do terreno, percebeu que:

a) a área do terreno é igual a 132.
b) a área do terreno é igual a 120.
c) o perímetro do terreno é igual a 120.
d) o perímetro do terreno é igual a 132.

93. (Vunesp) A figura mostrada é a planificação de uma caixa plástica sem tampa.

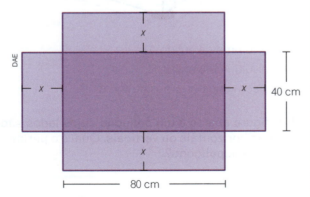

Para que a capacidade total dessa caixa seja de 192 litros, qual é o valor de x, em centímetros?

$$1 \text{ litro} = 1000 \text{ cm}^3$$

94. A soma de três das expressões a seguir é igual a $4x + 2$. Quais são as três expressões?

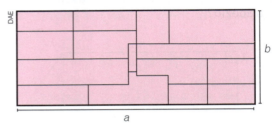

95. As medidas dos lados do retângulo a seguir são a e b.

Então a soma das medidas dos segmentos distribuídos dentro do retângulo e que são paralelos aos seus lados é:

a) $2a + 2b$ c) $3a + 2b$
b) $3a + b$ d) $3a + 3b$

96. Observe os desenhos abaixo:

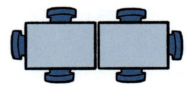

1 mesa e 4 cadeiras

2 mesas e 6 cadeiras

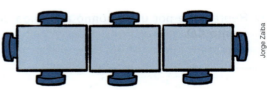

3 mesas e 8 cadeiras

a) Se juntarmos 10 mesas, quantas cadeiras serão colocadas?
b) E com m mesas?

SEÇÃO LIVRE

Computador também erra

[...]
Os computadores estão presentes hoje em, praticamente, qualquer uma de nossas atividades.

Sabemos que, em questão de segundos, uma dessas máquinas pode efetuar cálculos que um ser humano não conseguiria fazer em dias, talvez meses, ou anos. Mas todas essas montanhas de números geradas pelos computadores devem inspirar sempre confiança? Vejamos...

Experimento computacional
Tente repetir os cálculos que vamos descrever com uma máquina de calcular. [...]

Para um número a diferente de zero, $a \neq 0$, vale: $a \cdot \dfrac{1}{a} = a \cdot (1 : a) = 1$

Mas se você efetuar esse cálculo na sua máquina para valores diferentes de a irá obter, em alguns casos, resultado igual a 1, enquanto que, em outros, obterá a = "quase 1". Esse "quase" muda conforme o dado com o qual você alimentou a máquina. A diferença entre o valor correto, ou seja, 1, e o valor calculado é o *erro da operação*. Na minha máquina, que trabalha com 8 algarismos, obtive:

Dado	Resposta	Erro
2	1	0
6	0,9999996	0,0000004
7	0,9999997	0,0000003
16	1	0
47	0,9999955	0,0000045
50	1	0

[...] a origem destes erros observados é a representação que o computador usa para os números. A máquina tem limitações que você também tem, por exemplo, quando precisa calcular $\dfrac{1}{3}$ e usa 0,333, ou 0,3333333.

Em qualquer dos casos acima, trata-se sempre de uma aproximação para o valor exato de $\dfrac{1}{3}$. Podemos pensar que estes erros não têm importância, já que são tão pequenos, da ordem da sexta ou sétima casa decimal.

Mas os números pequenos têm seu peso, sim! Você já deve ter notado que, apesar de a moeda real estar dividida em 100 partes (os centavos), nos postos de gasolina, o visor das bombas marca, por exemplo, R$ 0,634 para o litro do álcool. [...]

Os postos tiveram que incluir os milésimos porque foram impedidos de cobrar do consumidor centésimos adicionais em cada litro. Mas, se eles desprezassem esses valores, teriam um prejuízo considerável, provavelmente depois de alguns meses.

Esse fato indica o que pode acontecer com os milhões, ou bilhões, de operações aritméticas efetuadas na execução de um programa. Esses pequenos erros podem ir se somando, se acumulando sem que se tenha ideia do que está ocorrendo no "cérebro" da máquina. No final, o acúmulo pode invalidar completamente os resultados obtidos, que podem não ter nada a ver com o resultado esperado. [...]

Computador também erra (trechos). In: CHE 8. Carlos Antônio de Moura.

AUTOAVALIAÇÃO

NO CADERNO

Anote no caderno o número do exercício e a letra correspondente à resposta correta.

97. Pensei num número x. Adicionei-lhe a sua metade. Obtive:

a) $x + 2x$
b) $x + \dfrac{x}{2}$
c) $x + \dfrac{1}{2}$
d) $\dfrac{x + 2}{2}$

98. Qual é o valor da expressão $(x - 2)(x + 4)$ quando $x = -1$?

a) 5
b) 9
c) -5
d) -9

99. Roberto está resolvendo um problema e chegou à expressão:

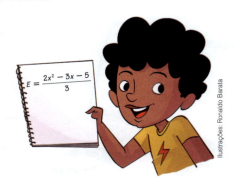

Quando $x = -5$, o valor numérico da expressão E será igual a:

a) 20
b) 25
c) -20
d) -25

100. Os resultados de $3x + 2x$ e de $3x \cdot 2x$ são, respectivamente:

a) $5x^2$ e $6x^2$
b) $5x$ e $6x^2$
c) $5x$ e $6x$
d) $5x^2$ e $6x$

101. Os resultados de $3a - 2a - a$ e de $3a \cdot (-2a) \cdot (-a)$ são, respectivamente:

a) 0 e $6a^3$
b) 0 e $-6a^3$
c) $-2a$ e $-6a^3$
d) $-2a$ e $6a^3$

102. Se $y = 2x$ e $z = 2y$, então $(x + y - z)^5$ é igual a:

a) x^4
b) x^5
c) $-x^4$
d) $-x^5$

103. A expressão $12\left(\dfrac{x}{3} + \dfrac{x}{4} - \dfrac{x}{2}\right)$ é igual a:

a) x
b) $\dfrac{x^3}{2}$
c) $60x$
d) $\dfrac{12x}{5}$

104. No topo de um edifício de $(15x + 7)$ metros de altura se encontra uma bandeira que mede $4x$ metros de altura.

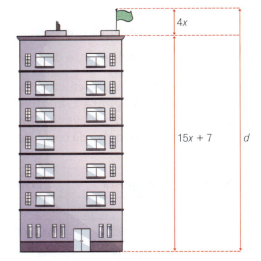

A fórmula que determina a distância d que há do solo à extremidade da bandeira é:

a) $11x + 7$
b) $19x + 7$
c) $19x + 11$
d) $15x + 11$

105. (Cefet-SC) Seis pessoas vão a um restaurante e pedem seis pratos do dia e cinco sobremesas. Se o prato do dia custa x reais e cada sobremesa custa 3 reais a menos que o prato do dia, qual é o polinômio que representa a quantia que essas pessoas gastam no restaurante?

a) $11x - 3$
b) $15 - 11x$
c) $6x - 5x - 3$
d) $6x + 5(x - 3)$

106. Numa adição de polinômios encontrou-se o resultado $5x^2 - 4x + 6$, mas verificou-se que a parcela $3x^2 - 2$ havia sido incluída indevidamente. O resultado correto da adição é:

a) $8x^2 - 6x + 6$
b) $2x^2 - 4x - 8$
c) $8x^2 - 4x + 8$
d) $2x^2 - 4x + 8$

107. (Vunesp) O valor da expressão $\dfrac{0,3 \cdot 1,4}{0,1} \cdot A$ é 42.

Se A é um número racional, então A vale:

a) 10
b) 100
c) 0,1
d) 0,01

108. A fórmula que converte a temperatura medida em graus Celsius (°C) em temperatura medida em graus Fahrenheit (°F) é:

$$F = \dfrac{9C}{5} + 32$$

Na fórmula, se $C = 20$, qual é o valor de F?

a) 34
b) 64
c) 68
d) 340

109. (Saresp) Uma locadora de bicicleta cobra R$ 20,00 por dia pelo aluguel de uma bicicleta. Além disso, ela também cobra, apenas no primeiro dia, uma taxa de R$ 30,00.

Chamando de x o número de dias que a bicicleta permanece alugada e de y o valor total do aluguel, é correto afirmar que:

a) $y = 50x$
b) $y = 600x$
c) $y = 30x + 20$
d) $y = 20x + 30$

110. Na figura, todos os segmentos se intersectam formando ângulo reto e cada segmento tem comprimento x. Qual expressão representa a área da figura?

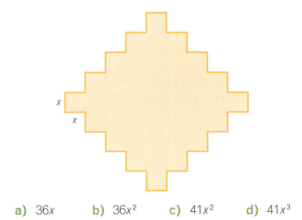

a) $36x$
b) $36x^2$
c) $41x^2$
d) $41x^3$

111. (Saresp) A expressão que representa a área da parte pintada da figura é:

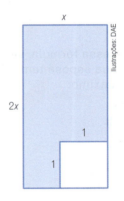

a) $2x^2$
b) $2x^2 - 1$
c) $2x^2 - 2x$
d) $4x^2 = 4$

112. Na figura, a área do quadrado é y^2 e as áreas de dois dos retângulos são xy e zy.

A área do terceiro retângulo é:

a) x^2
b) z^2
c) xz
d) yz

113. Aline tem 6 reais a mais que Beto, mas 15 reais a menos que Carla. Se Aline tem x reais, então a soma dos reais de Carla e Beto é igual a:

a) $2x + 9$
b) $2x - 9$
c) $2x - 21$
d) $2x + 21$

114. (UERJ) A estatura de um adulto do sexo feminino pode ser estimada, através das alturas de seus pais, pela expressão:

Considere que x é a altura da mãe e y a do pai, em cm.

♦ Somando-se ou subtraindo-se 8,5 cm da altura estimada, obtêm-se, respectivamente, as alturas máxima ou mínima que a filha adulta pode atingir.

Segundo essa fórmula, se João tem 1,72 m de altura e sua esposa tem 1,64 m, sua filha medirá, no máximo:

a) 1,70 m
b) 1,71 m
c) 1,72 m
d) 1,73 m

115. Se $x = 1$, $y = 2x$ e $z = 2y$, o valor de $x + y + z$ é:

a) 3
b) 5
c) 7
d) 9

116. Para pintar uma parede quadrada, gastam-se 3 latas de tinta. Quantas latas iguais seriam gastas para pintar outra parede, também quadrada, com o dobro da largura da primeira?

a) 6
b) 8
c) 12
d) 18

117. (FCC-SP) Nas figuras abaixo estão representadas pilhas de caixas iguais, cada uma contendo uma mesma quantidade de envelopes.

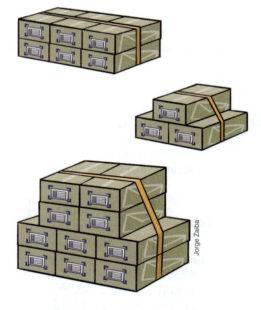

As expressões matemáticas $\dfrac{3x}{2}$ e $\dfrac{3x}{4}$ indicam os totais de envelopes das duas primeiras pilhas. A expressão correspondente à terceira pilha é:

a) $3x$
b) $5x$
c) $\dfrac{5x}{2}$
d) $\dfrac{5x}{4}$

UNIDADE 5

Produtos notáveis

Alguns produtos de binômios são chamados **produtos notáveis**, porque:

- aparecem com frequência em problemas;
- apresentam padrões que permitem economizar cálculos.

Notável significa importante, merecedor de destaque.

Nesta unidade, estudaremos alguns produtos notáveis.

1. Quadrado da soma de dois termos

O nome já diz: vamos elevar ao quadrado a soma de dois termos. Observe os exemplos:

- $(a + b)^2 = (a + b)(a + b) = a^2 + \underbrace{ab + ab}_{2ab} + b^2$

  $(a + b)^2 = a^2 + 2ab + b^2$

- $(x + y)^2 = (x + y)(x + y) = x^2 + xy + xy + y^2$

  $(x + y)^2 = x^2 + 2xy + y^2$

- $(a + 3)^2 = (a + 3)(a + 3) = a^2 + 3a + 3a + 3^2$

  $(a + 3)^2 = a^2 + 6a + 9$

Atenção!

$(a \cdot b)^2 = a^2 \cdot b^2$

Mas quase sempre:
$(a + b)^2 \neq a^2 + b^2$

Veja um exemplo numérico:
$(2 + 5)^2 = 7^2 = 49$ Correto!
$(2 + 5)^2 = 2^2 + 5^2 = 29$ Errado!

Podemos notar um padrão nos produtos acima.

1. Você e seus colegas podem explicar com palavras esse padrão?
2. Apliquem o padrão para obter $(x + 5)^2$ sem usar a propriedade distributiva.

Usando o padrão eu economizo tempo!

Na sala de aula...
O professor Jorge trouxe quatro figuras recortadas em cartolina e montou um quadrado maior:

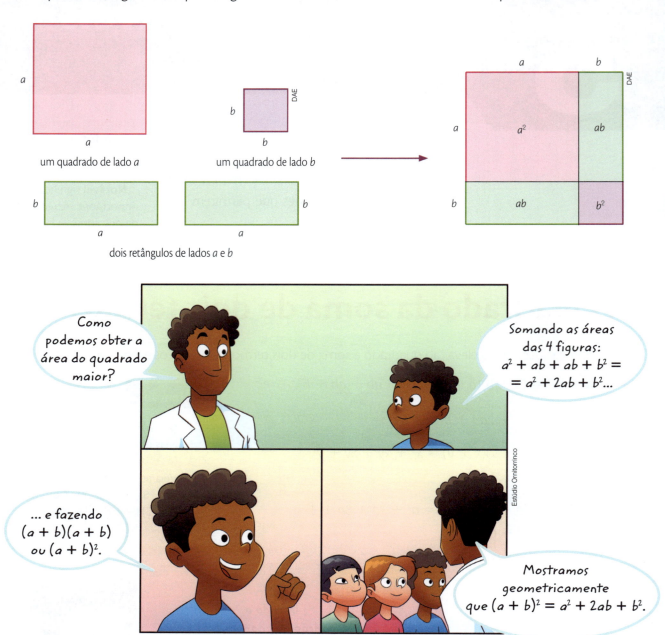

Forme dupla com um colega para realizar as atividades a seguir no caderno.

1. Calculem $(3 + 5)^2$ e $3^2 + 5^2$. É correto afirmar que $(3 + 5)^2 = 3^2 + 5^2$?

2. Usando figuras mostrem que $(x + 5)^2 = x^2 + 10x + 25$.

3. Um desafio: descubram a medida do lado do quadrado que tem como área a expressão $a^2 + 14a + 49$.

4. Mostrem que $(x + y)^2 = (-x - y)^2$.

EXERCÍCIOS

1. Complete o quadro.

a	b	$(a+b)^2$	a^2+b^2
5	3		
0	6		
3	−1		
−1	4		

O que você observou?

2. Na figura há dois quadrados (A e B) e dois retângulos (C e D).

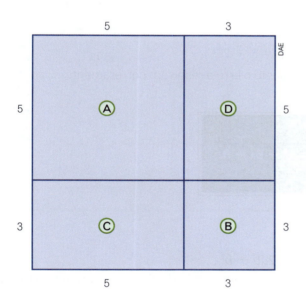

a) Qual é a área do quadrado A?
b) Qual é a área do quadrado B?
c) Qual é a área do retângulo C?
d) Qual é a área do retângulo D?

Os quadrados A e B e os retângulos C e D são partes de um quadrado maior.

e) Quanto medem os lados desse quadrado maior?
f) Qual é sua área?
g) Escreva a igualdade que mostra que a área do quadrado maior é igual à soma das áreas dos quadrados A e B e dos retângulos C e D.

3. Efetue como achar melhor.

a) $(x+7)^2$
b) $(5+2m)^2$
c) $(a+3x)^2$
d) $(10x+y)^2$
e) $(5x^2+1)^2$
f) $(11+pq)^2$
g) $(x+0{,}5)^2$
h) $\left(x+\dfrac{1}{2}\right)^2$

4. Simplifique as expressões.

a) $(x+1)^2+(x+2)^2$
b) $(2x+1)^2+(3x+1)^2$
c) $5x-(2x+3)^2$
d) $(x+5)^2-x(x+3)$

5. Uma lâmina quadrada de alumínio tem no seu interior uma perfuração quadrada, cujas dimensões aparecem na figura. Determine a expressão simplificada que representa a área não perfurada.

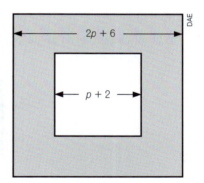

6. Observe como Renata calculou o quadrado de 103:

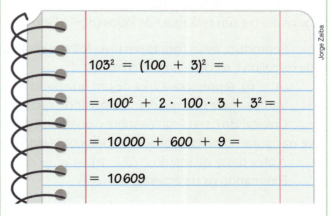

Calcule agora mentalmente.

a) 13^2
b) 51^2
c) 105^2

2. Quadrado da diferença de dois termos

O quadrado da diferença de dois termos também tem um padrão:

- $(a - b)^2 = (a - b)(a - b) = a^2 \underbrace{- ab - ab}_{-2ab} + b^2$
  $(a - b)^2 = a^2 - 2ab + b^2$
- $(x - y)^2 = (x - y)(x - y) = x^2 - xy - xy + y^2$
  $(x - y)^2 = x^2 - 2xy + y^2$
- $(7 - y)^2 = (7 - y)(7 - y) = 49 - 7y - 7y + y^2$
  $(7 - y)^2 = 49 - 14y + y^2$

Registrem no caderno.
1. Descobriram qual é o padrão? Então descrevam-no com palavras.
2. Usem o padrão para obter $(2x - 1)^2$.
3. Efetuem $(8 - 2)^2$ e $8^2 - 2^2$. É correto dizer que $(8 - 2)^2 = 8^2 - 2^2$?
4. Mário cometeu um erro ao calcular $(x - 3)^2$. Identifiquem o erro e resolvam corretamente.

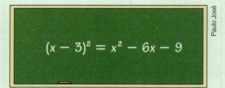

Vamos mostrar geometricamente que $(a - b)^2 = a^2 - 2ab + b^2$.

Na seção **Moldes e malhas**, você encontra uma folha com um quadrado de lado a, um retângulo de lados a e b e um retângulo de lados $(a - b)$ e b.

Reproduza essas figuras em uma folha avulsa ou em um pedaço de cartolina e recorte-as com cuidado.

$(a - b)^2$ representa a área de um quadrado de lado $(a - b)$

Vamos obter esse quadrado a partir do quadrado de lado a:

Colocando os retângulos sobre o quadrado de lado a, como você vê na figura, obtemos o quadrado branco de lado $a - b$.

A área desse quadrado é: $(a - b)^2 = a^2 - ab - (ab - b^2)$.

Eliminando os parênteses:

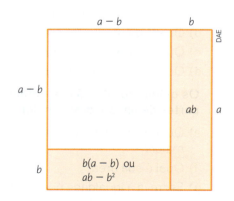

> Subtraímos, da área do quadrado de lado a, a área dos dois retângulos.

$(a - b)^2 = a^2 - ab - ab + b^2$

$$(a - b)^2 = a^2 - 2ab + b^2$$

EXERCÍCIOS

7. Copie e complete o quadro.

a	b	$(a-b)^2$	a^2-b^2
5	3		
6	0		
3	−1		
−1	4		

O que você observou?

8. Efetue como achar melhor.

a) $(m-3)^2$
b) $(2a-5)^2$
c) $(7-3c)^2$
d) $(5x-2y)^2$
e) $(2-x^3)^2$
f) $(xy-10)^2$
g) $(x-0{,}2)^2$
h) $(-4x-3y)^2$

9. Calcule.

a) $\left(m-\dfrac{1}{2}\right)^2$
b) $\left(\dfrac{a}{2}-1\right)^2$

10. Determine a área da parte colorida dos quadrados.

a)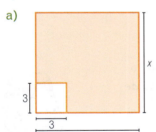

b)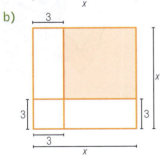

11. Simplifique as expressões.

a) $(x-4)^2-(x-1)^2$
b) $(x+1)^2-(x-2)^2$
c) $(-x+3)^2-2x(4-x)$

12. Observe a figura (unidade cm).

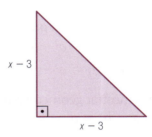

a) Escreva uma expressão que representa a área colorida.
b) Faça $x=10$ e calcule a área colorida.

13. Calcule mentalmente.

a) 19^2
b) 99^2

14. Relacione a letra de cada figura com a expressão correspondente à área da parte colorida.

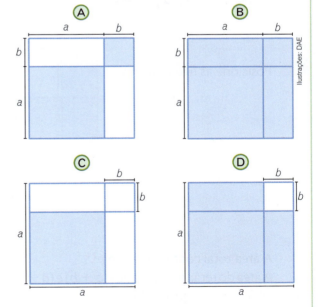

I) $(a+b)^2$
II) $(a-b)^2$
III) a^2-b^2
IV) a^2+b^2

PRODUTOS NOTÁVEIS

3. Produto da soma pela diferença de dois termos

Usando mais uma vez a propriedade distributiva, vamos calcular produtos do tipo $(a + b)(a - b)$.

- $(a + b)(a - b) = a^2 - ab + ab - b^2$
  $(a + b)(a - b) = a^2 - b^2$

- $(x + y)(x - y) = x^2 - xy + xy - y^2$
  $(x + y)(x - y) = x^2 - y^2$

Podemos mostrar geometricamente que:
$(a + b)(a - b) = a^2 - b^2$

Reproduza em uma folha avulsa ou em cartolina o quadrado de lado a que se encontra na seção **Moldes e malhas**.

Do quadrado de lado a recorte o retângulo de lados a e b.

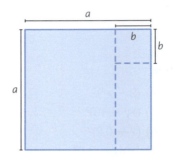

$(a + b)(a - b)$ representa a área de um retângulo de lados $(a + b)$ e $(a - b)$.

Veja que a soma das áreas das duas figuras é a^2.

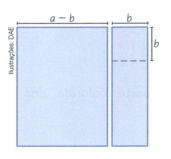

Posicione as figuras assim:

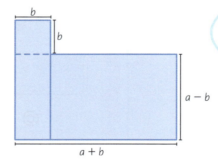

"Sobrou" o quadrado de lado b!

A área total continua sendo a^2.

A área do retângulo de lados $(a + b)$ e $(a - b)$ é igual à área do quadrado de lado a menos a área do quadrado de lado b. Ou seja:

$$(a + b)(a - b) = a^2 - b^2$$

REFLETINDO

1. A igualdade $(y + x) \cdot (x - y) = x^2 - y^2$ é verdadeira?

2. Use o produto notável $(x + y) \cdot (x - y) = x^2 - y^2$ para calcular mentalmente $20^2 - 19^2$.

EXERCÍCIOS

15. Efetue como achar melhor. Você pode usar a propriedade distributiva ou as fórmulas dos produtos notáveis.

a) $(x + 9)(x - 9)$
b) $(m - 1)(m + 1)$
c) $(3x + 5)(3x - 5)$
d) $(2 - 7x)(2 + 7x)$
e) $(m^2 - 6)(m^2 + 6)$
f) $(-2a + 5)(-2a - 5)$
g) $(0{,}3 - a)(0{,}3 + a)$
h) $(p^3 + 3)(p^3 - 3)$

16. Perceba o detalhe e calcule mentalmente.

a) $(1 - x)(x + 1)$
b) $(x + 5)(5 - x)$

17. Para cada figura escreva uma expressão que represente a medida da área colorida.

a) Retângulo.

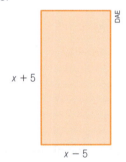

b) Ambos os quadriláteros são quadrados.

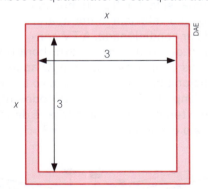

Faça $x = 7$ e calcule a área colorida.

c) Desenhe um retângulo de área $x^2 - 9$. Indique a medida dos lados.

18. Calcule.

a) $\left(3 - \dfrac{1}{2}x\right)\left(3 + \dfrac{1}{2}x\right)$

b) $\left(\dfrac{1}{3}x + 1\right)\left(\dfrac{1}{3}x - 1\right)$

19. Na figura, dois quadrados e dois retângulos formam o quadrado maior. Qual é a área do quadrado menor?

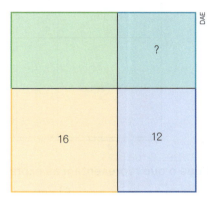

20. Simplifique as expressões.

a) $(m - 1)^2 - (m + 1)(m - 1)$
b) $(x + 4)(x - 4) - (x - 4)^2$

21. Qual é a expressão que representa a área da figura?

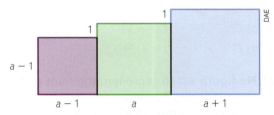

Todos os ângulos internos dos quadriláteros são retos.

22. Prove que $\left(2 - \dfrac{5}{2}\right)^2 = \left(3 - \dfrac{5}{2}\right)^2$.

23. Prove que $(a + b)^2 = (-a - b)^2$.

24. A Matemática pode ajudar a fazer cálculos mais rápidos. Observe:

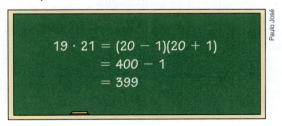

Calcule agora mentalmente.

a) $51 \cdot 49$
b) $28 \cdot 32$
c) $103 \cdot 97$

PRODUTOS NOTÁVEIS

REVISANDO

25. O desenho representa a planta de um clube construído sobre um terreno quadrado.

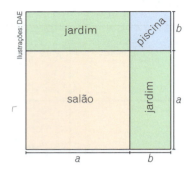

Indique o que representam as expressões:
a) a^2
b) b^2
c) $2ab$
d) $(a+b)^2$

26.  Efetue e simplifique.

a) $x^2 - (x+10)^2$
b) $(3x+5)^2 - 9x^2$
c) $(2x-1)^2 + x(3x-2)$
d) $(1+x)(1-x) - (1+x)^2$

27. Na figura estão representados um retângulo e um quadrado. Escreva uma expressão simplificada para a área colorida da figura.

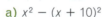

28. Desenvolva as expressões.

a) $\left(\dfrac{1}{2}a + 3\right)^2$
b) $\left(3x - \dfrac{1}{6}\right)^2$
c) $\left(1 + \dfrac{x}{3}\right)\left(1 - \dfrac{x}{3}\right)$
d) $\left(\dfrac{m}{2} + \dfrac{5}{3}\right)\left(\dfrac{m}{2} - \dfrac{5}{3}\right)$

29. Calcule mentalmente o valor de x.

a) $x + 5 = 7$
b) $x + 12 = 10$
c) $x - 5 = 6$
d) $9x = 27$
e) $\dfrac{x}{4} = 6$
f) $16x = -32$
g) $0,7x = 1,4$
h) $-5x = 30$
i) $\dfrac{x}{-2} = 5$
j) $\dfrac{x}{-4} = -6$

30. Michele cometeu um erro na resolução da equação:

$$4(x+3) = 3(2x+6)$$

① $4x + 12 = 6x + 18$
② $4x - 6x = 18 - 12$
③ $-2x = 6$
④ $x = \dfrac{6}{+2}$
⑤ $x = 3$

Em que fase do raciocínio esse erro foi cometido?

31. Em uma sala há três lâmpadas iguais, um televisor e um aparelho de ar condicionado. A TV consome o dobro dos quilowatts-hora (kWh) que uma das lâmpadas consome. O aparelho de ar condicionado consome 15 vezes o que consome uma lâmpada. Quando estão todos ligados ao mesmo tempo, o consumo total é de 1 200 kWh. Qual é o consumo do televisor?

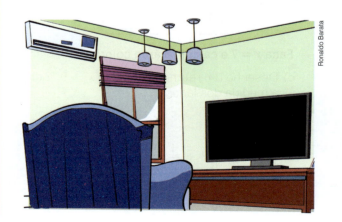

32. Observe o exemplo:

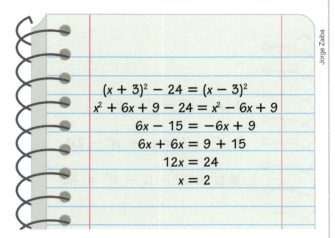

$$(x+3)^2 - 24 = (x-3)^2$$
$$x^2 + 6x + 9 - 24 = x^2 - 6x + 9$$
$$6x - 15 = -6x + 9$$
$$6x + 6x = 9 + 15$$
$$12x = 24$$
$$x = 2$$

Resolva agora as equações.

a) $(x+1)^2 - x^2 = 17$
b) $x(x+5) = (x+1)^2 + 26$
c) $(x-4)^2 = x^2 - 40$
d) $4(x+2)^2 = (2x-3)^2$

33. Observe o retângulo:

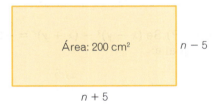

a) Qual é o valor de n?
b) Quanto mede o lado menor?
c) Quanto mede o lado maior?

34. A área do quadrado excede a área do retângulo em 13 cm².

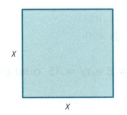
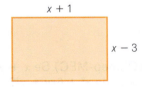

a) Qual é a medida do lado do quadrado?
b) Qual é o perímetro do quadrado?
c) Qual é o perímetro do retângulo?

DESAFIOS NO CADERNO

35. Se $x^2 + y^2 = 12$ e $xy = 9$, qual é o valor de $(x+y)^2$?

36. Utilize a figura a seguir e seus conhecimentos de geometria para obter o resultado de $(a+b+c)^2$.

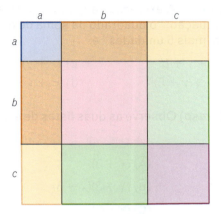

Quadrado da soma de três termos.

37. A figura é formada por retângulos. Escreva uma expressão simplificada para a área da parte colorida da figura.

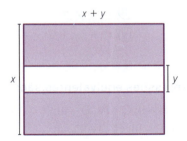

38. (Cesgranrio-RJ) Mauro fez quatro depósitos mensais em sua caderneta de poupança, sempre dobrando o valor em relação ao mês anterior. Se, ao todo, Mauro depositou R$ 300,00, qual o valor, em reais, depositado no último mês?

AUTOAVALIAÇÃO

Anote no caderno o número do exercício e a letra correspondente à resposta correta.

39. (Saresp) A expressão algébrica que representa a situação: "o quadrado da soma de dois números, mais 5 unidades" é:

a) $x + y + 5^2$
b) $(x + y + 5)^2$
c) $(x + y)^2 + 5$
d) $x^2 + y + 5^2$

40. (Saresp) Observe as duas listas de expressões:

Ⓐ $(x + 3)^2$
Ⓑ $(x + 3)(x - 3)$
Ⓒ $(x - 3)^2$
Ⓓ $(x + 3)(x + 1)$

Ⓘ $x^2 - 9$
Ⓘ $x^2 + 4x + 3$
Ⓘ $x^2 - 6x + 9$
Ⓘ $x^2 + 6x + 9$

As expressões equivalentes são:

a) A – I; B – II; C – IV; D – III;
b) A – II; B – III; C – IV; D – I;
c) A – IV; B – I; C – III; D – II;
d) A – IV; B – II; C – III; D – I.

41. O desenvolvimento de $(10x + 0,1)^2$ é:

a) $20x^2 + 2x + 0,1$
b) $100x^2 + 2x + 0,01$
c) $100x^2 + 2x + 0,1$
d) $100x^2 + 20x + 0,01$

42. O desenvolvimento de $\left(6x^5 - \dfrac{1}{3}\right)^2$ é:

a) $36x^{25} - \dfrac{1}{9}$
b) $36x^{10} + \dfrac{1}{9}$
c) $36x^{10} - 2x^5 - \dfrac{1}{9}$
d) $36x^{10} - 4x^5 + \dfrac{1}{9}$

43. (ETF-RJ) Considere as expressões:

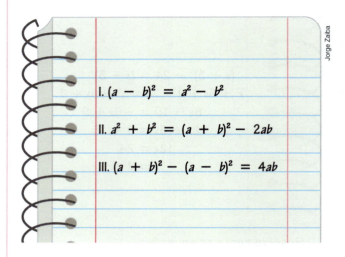

I. $(a - b)^2 = a^2 - b^2$

II. $a^2 + b^2 = (a + b)^2 - 2ab$

III. $(a + b)^2 - (a - b)^2 = 4ab$

Então:

a) são todas falsas.
b) são todas verdadeiras.
c) somente II e III são verdadeiras.
d) somente I e III são verdadeiras.

44. (Mack-SP) Se $(x - y)^2 - (x + y)^2 = -20$, então $x \cdot y$ é igual a:

a) 0
b) –1
c) 5
d) 10

45. Se $x + y = 11$ e $x - y = 5$, então o valor de $x^2 - y^2$ é:

a) 10
b) 55
c) 96
d) 110

46. Se $x - y = 7$ e $xy = 60$, então o valor da expressão $x^2 + y^2$ é:

a) 53
b) 109
c) 169
d) 420

47. (Obmep-MEC) Se $x + y = 8$ e $xy = 15$, qual é o valor de $x^2 + 6xy + y^2$?

a) 109
b) 120
c) 124
d) 154

UNIDADE 6

Fatoração

Vimos que os conhecimentos sobre produtos notáveis ajudam a economizar cálculos e muitas vezes permitem escrever expressões algébricas de forma mais simples. A **fatoração**, que é o assunto desta unidade, também será muito útil no trabalho com a Álgebra.

Fatoração... Esse nome não me é estranho!

Realmente! Já estudamos o que é fatorar. Vamos recordar?

Observe como representamos aqui o número 36:

$$36 = 4 \cdot 9$$

Como $4 = 2^2$ e $9 = 3^2$, podemos escrever:

$$36 = 2^2 \cdot 3^2$$

36 foi escrito como **produto de fatores primos**
$2^2 \cdot 3^2$ é a **forma fatorada prima** de 36

Se escolhêssemos outra decomposição para 36:

$$36 = 12 \cdot 3 = \underbrace{2 \cdot 2 \cdot 3}_{12} \cdot 3 = 2^2 \cdot 3^2,$$

a fatoração completa seria a mesma.

Fatorar é escrever na forma de produto.

Observe a expressão numérica $5 \cdot 3 + 5 \cdot 7$.
Ela não está escrita na forma de produto, pois há uma adição de parcelas.
No entanto, como o número 5 multiplica as duas parcelas, podemos usar a propriedade distributiva, obtendo:

$$5 \cdot 3 + 5 \cdot 7 = 5 \cdot (3 + 7)$$

Escrevemos a expressão como produto de dois fatores: 5 e $(3 + 7)$, ou seja, *fatoramos* a expressão.
E o que tudo isso tem a ver com a Álgebra?
Muitos polinômios podem ser fatorados: podemos escrevê-los como produto de outros polinômios, o que frequentemente permite simplificar expressões.
Como? Acompanhe os casos a seguir.

1. Fator comum

A área desse retângulo é:
$$3a + 3b + 3c$$
(soma das áreas das figuras que o compõem) ou
$$3(a + b + c)$$
(produto do comprimento pela largura)

Então, $\underbrace{3a + 3b + 3c}_{\text{polinômio}} = \underbrace{3(a + b + c)}_{\text{forma fatorada do polinômio}}$

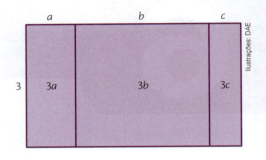

Repare que, nesse exemplo, 3 é **fator comum** a todos os termos do polinômio $3a + 3b + 3c$. Na forma fatorada, 3 aparece com destaque. Dizemos que o fator comum 3 foi colocado **em evidência**.

Observe este outro retângulo:

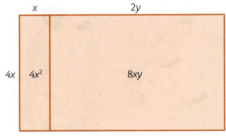

O polinômio que representa sua área é:

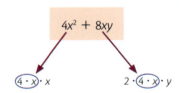

Nesse caso, o fator comum a todos os termos do polinômio é $4x$. Colocando $4x$ em evidência, obtemos a forma fatorada do polinômio:

$4x^2 + 8xy = 4x(x + 2y)$

$4x^2 : 4x = x$
$8xy : 4x = 2y$

Vamos fatorar mais polinômios como exemplos:

♦ $6a^2 + 8a = 2a(3a + 4)$

$2 \cdot 3 \cdot a \cdot a \quad 4 \cdot 2 \cdot a$

Colocamos o fator comum $2a$ em evidência.
$6a^2 : 2a = 3a$
$8a : 2a = 4$

Para conferir se a fatoração está correta, use a propriedade distributiva:
$2a(3a + 4) = 6a^2 + 8a$ (Voltamos ao polinômio original!)

♦ $3x^2y + 6xy^2 - 2xy = xy(3x + 6y - 2)$

O fator comum é xy.
$3x^2y : xy = 3x$
$6xy^2 : xy = 6y$
$(-2xy) : xy = -2$

♦ $10p^3 + 15p^2 = 5p^2(2p + 3)$

EXERCÍCIOS

1. Observe a figura:

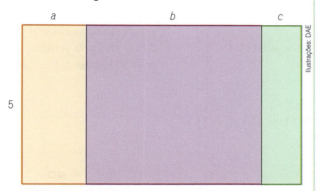

A área total do retângulo é $5a + 5b + 5c$.
Qual é a forma fatorada dessa expressão?

2. Indique duas fórmulas para o perímetro de cada uma das figuras.

a)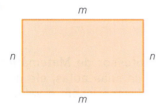

b) 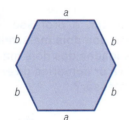 c)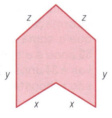

3. Se $3m + n = 7$, qual é o valor de $9m + 3n$?

4. *Quebrando a cuca.* Relacione as expressões equivalentes.

- Ⓐ $x(x + 5)$
- Ⓑ $5x + 10$
- Ⓒ $x + 5x^2$
- Ⓓ $4(1 + 5x)$
- Ⓔ $15x + 20$

- Ⓘ $20x + 4$
- Ⓘⓘ $5(3x + 4)$
- Ⓘⓘⓘ $x^2 + 5x$
- Ⓘⓥ $5(2 + x)$
- Ⓥ $x(1 + 5x)$

5. *Sinal vermelho.* Uma destas expressões não pode ser fatorada. Descubra qual é.

a) $19x + 19y$
b) $6x^3 - 5x^2$
c) $4x - 3y + 6$
d) $6x - 8y - 10z$

6. Fatore as expressões.

a) $7q^2 - 28$
b) $33x + 22y - 55z$
c) $x^6 + x^7 + x^8$
d) $36cd + 6cd^2$
e) $4\pi g + 12\pi t$
f) $\dfrac{3a}{7} - \dfrac{3c}{7}$

7. A figura a seguir é formada por um quadrado e um retângulo. Determine a área da região colorida e dê o resultado na forma fatorada.

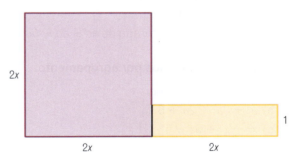

8. Use a fatoração e calcule mentalmente.

a) $58 \cdot 3 + 58 \cdot 7$
b) $6 \cdot 195 + 6 \cdot 5$
c) $8 \cdot 111 - 8 \cdot 11$
d) $4 \cdot 73 + 4 \cdot 20 + 4 \cdot 7$

9. Uma escola de idiomas tem 5 turmas de inglês com 18 alunos cada e 5 turmas de espanhol com 12 alunos cada. Calcule, mentalmente, o número de alunos dessa escola.

FATORAÇÃO

2. Agrupamento

Observe o polinômio $ax + ay + bx + by$.
Não há fator comum a todos os termos. No entanto podemos fazer:

$ax + ay + bx + by = a(x + y) + b(x + y) = (x + y)(a + b)$,

pois $(x + y)$ surge como fator comum.

> Aplique a propriedade distributiva para voltar ao polinômio original.

Veja outro exemplo:
- $xy^2 + xy^3 + 3 + 3y = xy^2(1 + y) + 3(1 + y) = (1 + y)(xy^2 + 3)$

EXERCÍCIOS

10. Coloque em evidência o fator comum.
  a) $x(a + b) + y(a + b)$
  b) $2a(x - 1) - b(x - 1)$

11. A figura representa um retângulo. As partes coloridas também são retângulos.

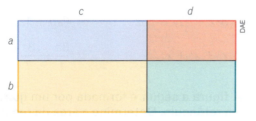

  a) Qual é a área de cada parte colorida?
  b) Qual é a área total?
  c) Qual é a forma fatorada de $ac + ad + bc + bd$?

12. Fatore os polinômios por agrupamento.
  a) $7a - 7c + ma - mc$
  b) $a^3 + 3a^2 + 2a + 6$
  c) $x^3 - x^2 + 5x - 5$

13. *Enturmando*. Agrupe os termos e fatore.
  a) $5x + ax + 5y + ay$
  b) $x^3 + 2x^2 + 7x + 14$
  c) $c^2 - c + cx - x$
  d) $ax + bx + ay + by + az + bz$

14. (Furb-SC) Um professor de Matemática tem 4 filhos. Em uma de suas aulas, ele propôs a seus alunos que descobrissem o valor da expressão $ac + ad + bc + bd$, sendo a, b, c e d as idades dos filhos na ordem crescente. Como informação complementar, o professor disse que a soma das idades dos dois mais velhos é 59 anos e a soma das idades dos dois mais novos é 34 anos. Qual o valor numérico da expressão proposta pelo professor?

3. Trinômio quadrado perfeito

Sabemos que:

$(a + b)^2 = a^2 + 2ab + b^2$

O trinômio obtido nesse produto notável é chamado de **trinômio quadrado perfeito**. Por quê?

Você sabe: trinômios são polinômios com três termos.

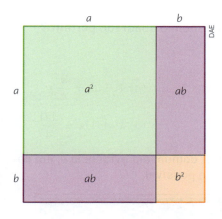

Com os termos desse trinômio formamos o quadrado de lado $(a + b)$, lembra?

REFLETINDO

A área de um quadrado é dada por $x^2 + 10x + $.

Qual o valor do ▨?

Qual a medida do lado do quadrado?

De forma semelhante, o produto notável $(a - b)^2$ resulta num trinômio quadrado perfeito:

$$(a - b)^2 = a^2 - 2ab + b^2$$

Formamos o quadrado de lado $(a - b)$.

Agora faremos o inverso: vamos escrever o trinômio quadrado perfeito na sua forma fatorada.
- $x^2 + 2xy + y^2 = (x + y)^2$
- $x^2 - 2xy + y^2 = (x - y)^2$

Nem sempre o trinômio é quadrado perfeito, por isso precisamos primeiro verificar se ele é um quadrado perfeito para então fatorá-lo da maneira vista.
Exemplos:
- $a^2 + 6a + 9$

    Todo trinômio quadrado perfeito tem dois termos quadrados. Esse trinômio os tem?
    Sim: a^2, que é o quadrado de a, e 9, que é o quadrado de 3.
    O termo do meio deve ser o dobro do produto de a por 3. De fato, $6a = 2 \cdot a \cdot 3$.
    Portanto, o trinômio $a^2 + 6a + 9$ é quadrado perfeito e pode ser fatorado assim:
    $a^2 + 6a + 9 = (a + 3)^2$
- $4x^2 + xy + y^2$ tem dois termos quadrados: $4x^2$, que é o quadrado de $2x$, e y^2, que é o quadrado de y. No entanto, o termo do meio do trinômio deveria ser $2 \cdot 2x \cdot y = 4xy$, mas é xy. Esse trinômio não é quadrado perfeito.

FATORAÇÃO 117

EXERCÍCIOS

15. Observe a figura e responda ao que se pede.

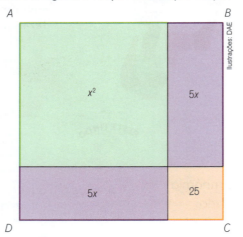

a) Qual é a área do quadrado *ABCD*?
b) Qual é a medida do lado desse quadrado?
c) Qual é a forma fatorada de $x^2 + 10x + 25$?

16. Copie e complete com = ou ≠.

a) $(a + 7)^2$ ▨ $a^2 + 14a + 49$

b) $(a - 7)^2$ ▨ $a^2 - 14a + 49$

c) $(3x - 2)^2$ ▨ $9x^2 - 4 + 12x$

d) $(5x - 3)^2$ ▨ $25x^2 + 9 - 30x$

17. Em cada caso, determine a expressão para a medida do lado do quadrado.

a) Área: $36y^2 - 60y + 25$

b) Área: $x^2 - x + 0,25$

18. Quando o polinômio dado for quadrado perfeito, fatore.

a) $x^2 + 2x + 1$
b) $x^2 - 2x + 1$
c) $1 - 6m + 9m^2$
d) $x^2 + 12x + 36$
e) $36a^2 - 12ac + c^2$
f) $y^4 + 4y^2 + 4$
g) $a^2 - 18a + 64$
h) $x^2 + 9 + 6x$

19. $x^2 - 12x + 9$ é trinômio quadrado perfeito?

20. Fatore.

a) $81x^2y^2 - 18xy + 1$
b) $a^2 + a + \dfrac{1}{4}$
c) $1 - 3x + \dfrac{9}{4}x^2$
d) $x^2 + 11x + \dfrac{121}{4}$

21. Coloque o fator comum em evidência e, em seguida, fatore, se possível.

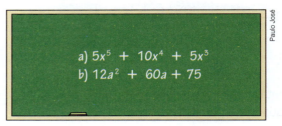

a) $5x^5 + 10x^4 + 5x^3$
b) $12a^2 + 60a + 75$

22. Sabendo que $x + y = 10$ e que $x - y = 4$, determine o valor de:

a) $5x + 5y$
b) $3x - 3y$
c) $x^2 + 2xy + y^2$
d) $x^2 - 2xy + y^2$

23. Vamos resolver a equação $x^2 + 6x + 9 = 0$.

> Fatorando o 1º membro, encontramos:
> $(x + 3)^2 = 0$
> Se uma expressão elevada ao quadrado é igual a zero, então seu valor é zero:
> $x + 3 = 0$
> $x = -3$
> A solução da equação é −3.

Resolva estas equações usando o mesmo raciocínio.

a) $x^2 - 20x + 100 = 0$
b) $25x^2 - 10x + 1 = 0$
c) $4x^2 + 12x + 9 = 0$

4. Diferença de quadrados

Vimos que $(a + b)(a - b) = a^2 - b^2$.

Fazendo o caminho inverso, podemos fatorar uma diferença de quadrados:

Lembro: $a^2 - b^2$ é a área do retângulo de lados $(a + b)$ e $(a - b)$.

$$a^2 - b^2 = (a + b)(a - b)$$

Da mesma forma:

- $x^2 - y^2 = (x + y)(x - y)$

- $9a^2 - 25 = (3a + 5)(3a - 5)$
     ↓   ↓
   $(3a)^2$ 5^2

- $16x^2 - \dfrac{9}{25} = \left(4x + \dfrac{3}{5}\right)\left(4x - \dfrac{3}{5}\right)$

- $p^4 - 49r^2 = (p^2 + 7r)(p^2 - 7r)$
    ↓   ↓
  $(p^2)^2$ $(7r)^2$

Para fatorar a expressão $32a^2 - 18$, primeiro colocamos o fator comum 2 em evidência:

$$32a^2 - 18 = 2(16a^2 - 9)$$

Aparece uma diferença de quadrados, e a fatoração completa ficará assim:

$$32a^2 - 18 = 2(4a + 3)(4a - 3)$$

Quer ver como o Paulinho usou a fatoração da diferença de quadrados para calcular facilmente $2001^2 - 1999^2$?
$2001^2 - 1999^2 = (2001 + 1999)(2001 - 1999) =$
$= 4000 \cdot 2 = 8000$

Legal, não é? As ferramentas da Matemática ajudam a economizar cálculos!

Registrem no caderno.

1. Verifiquem se $4x^2 - 10x + 9$ é um trinômio quadrado perfeito.

2. Júlia e André fatoraram a expressão $-6x^2y - 9xy^2$:

Júlia	André
$-3xy(2x + 3y)$	$3xy(-2x - 3y)$

Quem acertou?

3. Para calcular $91 \cdot 89$, pensei assim:

$91 \cdot 89 = (90 + 1) \cdot (90 - 1)$. E aí? Como terminei facilmente meu cálculo?

FATORAÇÃO 119

EXERCÍCIOS

24. Fatore.

a) $x^2 - 36$

b) $25 - a^2$

c) $9x^2 - 16$

d) $1 - 81a^2$

e) $100 - \pi^2$

f) $36x^4 - y^6$

g) $0{,}01x^2 - 49$

h) $\dfrac{x^4}{4} - y^2$

25. A área do retângulo da figura abaixo é dada por $9x^2 - 4$.

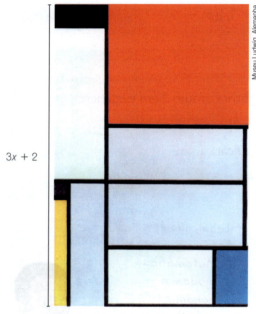

Piet Mondrian. *Painel I*, 1921. Óleo sobre tela, 96,5 cm × 60,5 cm.

Qual é a medida do menor lado desse retângulo?

26. Coloque antes o fator comum em evidência, e em seguida fatore, se possível.

a) $17x^2 - 17y^2$

b) $2m^4 - 50$

c) $x^3 - 25x$

d) $a^2c - c$

27. Responda.

a) Se um objeto que custava R$ 50,00 subiu x reais, qual será o novo preço?

b) Se outro objeto que também custava R$ 50,00 abaixou x reais, qual será seu novo preço?

c) Qual fórmula nos dá o produto dos preços já atualizados?

28. Se $x^2 - y^2 = 135$ e $x - y = 9$, então qual é o valor de $x + y$?

29. Use a fatoração e calcule.

a) $100^2 - 90^2$

b) $3\,175^2 - 3\,174^2$

Veja a Matemática favorecendo cálculos rápidos!

30. Indique duas fórmulas para a área colorida do quadrado maior.

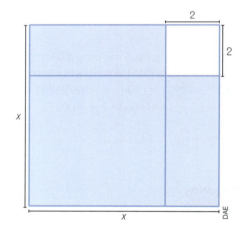

31. Resolva, usando a lei do anulamento do produto, cada uma das seguintes equações:

a) $x^2 - 121 = 0$

b) $49 - x^2 = 0$

c) $16x^2 - 1 = 0$

d) $4x^2 - 25 = 0$

e) $\dfrac{1}{9}x^2 - 4 = 0$

f) $1 = \dfrac{x^2}{4}$

Se um produto é nulo, pelo menos um dos fatores é nulo.

REVISANDO

32. Exercite suas habilidades em fatoração.

a) $3a - 3b + 3c$
b) $4 - 8x - 16y$
c) $10x^2y - 15xy + 5y$
d) $x^{10} + x^{11}$
e) $15a^4 - 21a^3$
f) $\frac{1}{2}x^2 + \frac{1}{4}x - \frac{1}{8}$

33. Se $xy = 20$ e $x - y = 8$, qual é o valor de $x^2y - xy^2$?

34. Determine a área da região colorida e dê o resultado na forma fatorada.

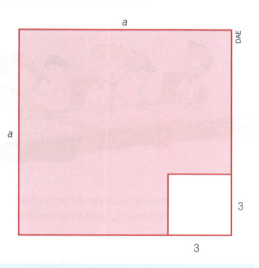

Ambos os quadriláteros são quadrados.

35. Sabendo que $a + b = 13$, quanto vale $a^2 + 2ab + b^2$?

36. Exercite suas habilidades em fatoração.

a) $4m^2 - x^2$
b) $49a^2 - x^2y^2$
c) $81 - 121p^2$
d) $x^2 - \frac{9}{4}$
e) $x^2 - 6x + 9$
f) $a^2 + 8a + 16$
g) $x^2 - 12xy + 36y^2$
h) $\frac{n^2}{4} + n + 1$

37. Coloque o fator comum em evidência, e em seguida fatore, se possível.

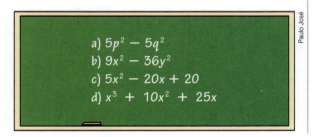

a) $5p^2 - 5q^2$
b) $9x^2 - 36y^2$
c) $5x^2 - 20x + 20$
d) $x^3 + 10x^2 + 25x$

DESAFIOS — NO CADERNO

38. Na figura abaixo, as áreas de três dos retângulos são mostradas.

Qual é a área do quarto retângulo?

39. Sabendo que x vale 3 a mais que y, quanto vale $x^2 - 2xy + y^2$?

40. A figura representa um esquadro. Mostre que a área colorida do esquadro é dada por:

$$\frac{1}{2}(x-y)(x+y)$$

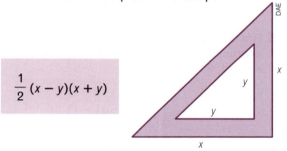

41. (Saresp) Ao calcular a área de uma determinada casa, representada na figura abaixo, uma pessoa calculou a área de cada cômodo da casa encontrando a seguinte expressão:

$$ab + ac + 10b + 10c$$

Uma outra pessoa calculou a área desta mesma casa de outra maneira, chegando também ao resultado anterior. Indique a forma fatorada com que essa última pessoa pode ter representado a área dessa casa.

FATORAÇÃO 121

AUTOAVALIAÇÃO

Anote no caderno o número do exercício e a letra correspondente à resposta correta.

42. Se a é um número inteiro positivo, qual é o maior fator comum da expressão $4ab + 20a$?

a) a c) $4a$
b) a^2 d) $4ab$

43. Fatorando $-18a - 27c$, obtemos:

a) $9(3c - 2a)$ c) $-9(2a - 3c)$
b) $9(2a - 3c)$ d) $-9(2a + 3c)$

44. Fatorando $0,1x^2 + 10x$, obtemos:

a) $0,1x(x + 1)$ c) $10x(0,1x + 1)$
b) $0,1x(x + 10)$ d) $0,1x(x + 100)$

45. Uma expressão E multiplicada por $2x$ resulta na expressão $6x^2 - 2x$. O valor da expressão E, para $x = -4$, é:

a) 11   c) -11
b) 13   d) -13

46. $(x - 3)(x + 7)$ é o resultado da fatoração de:

a) $x^2 - 21$ c) $x^2 - 4x + 21$
b) $x^2 + 4x - 21$ d) $x^2 - 42x + 21$

47. Que valor se deve atribuir a g para que o trinômio $4x^2 - 12x + g$ seja quadrado perfeito?

a) 4   c) 9
b) 6   d) 36

48. Fatorando $-x^2 + \dfrac{1}{9}$, obtemos:

a) $\left(x + \dfrac{1}{3}\right)\left(x - \dfrac{1}{3}\right)$

b) $\left(-x + \dfrac{1}{3}\right)\left(x + \dfrac{1}{3}\right)$

c) $\left(x + \dfrac{1}{3}\right)\left(-x - \dfrac{1}{3}\right)$

d) $\left(-x + \dfrac{1}{3}\right)\left(-x - \dfrac{1}{3}\right)$

49. Fatorando $x^4 + 121 + 22x^2$, obtemos:

a) $(x + 11)^2$ c) $(x + 12)^2$
b) $(x^2 + 11)^2$ d) $(x^2 + 12)^2$

50. (SEE-RJ) O resultado de uma expressão algébrica é $a^2 - b^2$.

- Sílvio encontrou como resposta $(a - b)^2$;
- Cláudio, $(a + b)(a - b)$;
- Célia, $(a + b)^2 - 2b^2$.

Como o professor aceita desenvolvimento incompleto da resposta, podemos afirmar que:

a) apenas Sílvio acertou.
b) apenas Cláudio acertou.
c) apenas Célia acertou.
d) apenas os rapazes acertaram.

51. x e y são as medidas dos lados de um retângulo de área 20 e perímetro 18. Qual é o valor numérico da expressão $3x^2y + 3xy^2$?

a) 270   c) 540
b) 360   d) 1 080

52. O valor de $3\,123\,091^2 - 3\,123\,090^2$ é:

a) 5 426 181   c) 6 236 191
b) 7 256 281   d) 6 246 181

UNIDADE 7

Frações algébricas

1. Letras no denominador

O professor Jorge pretende elaborar uma lista de testes para seus alunos. Essa lista valerá 60 pontos no total. Todos os testes terão o mesmo valor. Qual será o valor de cada teste?

- Se a lista contiver 20 testes, cada teste valerá $\frac{60}{20} = 3$ pontos.

- Se contiver 15 testes, cada teste valerá $\frac{60}{15} = 4$ pontos.

- Se a lista contiver x testes, uma expressão algébrica representa o valor de cada teste: $\frac{60}{x}$ (60 pontos divididos pelo número de testes, que representamos por x).

- Retirando 8 testes da lista original, o novo valor de cada teste será representado pela expressão $\frac{60}{x - 8}$.

As expressões $\frac{60}{x}$ e $\frac{60}{x - 8}$ são frações que apresentam variáveis no denominador. Elas são chamadas **frações algébricas**.

Veja mais exemplos de frações algébricas:

- $\frac{a + 2b}{5a - 1}$

- $\frac{x^2 + 2xy + y^2}{x + y}$

- $\frac{8}{2a + 4b + 2c}$

O numerador e o denominador são polinômios. No denominador aparecem uma ou mais variáveis.

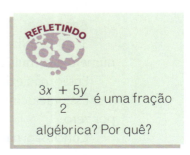

REFLETINDO

$\frac{3x + 5y}{2}$ é uma fração algébrica? Por quê?

FRAÇÕES ALGÉBRICAS 123

Agora, no primeiro exemplo de fração algébrica, ou seja, em $\dfrac{a + 2b}{5a - 1}$, vamos substituir a por 1 e b por (-3).

$$\dfrac{1 + 2 \cdot (-3)}{5 \cdot 1 - 1} = \dfrac{1 - 6}{5 - 1} = \dfrac{-5}{4} = -\dfrac{5}{4} \text{ ou } -1,25$$

$-\dfrac{5}{4}$ é o valor numérico da fração algébrica $\dfrac{a + 2b}{5a - 1}$ para $a = 1$ e $b = -3$

Flávio tem uma oficina mecânica. Dos x reais que recebeu por um serviço, ficou com R$ 80,00 e o restante dividiu entre seus y empregados.

Escreva a fração algébrica que representa a quantia recebida individualmente pelos empregados. Calcule o valor numérico dessa fração para $x = 310$ e $y = 4$. Interprete esse número.

Confira sua resposta com as dos colegas.

O zero no denominador

O que acontece se na fração algébrica $\dfrac{y}{x - 5}$ tivermos $x = 5$?

É... teremos zero no denominador, pois $5 - 5 = 0$.

Isso não pode acontecer, porque não existe divisão por zero. Como as frações algébricas têm letras no denominador, é importante observar para quais valores o denominador se anula.

Na fração $\dfrac{y}{x - 5}$, por exemplo, x pode ser qualquer número real, com exceção do 5. Para que a fração exista, devemos ter $x \neq 5$.

Vamos lembrar por que não se divide por zero?
Usaremos a ideia de operação inversa.
$0 : 3 = 0$, porque $0 \cdot 3 = 0$
Até aí, tudo certo! Zero dividido por qualquer número diferente de zero dá zero.
Agora veja:
$3 : 0$ deveria ser o número que multiplicado por zero resultasse 3. Ora, não há número que multiplicado por zero dê 3.
Então, não existe $3 : 0$.
Esse raciocínio é válido para a divisão de qualquer outro número não nulo por zero.
Conclusão: não há divisão por zero!

EXERCÍCIOS

1. Que tipo de fração você escreve quando em $\dfrac{13}{5+2}$ você substitui 5 por x?

2. Sabe-se que x bombons custam 10 reais. Responda com frações algébricas.

   a) Qual é o preço de um só bombom?
   b) Qual é o preço de y bombons?

3. Um camelô comprou x tesouras por 25 reais e quer vendê-las lucrando 1 real em cada uma. Qual é a expressão algébrica que representa o preço de venda de cada tesoura?

4. As frações abaixo representadas são iguais?

   A) $-\dfrac{3}{2x}$ B) $\dfrac{-3}{2x}$ C) $\dfrac{3}{-2x}$

5. Calcule o valor numérico de $\dfrac{x^2 - 3y}{y^2 + 5x}$ nos seguintes casos:
   a) $x = 1$ e $y = 2$
   b) $x = -4$ e $y = -2$

6. Calcule o valor numérico de $\dfrac{a^2 - 2b - c}{b + 2}$ para $a = -1$, $b = -3$ e $c = 5$.

7. Se $x = -2,1$, qual é o valor de $\dfrac{0,25 - x^2}{0,5 + x}$?

Leia e responda as questões 8 e 9.

Na fração $\dfrac{a+1}{2a+6}$ devemos ter $a \ne -3$, pois:

$$2 \cdot (-3) + 6 = -6 + 6 = 0$$

8. Existe o valor numérico da expressão $\dfrac{7x}{x-3}$ para $x = 3$? Por quê?

9. Para que valor de m não existe valor numérico de $\dfrac{m-2}{m+5}$?

10. Para $x = 8$, qual das seguintes frações é de menor valor?
    a) $\dfrac{7}{x-1}$ b) $\dfrac{7}{x}$ c) $\dfrac{7}{x+1}$

11. O que acontece com o valor numérico da fração $\dfrac{1}{x}$ quando x assume valores positivos cada vez maiores?

FRAÇÕES ALGÉBRICAS

2. Resolvendo problemas

Frações algébricas aparecem em problemas da vida real...

1. Para percorrer determinada distância, um automóvel consome certa quantidade de litros de gasolina.

   A distância percorrida pelo automóvel é **diretamente proporcional** à quantidade de combustível consumida no percurso, ou seja, essas grandezas variam numa mesma razão: se uma dobra, a outra dobra, se uma cai pela metade, a outra cai pela metade também, e assim por diante.

Av. 23 de Maio, em São Paulo, SP.

Pense e responda oralmente.

1. Dobrando a distância percorrida pelo automóvel, a quantidade de litros de gasolina consumidos também deverá dobrar?
2. Se percorrer a metade da distância, o automóvel deverá gastar a metade da quantidade de litros de gasolina?

Agora vamos examinar juntos a seguinte situação:

2. Em certa viagem, um automóvel consumiria 47 litros de gasolina. Devido a problemas mecânicos, a viagem terminou 32 quilômetros antes do previsto e o automóvel gastou somente 43 litros de gasolina. Quantos quilômetros teria a viagem toda?

   Representando por x a quilometragem da viagem toda, montamos uma tabela:

Distância (km)	Gasolina
x	47
$x - 32$	43

   Como há proporcionalidade direta entre as grandezas, as razões são iguais. Temos uma proporção:

   $$\frac{x}{x-32} = \frac{47}{43}$$

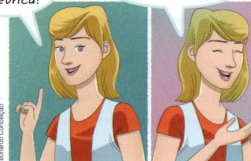

Obtivemos uma equação em que aparece uma fração algébrica!

Equações em que pelo menos um dos termos é uma fração algébrica são chamadas de **equações fracionárias**.

Igualdades entre razões são proporções.

Por exemplo: $\frac{2}{3} = \frac{4}{6}$ é uma proporção.

Você lembra o que ocorre quando multiplicamos os termos de uma proporção em cruz?

$$2 \cdot 6 = 3 \cdot 4$$

Os produtos são iguais. Isso vale para toda proporção.

Numa proporção $\frac{a}{b} = \frac{c}{d}$, com b e d diferentes de zero, temos que $a \cdot d = b \cdot c$.

Vamos resolver a equação $\dfrac{x}{x-32} = \dfrac{47}{43}$.

Multiplicamos os termos da proporção em cruz:

$43x = (x - 32) \cdot 47$

Aplicamos a propriedade distributiva:

$43x = 47x - 47 \cdot 32$

$43x = 47x - 1504$

Subtraímos $47x$ de ambos os membros da equação:

$43x - 47x = 47x - 1504 - 47x$

$-4x = -1504$

Usamos a operação inversa:

$x = \dfrac{-1504}{-4}$

$x = 376$ A viagem toda teria 376 km.

> Poderíamos multiplicar ambos os membros da equação por (-1):
> $-4x \cdot (-1) = -1504 \cdot (-1)$
> $4x = 1504$
> $x = \dfrac{1504}{4}$
> $x = 376$
> O valor de x seria o mesmo.

Veja outra situação:

3. Os alunos do 8º ano vão participar de um campeonato de futebol. Para comprar uniformes para o time, cada aluno contribuiu com uma mesma quantia, arrecadando no total R$ 1.050,00. No dia da compra dos uniformes, mais 9 alunos decidiram contribuir e o total arrecadado passou a ser de R$ 1.428,00. No final, quantos alunos contribuíram para a compra dos uniformes?
Que quantia coube a cada um?

Número inicial de alunos: x Arrecadação inicial: R$ 1.050,00 Valor pago por aluno: $\dfrac{1050}{x}$	Número final de alunos: $x + 9$ Quantia final arrecadada: R$ 1.428,00 Valor pago por aluno: $\dfrac{1428}{x+9}$

FRAÇÕES ALGÉBRICAS

Como todos os alunos contribuíram com quantias iguais, temos que:

$$\frac{1428}{x+9} = \frac{1050}{x}$$

Resolvendo:

$1428x = (x+9) \cdot 1050$

$1428x = 1050x + 9450$

Subtraindo $1050x$ de ambos os membros da equação, temos:

$1428x - 1050x = 9450$

$378x = 9450$

$x = \frac{9450}{378}$

$x = 25$

Se $x = 25$, então $x + 9 = 34$.

Na equação que representa esse problema aparecem frações algébricas!

Leonardo Conceição

Podemos calcular a quantia que coube a cada aluno fazendo:
$$\begin{cases} \frac{1050}{x} = \frac{1050}{25} = 42 \\ \text{ou} \\ \frac{1428}{x+9} = \frac{1428}{34} = 42 \end{cases}$$

Concluímos que 34 alunos contribuíram com R$ 42,00 cada um para a compra dos uniformes.

Registrem no caderno.

1. O número de alunos que contribuíram para a compra de uniformes e a quantia arrecadada são grandezas diretamente proporcionais. Montem uma proporção a partir da tabela abaixo e determinem o valor de x.

Número de alunos	Quantia arrecadada (reais)
x	1 050
$x + 9$	1 428

2. Vocês encontraram $x = 25$?

3. Vocês pensaram em outra forma de resolução para o problema? Se pensaram, mostrem essa forma aos colegas e ao professor.

EXERCÍCIOS

12. Calcule mentalmente o valor de x.

a) $\dfrac{3}{9} = \dfrac{x}{3}$ c) $\dfrac{3}{5} = \dfrac{6}{x}$

b) $\dfrac{2}{x} = \dfrac{6}{24}$ d) $\dfrac{5}{x} = \dfrac{1}{0,8}$

13. Qual é o valor de x em cada proporção?

a) $\dfrac{5}{2,5} = \dfrac{10}{x}$ d) $\dfrac{x-3}{x} = \dfrac{4}{5}$

b) $\dfrac{4}{6} = \dfrac{x}{x+1}$ e) $\dfrac{2x-5}{x-1} = \dfrac{1}{2}$

c) $\dfrac{6}{x+0,5} = \dfrac{1}{2}$ f) $\dfrac{4}{3x+2} = \dfrac{7}{5x}$

14. Para que se verifique a igualdade $\dfrac{7}{y} = \dfrac{x}{32} = \dfrac{5}{20}$, os valores de x e y devem ser, respectivamente:

a) 4 e 28   c) 2 e 14
b) 8 e 28   d) 8 e 14

15. Somando-se o número n a cada um dos termos da fração $\dfrac{3}{5}$, obtém-se uma nova fração cujo valor é 0,8.
O valor de n é:

a) 3   c) 5
b) 4   d) 10

16. Uma classe quis dar à professora um presente que custava R$ 96,00. Calculou-se a quantia que cada aluno deveria dar. Porém, quatro alunos de outra classe quiseram participar da compra do presente e, com isso, acabaram comprando um presente de R$ 108,00.
Quantos alunos havia na classe?

17. Bruna tem 6 anos e seu pai, 34. Daqui a quantos anos Bruna terá $\dfrac{1}{3}$ da idade de seu pai?

18. Um professor pretendia dividir igualmente 196 doces entre os alunos de sua classe.
Porém, no dia da distribuição, coincidentemente, faltaram 3 alunos e a doceira só entregou 175 doces, que foram distribuídos igualmente entre os presentes.
Qual era o número de alunos presentes no dia da distribuição?

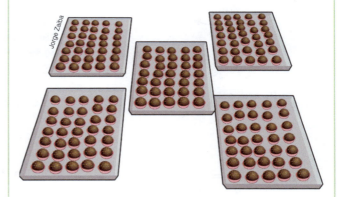

Pense nisso!

O brigadeiro é um doce muito saboroso. Entre os seus ingredientes estão o açúcar e o chocolate. Essas substâncias são fontes de energia que, se consumidas com moderação, podem beneficiar o nosso organismo; em excesso, podem nos prejudicar, como por exemplo, causando obesidade, que é um problema da sociedade.

CONECTANDO SABERES

19. Eram x latas de tinta que seriam adquiridas para pintar 280 m² de parede.
No entanto, resolveram, depois, pintar um total de 770 m² e com isso acrescentaram 7 latas de tinta ao pedido inicial.
Qual é o número x de latas?

FRAÇÕES ALGÉBRICAS

Vamos recordar?

No próximo passo dentro do estudo das frações algébricas, trataremos da simplificação e de operações envolvendo essas frações.

Nosso trabalho será mais tranquilo se retomarmos conhecimentos importantes.

Acompanhe os exemplos a seguir e resolva em seguida os exercícios da **Seção livre**.

1. ◆ Quando dividimos (ou multiplicamos) o numerador e o denominador pelo mesmo número natural diferente de zero, obtemos uma fração equivalente à dada.

2.

> **REFLETINDO**
>
> Se multiplicarmos o numerador de uma fração por 2 e seu denominador por 4, o que acontece com o valor da fração?

3. $\dfrac{15}{3} = 5$ ◆ Observe que $\dfrac{15}{3} = 15 : 3 = 5$.

4. $\dfrac{2}{3} - \dfrac{1}{6} = \dfrac{4}{6} - \dfrac{1}{6} = \dfrac{3}{6} = \dfrac{1}{2}$ ◆ Para somar ou subtrair frações, devemos escrevê-las com o mesmo denominador.

5. $\dfrac{3}{4} + 1 - \dfrac{5}{6} = \dfrac{9}{12} + \dfrac{12}{12} - \dfrac{10}{12} = \dfrac{11}{12}$

6. $\dfrac{\cancel{5}^{1}}{\cancel{7}_{1}} \cdot \dfrac{\cancel{14}^{2}}{\cancel{15}_{3}} = \dfrac{2}{3}$ ◆ Na multiplicação entre frações, multiplicamos numerador por numerador e denominador por denominador, simplificando sempre que possível.

7. $\dfrac{\cancel{3}^{1}}{\cancel{8}_{2}} \cdot \cancel{4}^{1} \cdot \dfrac{5}{\cancel{9}_{3}} = \dfrac{5}{6}$

8. $\dfrac{2}{9} : \dfrac{7}{3} = \dfrac{2}{\cancel{9}_{3}} \cdot \dfrac{\cancel{3}^{1}}{7} = \dfrac{2}{21}$ ◆ Para dividir frações, multiplicamos a primeira delas pela inversa da segunda.

9. $\dfrac{5}{8} : \dfrac{1}{4} = \dfrac{5}{\cancel{8}_{2}} \cdot \cancel{4}^{1} = \dfrac{5}{2}$

10. $\dfrac{2}{9} : 6 = \dfrac{\cancel{2}^{1}}{9} \cdot \dfrac{1}{\cancel{6}_{3}} = \dfrac{1}{27}$

> **REFLETINDO**
>
>
>
> $\dfrac{17}{10}$ é menor ou maior que $\dfrac{17}{100}$? Quantas vezes maior ou quantas vezes menor?

SEÇÃO LIVRE

20. Calcule mentalmente.

a) $\dfrac{30}{-2}$

b) $\dfrac{-2}{30}$

c) $\dfrac{9}{0,9}$

d) $\dfrac{0,9}{9}$

e) $\dfrac{7^8}{7^6}$

f) $\dfrac{2^{12}}{2^{15}}$

21. Calcule de dois modos.

a) $\dfrac{25-9}{5-3}$

b) $\dfrac{7+5}{49-25}$

c) $\dfrac{100-64}{10-8}$

d) $\dfrac{100-64}{10+8}$

22. Use a fatoração e calcule.

a) $\dfrac{1000^2}{252^2 - 248^2}$

b) $\dfrac{17 \cdot 4 + 17 \cdot 9 + 17 \cdot 7}{2 \cdot 34 + 5 \cdot 34 + 3 \cdot 34}$

23. Copie e complete o quadro com o inverso de cada número racional.

Número	$\dfrac{3}{7}$	3	1	0,1	2,5
Inverso	$\dfrac{7}{3}$				

24. Rafael comeu $\dfrac{5}{12}$ de uma torta, e Fernanda $\dfrac{1}{4}$.

a) Que porção da torta os dois comeram?
b) Que porção da torta restou?

25. Quanto é $\dfrac{1}{2}$ de $\dfrac{1}{4}$ de uma folha de cartolina?

26. Relacione as operações que têm o mesmo resultado e a fração que representa esse resultado.

Ⓐ $\dfrac{7}{8} : \dfrac{2}{9}$ Ⓔ $\dfrac{6}{7} \cdot \dfrac{1}{5}$ Ⓘ $\dfrac{10}{27}$

Ⓑ $\dfrac{4}{9} : \dfrac{6}{5}$ Ⓕ $\dfrac{4}{5} \cdot \dfrac{3}{2}$ Ⓙ $\dfrac{63}{16}$

Ⓒ $\dfrac{4}{5} : \dfrac{2}{3}$ Ⓖ $\dfrac{7}{8} \cdot \dfrac{9}{2}$ Ⓚ $\dfrac{6}{5}$

Ⓓ $\dfrac{6}{7} : 5$ Ⓗ $\dfrac{4}{9} \cdot \dfrac{5}{6}$ Ⓛ $\dfrac{6}{35}$

27. (Cefet-SP) Veja na tabela os pontos que um lutador de judô pode ganhar ou perder, conforme o golpe dado no adversário ou a punição sofrida.

Golpe	Valor (ganho)	Punição	Valor (perdido)
ippon	1 ponto	shidô	$\dfrac{1}{8}$ de ponto
waza-ari	$\dfrac{1}{2}$ ponto	chui	$\dfrac{1}{4}$ de ponto
yuko	$\dfrac{1}{4}$ ponto	keikoku	$\dfrac{1}{2}$ de ponto
koka	$\dfrac{1}{8}$ ponto	hansoku-make	1 ponto

Em relação a um jogador que tenha obtido, ao final de uma luta, um *koka*, dois *keikoku*, três *waza-ari* e quatro *shidô*, pode-se dizer que:

a) ganhou $\dfrac{1}{8}$ de ponto.
b) perdeu $\dfrac{2}{10}$ de ponto.
c) perdeu 1 ponto.
d) ganhou $\dfrac{25}{8}$ de ponto.

3. Simplificando frações algébricas

Nos problemas que resolvemos, trabalhamos frações algébricas.

Essas frações aparecem em outras expressões e equações e pode ser necessário simplificá-las, realizar operações com elas. Veremos como fazer isso com base nos conhecimentos que temos sobre frações numéricas.

Nesse trabalho, vamos sempre supor que o denominador da fração algébrica tem valor numérico diferente de zero.

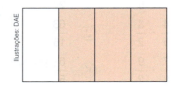

Lembrando...

$\dfrac{3}{4}$ e $\dfrac{6}{8}$ são frações equivalentes, pois representam a mesma quantidade.

Existem infinitas frações equivalentes a $\dfrac{3}{4}$.

$$\dfrac{3}{4} = \dfrac{6}{8} = \dfrac{9}{12} = \dfrac{12}{16} = \dfrac{15}{20} = \ldots$$

Para obtê-las basta multiplicar o numerador e o denominador por um mesmo número natural diferente de zero.

Também podemos **simplificar** uma fração, encontrando uma fração equivalente a ela.

$\dfrac{12}{32} = \dfrac{3}{8}$ (÷ 4)   Nesse caso, fazemos o inverso: dividimos, quando possível, o numerador e o denominador da fração pelo mesmo número natural diferente de zero.

Escrevendo de outro modo: $\dfrac{12}{32} \cdot \dfrac{\cancel{4} \cdot 3}{\cancel{4} \cdot 8} = \dfrac{3}{8}$

Vamos aproveitar essas ideias para simplificar frações algébricas.

Acompanhe os exemplos:

◆ $\dfrac{15x^2y}{20xy^2} = \dfrac{3 \cdot \cancel{5} \cdot \cancel{x} \cdot x \cdot \cancel{y}}{4 \cdot \cancel{5} \cdot \cancel{x} \cdot \cancel{y} \cdot y} = \dfrac{3x}{4y}$

◆ $\dfrac{4a^2b^5c^3}{7a^6b^2} = \dfrac{4 \cdot \cancel{a^2} \cdot \cancel{b^2} \cdot b^3 \cdot c^3}{7 \cdot \cancel{a^2} \cdot a^4 \cdot \cancel{b^2}} = \dfrac{4b^3c^3}{7a^4}$ ⚫┄┄┄

> Usamos as propriedades das potências para fazer:
> $b^5 = b^2 \cdot b^3$
> $a^6 = a^2 \cdot a^4$

◆ $\dfrac{x^2 + x}{3x} = \dfrac{\cancel{x}(x+1)}{3\cancel{x}} = \dfrac{x+1}{3}$

> Fatoramos a expressão para então simplificar!

Vamos fazer $x = 2$ na fração inicial e na fração já simplificada:

$$\dfrac{x^2 + x}{3x} = \dfrac{2^2 + 2}{3 \cdot 2} = \dfrac{6}{6} = 1$$

$$\dfrac{x + 1}{3} = \dfrac{2 + 1}{3} = \dfrac{3}{3} = 1$$

Obtivemos valores numéricos iguais.

- $\dfrac{6a + 18}{a^2 - 9} = \dfrac{6(a + 3)}{(a + 3)(a - 3)} = \dfrac{6}{(a - 3)}$

Fatoramos o numerador e o denominador e aí simplificamos.

REFLETINDO

Rodrigo **cometeu um erro** ao simplificar a fração.

$$\dfrac{x^2 + x}{3x}$$

Veja o que ele fez:

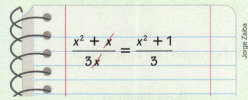

$$\dfrac{x^2 + x}{3x} = \dfrac{x^2 + 1}{3}$$

Fazendo $x = 2$ na fração $\dfrac{x^2 + 1}{3}$, obtemos $\dfrac{2^2 + 1}{3} = \dfrac{5}{3}$.

O valor numérico da fração para $x = 2$ é diferente do valor que achamos para a fração inicial. Essas frações não são equivalentes!

- Você descobriu qual foi o erro cometido por Rodrigo?

Um número diferente de zero dividido por ele mesmo resulta em 1.

Por isso, $\dfrac{a + 3}{a + 3} = 1$, desde que $a \neq -3$.

Acompanhe, agora, dois outros exemplos:

- $\dfrac{a^2 + 10ab + 25b^2}{4a + 20b} = \dfrac{(a + 5b)^2}{4(a + 5b)} =$

  $= \dfrac{(a + 5b)(a + 5b)}{4(a + 5b)} = \dfrac{a + 5b}{4}$

- $\dfrac{2x^2 + 12x + 18}{2x^2 - 18} = \dfrac{2(x^2 + 6x + 9)}{2(x^2 - 9)} =$

  $= \dfrac{(x + 3)^2}{(x + 3)(x - 3)} = \dfrac{(x + 3)(x + 3)}{(x + 3)(x - 3)} =$

  $= \dfrac{x + 3}{x - 3}$

$a^2 + 10ab + 25b^2$ é um trinômio quadrado perfeito.

EXERCÍCIOS

28. Cecília vai simplificar as expressões mentalmente. Faça como ela e anote o resultado.

a) $\dfrac{4}{8}$ c) $\dfrac{0{,}7}{7}$ e) $\dfrac{7x}{8x}$

b) $\dfrac{15}{5}$ d) $\dfrac{2{,}5}{5}$ f) $\dfrac{ab}{ad}$

29. Fernando tem uma dúvida:

Responda à dúvida dele e justifique sua resposta.

30. Simplifique as frações algébricas.

a) $\dfrac{8c}{4a}$ c) $\dfrac{abc}{cd}$

b) $\dfrac{4c^2}{6c^3}$ d) $\dfrac{-7a^3c}{-21ac^5}$

31. Ajude Rosana a encontrar a resposta.

a) $\dfrac{x+5}{y-5}$ c) $\dfrac{5x+5y}{5y}$

b) $\dfrac{5+x}{5+y}$ d) $\dfrac{5x-y}{5}$

32. Colocando fatores comuns em evidência, simplifique.

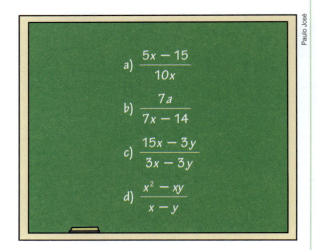

a) $\dfrac{5x-15}{10x}$

b) $\dfrac{7a}{7x-14}$

c) $\dfrac{15x-3y}{3x-3y}$

d) $\dfrac{x^2-xy}{x-y}$

33. Utilize a fatoração da diferença de dois quadrados ou a fatoração do trinômio quadrado perfeito e simplifique.

a) $\dfrac{7x-7y}{5x^2-5y^2}$ c) $\dfrac{x^2-9}{x^2+3x}$

b) $\dfrac{5x^2-5}{4x+4}$ d) $\dfrac{7c-21}{c^2-6c+9}$

34. (UFRJ) Considere a brincadeira a seguir. Pense em um número.

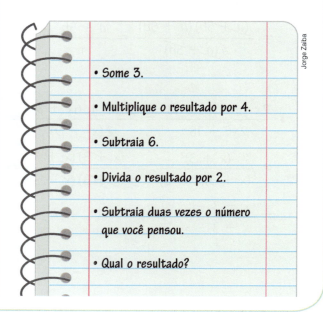

- Some 3.
- Multiplique o resultado por 4.
- Subtraia 6.
- Divida o resultado por 2.
- Subtraia duas vezes o número que você pensou.
- Qual o resultado?

4. Adição e subtração com frações algébricas

Você sabe somar e subtrair frações numéricas? Confira:

- $\dfrac{1}{9} + \dfrac{7}{9} - \dfrac{2}{9} = \dfrac{1+7-2}{9} = \dfrac{6}{9} = \dfrac{2}{3}$

- $\dfrac{2}{3} + \dfrac{1}{4} = \dfrac{8}{12} + \dfrac{3}{12} = \dfrac{11}{12}$

> Para somar ou subtrair frações de denominadores diferentes, encontramos frações equivalentes às dadas que tenham um mesmo denominador.

Com frações algébricas as ideias são as mesmas. Veja exemplos:

- $\dfrac{2x}{x+1} + \dfrac{4x-5}{x+1} = \dfrac{2x+4x-5}{x+1} = \dfrac{6x-5}{x+1}$

- $\dfrac{a-5}{2a} + \dfrac{4}{3a} = ?$

Para resolver, vamos escrever frações equivalentes às dadas, de forma que os denominadores fiquem iguais.

$\dfrac{a-5}{2a} = \dfrac{3 \cdot (a-5)}{3 \cdot 2a} = \dfrac{3a-15}{6a}$

$\dfrac{4}{3a} = \dfrac{2 \cdot 4}{2 \cdot 3a} = \dfrac{8}{6a}$

> Assim como nas frações numéricas, o novo denominador será um múltiplo comum de 2a e 3a. O produto de ambos ($6a^2$) é um múltiplo comum e você pode usá-lo. Mas 6a também é um múltiplo comum e é mais simples.

Agora vamos efetuar a adição:

$\dfrac{a-5}{2a} + \dfrac{4}{3a} = \dfrac{3a-15}{6a} + \dfrac{8}{6a} = \dfrac{3a-15+8}{6a} = \dfrac{3a-7}{6a}$

- $\dfrac{x}{2x+2y} - \dfrac{3x}{x+y} = \dfrac{x}{2(x+y)} - \dfrac{2 \cdot 3x}{2(x+y)} = \dfrac{x}{2(x+y)} - \dfrac{6x}{2(x+y)} = -\dfrac{5x}{2(x+y)}$

Registrem no caderno.

1. Verdadeiro ou falso?

   a) $\dfrac{7}{5+3} = \dfrac{7}{5} + \dfrac{7}{3}$
   b) $\dfrac{5+3}{7} = \dfrac{5}{7} + \dfrac{3}{7}$

2. Relembrem mmc de números naturais, conversem e determinem:

   a) mmc (x, x^2)
   c) mmc $(2, x+1, x+3)$
   b) mmc $(3a, 4a^2)$

3. Encontrem a fração equivalente a $\dfrac{x+3}{5x}$ com denominador:

   a) $10x$
   b) $15x^2$

FRAÇÕES ALGÉBRICAS **135**

EXERCÍCIOS

35. Ontem, para o almoço, a mãe do Paulo fez uma torta. Paulo contou aos amigos:

Eu comi metade da torta; a minha irmã, a quarta parte; e a minha mãe, a sexta parte.

Os amigos comentaram: "Não sobrou nada!". Você é da mesma opinião?

36. Calcule.

a) $\dfrac{x}{a} + \dfrac{8x}{a} - \dfrac{3x}{a}$

b) $\dfrac{1}{2x} + \dfrac{1}{3x}$

c) $\dfrac{3a}{z} - \dfrac{5a}{4x} + \dfrac{7a}{2x}$

d) $\dfrac{1}{x} + \dfrac{1}{y}$

e) $7 + \dfrac{x+y}{x-y}$

f) $\dfrac{3}{x} - \dfrac{2}{x+1}$

37. Adicione as frações abaixo representadas, duas a duas, de modo a obter sempre $\dfrac{1}{2x}$.

Ⓐ $\dfrac{1}{3x}$ Ⓑ $\dfrac{2}{5x}$ Ⓒ $\dfrac{1}{10x}$

Ⓓ $\dfrac{2}{8x}$ Ⓔ $\dfrac{1}{6x}$ Ⓕ $\dfrac{1}{4x}$

38. A figura mostra uma *pizza* dividida em partes iguais. Dois terços de uma dessas partes correspondem a:

a) $\dfrac{1}{8}$ da *pizza*.

b) $\dfrac{1}{10}$ da *pizza*.

c) $\dfrac{1}{6}$ da *pizza*.

d) $\dfrac{1}{12}$ da *pizza*.

39. Recorde duas maneiras de multiplicar frações:

Ⓐ $\dfrac{3}{4} \cdot \dfrac{10}{21} = \dfrac{30}{84} = \dfrac{5}{14}$

Ⓑ $\dfrac{3}{4} \cdot \dfrac{10}{21} = \dfrac{3}{2 \cdot 2} \cdot \dfrac{2 \cdot 5}{3 \cdot 7} = \dfrac{\not{3} \cdot \not{2} \cdot 5}{2 \cdot \not{2} \cdot \not{3} \cdot 7} = \dfrac{5}{14}$

Use um desses modos para efetuar e simplificar as expressões a seguir.

a) $\dfrac{7x}{2a} \cdot \dfrac{x}{3c}$

b) $5x \cdot \dfrac{x}{2} \cdot \dfrac{x^2}{8}$

c) $\dfrac{x+y}{5} \cdot \dfrac{x-y}{2}$

d) $\dfrac{9}{x-1} \cdot \dfrac{x-1}{x+1}$

40. Que fração algébrica representa a área do retângulo?

41. Relacione três círculos, um de cada cor, fazendo a correspondência correta entre as expressões.
Exemplo: Ⓐ Ⓖ Ⓛ

Ⓐ $\dfrac{6}{7} : \dfrac{3}{5}$ Ⓖ $\dfrac{6}{7} \cdot \dfrac{5}{3}$

Ⓑ $\dfrac{3a}{5x} : \dfrac{2}{7a}$ Ⓗ $\dfrac{3a}{5x} \cdot \dfrac{7a}{2}$

Ⓒ $\dfrac{a}{x+1} : \dfrac{m}{x+1}$ Ⓘ $\dfrac{a}{m}$

Ⓓ $\dfrac{x+1}{7x} : \dfrac{a}{x-1}$ Ⓙ $\dfrac{21a^2}{10x}$

Ⓔ $\dfrac{x+1}{7x} \cdot \dfrac{x-1}{a}$ Ⓚ $\dfrac{x^2-1}{7ax}$

Ⓕ $\dfrac{a}{x+1} \cdot \dfrac{x+1}{m}$ Ⓛ $\dfrac{30}{21}$

5. Novos problemas e equações

1. Um desafio:

Luís gastou R$ 36,00 comprando cadernos e R$ 27,00 comprando canetas. Ele contou que:

- o número de canetas é igual ao dobro do número de cadernos;
- o preço de um caderno mais o preço de uma caneta é R$ 16,50.

Vamos descobrir juntos:

- quantos cadernos e quantas canetas Luís comprou;
- qual é o preço de cada caneta e de cada caderno.

Você e seus colegas podem interromper a leitura e tentar resolver o problema. Depois, acompanhem a nossa resolução.

Número de cadernos: n

Número de canetas: $2n$ (dobro do número de cadernos)

Se n cadernos custaram R$ 36,00, cada caderno custou $\dfrac{36}{n}$.

Se $2n$ canetas custaram R$ 27,00, cada caneta custou $\dfrac{27}{2n}$.

Um caderno e uma caneta custam juntos R$ 16,50. Então:

$$\dfrac{36}{n} + \dfrac{27}{2n} = 16{,}50$$

Lembre-se: para que essas frações existam, devemos ter $n \neq 0$.

Para resolver a equação, procuramos frações equivalentes que tenham o mesmo denominador:

$$\dfrac{2 \cdot 36}{2n} + \dfrac{27}{2n} = \dfrac{2n \cdot 16{,}50}{2n}$$

$$\dfrac{72}{2n} + \dfrac{27}{2n} = \dfrac{33n}{2n}$$

$$\dfrac{99}{2n} = \dfrac{33n}{2n}$$

Multiplicamos ambos os membros da equação por $2n$.

$$\cancel{2n} \cdot \dfrac{99}{\cancel{2n}} = \cancel{2n} \cdot \dfrac{33n}{\cancel{2n}}$$

$$99 = 33n$$

$$\dfrac{99}{33} = n$$

$n = 3$ Como $n \neq 0$, a solução é válida!

Determine com os colegas o preço de cada caderno e de cada caneta.

Assim, n corresponde ao número de cadernos e $2n$ ao número de canetas.

Descobrimos que Luís comprou 3 cadernos e 6 canetas.

FRAÇÕES ALGÉBRICAS

2. Tiago propôs um problema:

Equação que representa o problema:

$$\frac{x+5}{3x} - \frac{1}{2} = \frac{1}{x}$$

$$\frac{2 \cdot (x+5)}{2 \cdot 3x} - \frac{3 \cdot x \cdot 1}{3 \cdot x \cdot 2} = \frac{6 \cdot 1}{6 \cdot x}$$

$$\frac{2x+10}{6x} - \frac{3x}{6x} = \frac{6}{6x}$$

$$\cancel{6x}\left(\frac{-x+10}{\cancel{6x}}\right) = \cancel{6x} \cdot \frac{6}{\cancel{6x}}$$

$-x + 10 = 6$
$-x = 6 - 10$
$-x = -4$
$x = 4$

O número pensado é 4.

Verificando:
Se x é a solução do problema, $4 + 5 = 9$.

$9 : 12 = \dfrac{9}{12} = \dfrac{3}{4}$

$\dfrac{3}{4} - \dfrac{1}{2} = \dfrac{3}{4} - \dfrac{2}{4} = \dfrac{1}{4}$ $\dfrac{1}{4}$ é o inverso de 4

$\dfrac{1}{x}$ existe porque x é diferente de zero

REFLETINDO

1. Zero possui inverso?
2. Quais números são iguais aos seus inversos?

138

EXERCÍCIOS

42. Calcule mentalmente o valor de x.

a) $\dfrac{30}{x} = 6$

b) $-2 = \dfrac{8}{x}$

c) $\dfrac{4}{x} + 2 = 3$

d) $1 + \dfrac{3}{x} = -2$

e) $\dfrac{13}{x-2} = 1$

f) $\dfrac{10}{x+3} = 1$

43. Resolva as equações fracionárias.

a) $2 + \dfrac{1}{x} = \dfrac{4}{x}$

b) $\dfrac{3}{x} - \dfrac{4}{5x} = \dfrac{1}{10}$

c) $\dfrac{3}{2} - \dfrac{x+2}{3x} = -\dfrac{11}{6x}$

44. Leia com atenção e faça o que se pede.

a) Complete a fala da professora.

b) Dê as mesmas ordens a um colega. Se ele disser que obteve 7, você dirá que ele pensou em qual número?

45. Se $\dfrac{3}{x} = 6$, qual é o valor de $x - 1$?

46. O inverso de 2 é $\dfrac{1}{2}$. O inverso de 5 é $\dfrac{1}{5}$. Qual é o inverso de x?

47. Um número é o dobro de outro. A soma de seus inversos é $\dfrac{9}{2}$. Quais são os dois números?

48. Uma torneira leva 20 minutos para encher um tanque e outra torneira consegue enchê-lo em 30 minutos. Quanto tempo será necessário para encher o tanque se ambas as torneiras forem deixadas abertas?

Resolva por partes.

a) A primeira torneira em 1 minuto enche que parte do tanque?

b) A segunda torneira em 1 minuto enche que parte do tanque?

c) Em 1 minuto, as duas torneiras juntas enchem $\dfrac{1}{20} + \dfrac{1}{30}$ do tanque. Então, juntas, elas levam x minutos. Isso significa que, em 1 minuto, elas enchem ▨ do tanque.

d) Qual é a equação do problema?

49. Roberto quer construir um muro em seu terreno. Ele pode fazer esse serviço em 12 dias, e seu irmão mais velho, Lucas, em 6 dias. Em quanto tempo farão, juntos, o mesmo muro?

REVISANDO

NO CADERNO

50. Existe o valor numérico da expressão $\dfrac{3x}{x^2 - y}$ para $x = 3$ e $y = 9$? Por quê?

51. Calcule o valor numérico de $\dfrac{x^2 - y^2}{1 - y^2}$ para:

a) $x = 3$ e $y = 0$
b) $x = 2$ e $y = 2$
c) $x = 5$ e $y = 1$ (cuidado!)
d) $x = 3$ e $y = -1$ (cuidado!)

52. Calcule o valor de $\dfrac{2x^2 - 3y + z}{y^2 - 1}$ para $x = -2$, $y = -3$ e $z = -5$.

53. Calcule o valor de x nas expressões a seguir.

a) $\dfrac{x-2}{x} = \dfrac{12}{20}$

b) $\dfrac{0,6}{2x} = \dfrac{0,9}{6}$

c) $\dfrac{x+1}{x} = \dfrac{1}{3}$

d) $\dfrac{5}{x+3} = \dfrac{2}{7,3}$

54. Numa sexta-feira, o total de R$ 180,00 de gorjeta foi repartido igualmente para certo número de frentistas. No dia seguinte, o valor total das gorjetas alcançou R$ 156,00; no entanto, dois frentistas deixaram de comparecer ao serviço. Considerando a sexta-feira e o sábado, a quantia que coube a cada frentista foi exatamente a mesma. Quantos frentistas tem o posto de gasolina?

55. Quatrocentos selos deveriam ser repartidos igualmente entre algumas crianças filatelistas. No entanto, três delas deixaram de comparecer e o total de selos a ser distribuído foi alterado para 352.

Selo nacional de 1970 homenageando o carnaval carioca.

a) Qual era o número inicial de crianças?
b) Você sabe o que significa **filatelista**?

56. Simplifique.

a) $\dfrac{x^2 y}{xy}$

b) $\dfrac{\pi r^2}{2\pi r}$

c) $\dfrac{10m}{-2m^4}$

d) $\dfrac{4x - 8}{x - 2}$

e) $\dfrac{x - 9}{7x - 63}$

f) $\dfrac{3(x-2)^2}{6(x-2)^4}$

57. Use a fatoração e simplifique.

a) $\dfrac{x^2 - 49}{x - 7}$

b) $\dfrac{4 - x^2}{6 + 3x}$

c) $\dfrac{2x - 6}{x^2 - 6x + 9}$

d) $\dfrac{4x^2 - 4x + 1}{4x^2 - 1}$

58. Sorteei um número entre 1 e 10. Somei-o com 5, multipliquei o resultado por 3, subtraí 15 do produto e, finalmente, dividi pelo número que sorteei.

Qual é o resultado?

59. Resolva as equações fracionárias.

a) $\dfrac{12}{2x-3} = 4$

b) $\dfrac{5x+3}{x} = 2$

c) $\dfrac{1}{4x} + \dfrac{1}{12} = \dfrac{2}{3x}$

d) $\dfrac{4}{3x} - \dfrac{x+4}{6x} = 2$

e) $\dfrac{3}{x-1} + \dfrac{4x}{x+1} = 4$

60. A razão entre a idade que Fabiana terá daqui a 5 anos e a idade que ela tinha há 5 anos é $\dfrac{3}{2}$. Qual é a idade atual de Fabiana?

61. Trezentos e vinte livros deveriam ser repartidos igualmente entre alguns alunos de uma escola. No entanto três deles deixaram de comparecer, e o total de livros a ser distribuído foi alterado para 296. Qual era o número inicial de alunos?

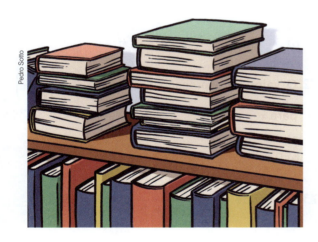

62. Você sabe que a expressão $\dfrac{1}{x-1}$ não tem valor numérico para $x = 1$.

Calcule o valor numérico da expressão acima para:

a) $x = 1,1$
b) $x = 1,01$
c) $x = 1,001$
d) $x = 1,0001$

Que conclusão você pode tirar?

DESAFIOS NO CADERNO

63. (Cesgranrio-RJ) Se $\dfrac{1}{a} + \dfrac{1}{b} = \dfrac{1}{c}$, com $a = \dfrac{1}{2}$ e $b = \dfrac{1}{3}$, então quanto vale c?

64. Sabe-se que $\left(x + \dfrac{1}{x}\right)^2 = 10$. Qual é o valor de $x^2 + \dfrac{1}{x^2}$?

65. (CPII-RJ) Numa loja de produtos esportivos, há uma promoção para quem comprar acima de oito unidades de um mesmo produto. A fórmula utilizada pelo gerente para obter o preço unitário do produto é:

$$P = \dfrac{k}{n} + 15$$

$k \rightarrow$ valor constante que depende do tipo do produto (em reais)

$n \rightarrow$ número de unidades adquiridas ($n \geqslant 8$)

$P \rightarrow$ preço unitário do produto (em reais)

a) Encontre o valor da constante k, sabendo-se que determinado cliente comprou 20 camisetas de basquete por R$ 23,00 cada.

b) A constante utilizada para compra de bolas de futebol é $k = 240$. Quantas bolas de futebol podem ser adquiridas com R$ 480,00?

FRAÇÕES ALGÉBRICAS 141

AUTOAVALIAÇÃO

NO CADERNO

Anote no caderno o número do exercício e a letra correspondente à resposta correta.

66. Em uma prova em que deviam ser dados os resultados do 1º membro, um aluno desatento apresenta estes cálculos:

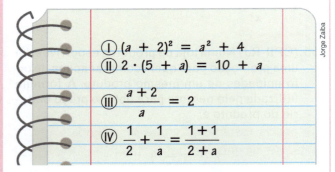

Quantos enganos esse aluno desatento cometeu?

a) 1   b) 2   c) 3   d) 4

67. Responda à pergunta de Carla.

Qual das frações é equivalente a −1?

a) $\dfrac{-3x^3}{(3x)^3}$ c) $\dfrac{x-1}{x}$

b) $\dfrac{-x+3}{x+3}$ d) $\dfrac{-x^2-1}{x^2+1}$

68. (Cefet-PR) Cada uma das figuras geométricas, envolvidas nas operações a seguir, possui um valor dado por um número inteiro.

Se  ,

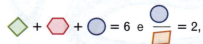

então  é igual a:

a) 1   b) $\dfrac{3}{5}$ c) −1   d) $-\dfrac{3}{5}$

69. O número $\dfrac{27}{x-3}$ é natural. A soma dos possíveis valores de x é:

a) 42   c) 52
b) 46   d) 58

70. Se $p - q = q - p$, então:

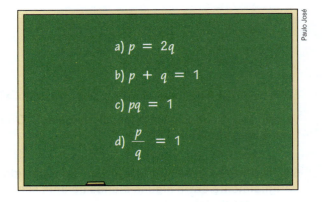

a) $p = 2q$

b) $p + q = 1$

c) $pq = 1$

d) $\dfrac{p}{q} = 1$

71. (Fuvest-SP) O valor da expressão $\dfrac{a+b}{1-ab}$, para $a = \dfrac{1}{2}$ e $b = \dfrac{1}{3}$, é:

a) 0   c) 1
b) 5   d) 6

72. O valor da expressão $\left(\dfrac{x+y}{xy}\right) : \left(\dfrac{x^2-y^2}{xy}\right)$

para $x - y = 4$ é:

a) 0,25   c) 1,20
b) 0,60   d) 1,60

73. O valor de $\dfrac{x^4-1}{(x-1)(x^2+1)}$ para $x = 1999$ é:

a) 2 000   c) 4 000
b) 3 000   d) 5 000

74. (Acafe-SC) Um estudante comprou n canetas por 300 reais e $(n+4)$ lapiseiras por 200 reais. Se o preço de uma caneta é o dobro do preço de uma lapiseira, o número de canetas e lapiseiras, respectivamente, que ele comprou, é:

a) 12 e 16   c) 16 e 20
b) 10 e 14   d) 14 e 18

UNIDADE 8

Sistemas de equações

1. Equações com duas incógnitas

Forme dupla com um colega para acompanhar as duas situações propostas.

1. Oito alunos do 8º ano formaram um grupo de estudos. Quantas moças e quantos rapazes há nesse grupo?

No caderno, copie e complete a tabela com as possíveis soluções para o problema.

Moças	Rapazes	Moças + Rapazes = 8
0	8	0 + 8 = 8
1	7	1 + 7 = 8
2	6	2 + 6 = 8
3	5	3 + 5 = 8

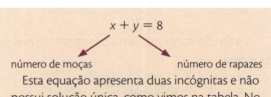

Esta equação apresenta duas incógnitas e não possui solução única, como vimos na tabela. No entanto, as incógnitas representam o número de moças e de rapazes, o que nos leva a considerar somente valores naturais para x e y.

SISTEMAS DE EQUAÇÕES   143

Somente com a informação **moças + rapazes = 8** vimos que o problema tem 9 possíveis soluções. Vamos acrescentar mais uma informação:

- o número de moças é igual ao triplo do número de rapazes.

Agora, somente uma das soluções apresentadas na tabela satisfaz simultaneamente as duas condições. Vocês conseguiram encontrá-la?

Para atender às duas condições do problema, o grupo de estudos tem 6 moças e 2 rapazes.

2. Observando esta balança em equilíbrio, podemos descobrir a massa do cilindro e a massa de cada esfera? Saiba que as esferas são idênticas.

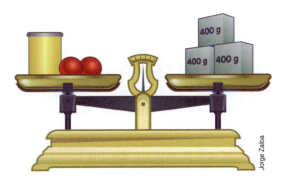

Fazendo somente uma pesagem, temos várias possibilidades para a massa do cilindro e a massa de cada esfera.

Representando por a a massa do cilindro e por b a massa da esfera, escreva a equação que traduz o equilíbrio da balança! Esta equação tem solução única?

E se fizermos outra pesagem?
Veja outra balança em equilíbrio envolvendo os mesmos objetos:

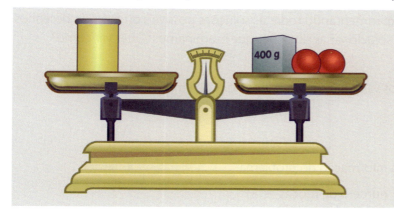

Como as massas são iguais, podemos substituir, na balança da página anterior, o cilindro por duas esferas mais um cubo de 400 g.

Em seguida vamos retirar um cubo de 400 g de cada prato da balança: o equilíbrio se manterá.

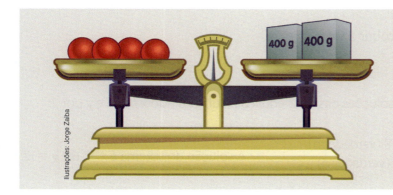

Se 4 esferas têm 800 g, cada esfera tem 200 g.
800 : 4 = 200

1. Volte agora à primeira balança para descobrir a massa do cilindro.
2. Com uma pesagem apenas o problema não tinha solução única. E com duas pesagens?

SISTEMAS DE EQUAÇÕES 145

Usando equações

Muitas vezes, resolver um problema experimentando todas as soluções possíveis ou fazendo desenhos é trabalhoso. Podemos usar equações para solucionar as situações que examinamos. Quer ver como?

1. *Problema do grupo de estudos*

Escolhemos letras para representar os valores desconhecidos no problema:

- x: número de moças;
- y: número de rapazes.

Escrevemos uma equação para cada informação do problema:

$$\begin{cases} x + y = 8 \text{ (número de rapazes + número de moças = 8)} \\ x = 3y \text{ (número de moças = 3 · número de rapazes)} \end{cases}$$

> Essas duas equações formam um **sistema de equações** cujas incógnitas são x e y. Observe que as equações são escritas uma embaixo da outra, em uma chave. Resolver o sistema é descobrir os valores de x e y que são soluções de ambas as equações. Um sistema pode ter duas ou mais equações, duas ou mais incógnitas.

No sistema $\begin{cases} x + y = 8 \\ x = 3y \end{cases}$ Como x é igual a $3y$, podemos substituir x por $3y$ na 1ª equação:

$$3y + y = 8$$
$$4y = 8$$
$$y = \frac{8}{4}$$
$$y = 2$$

> Repare que obtivemos uma equação só com a incógnita y.
> A substituição permitiu eliminar uma incógnita.

Voltamos à equação $x = 3y$ para descobrir o valor de x:

Se $y = 2$, $x = 3 \cdot 2$ ou seja, $x = 6$.

Vamos verificar se $x = 6$ e $y = 2$ são soluções das duas equações substituindo x por 6 e y por 2:

$$\begin{cases} x + y = 8 \\ x = 3y \end{cases} \longrightarrow \begin{cases} 6 + 2 = 8 \text{ (verdadeiro)} \\ 6 = 3 \cdot 2 \text{ (verdadeiro)} \end{cases}$$

A solução do sistema é $x = 6$ e $y = 2$.

O grupo de estudos é formado por 6 moças e 2 rapazes.

Resolvemos o sistema substituindo x por $3y$ em uma das equações. Por isso esse método de resolução é chamado de **método da substituição**.

> No sistema $\begin{cases} x + y = 8 \\ x = 3y \end{cases}$ também poderíamos pensar que, se $x + y = 8$, então $x = 8 - y$. Nesse caso, substituiríamos x por $8 - y$ na 2ª equação ficando só com a incógnita y. Faça a substituição, encontre y e depois x. A solução que você encontrou confere com a que encontramos acima?

2. *Problema das balanças*

Representamos por *a* a massa do cilindro e por *b* a massa de uma esfera.
Escrevemos uma equação para cada situação de equilíbrio:

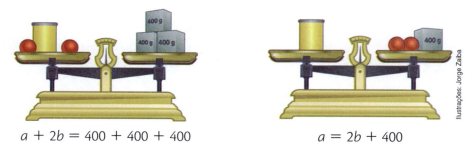

$a + 2b = 400 + 400 + 400$ $a = 2b + 400$

Obtemos um sistema de equações com incógnitas *a* e *b*.

$$\begin{cases} a + 2b = 1200 \\ a = 2b + 400 \end{cases}$$

Substituímos *a* por $2b + 400$ na 1ª equação.

$2b + 400 + 2b = 1200$
$4b + 400 = 1200$
$4b = 1200 - 400$
$4b = 800$
$b = 200$

Voltamos à equação $a = 2b + 400$ para descobrir o valor de *a*.

Se $b = 200$,
$a = 2 \cdot 200 + 400$
$a = 800$

Verificamos se nossa solução está correta substituindo *a* por 800 e *b* por 200 nas duas equações do sistema. Veja:

$a + 2b = 1200$ $a = 2b + 400$
$800 + 2 \cdot 200 = 1200$ $800 = 2 \cdot 200 + 400$
$800 + 400 = 1200$ (verdadeiro) $800 = 400 + 400$ (verdadeiro)

Logo, $a = 800$ e $b = 200$ satisfazem ambas as equações do sistema: a solução está correta.
Cada esfera tem 200 g e o cilindro tem 800 g.

Acompanhe mais exemplos de resolução de sistemas pelo método da substituição.

♦ $\begin{cases} x + 2y = 4 \\ y = x + 1 \end{cases}$ Substituindo *y* por $x + 1$ na 1ª equação:

$x + 2(x + 1) = 4$
$x + 2x + 2 = 4$
$3x = 2$
$x = \dfrac{2}{3}$

Aplicaremos primeiro a propriedade distributiva para eliminar os parênteses.

SISTEMAS DE EQUAÇÕES   **147**

Voltamos à segunda equação para determinar y:

y = x + 1

Se $x = \dfrac{2}{3}$, então $y = \dfrac{2}{3} + 1$.

$y = \dfrac{2}{3} + \dfrac{3}{3}$

$y = \dfrac{5}{3}$

> Faça em seu caderno a verificação da solução substituindo x por $\dfrac{2}{3}$ e y por $\dfrac{5}{3}$ nas duas equações do sistema e efetuando as operações indicadas.
> a) x + 2y = 4
> b) y = x + 1

- $\begin{cases} 2x + y = 1 \\ 4x + 3y = 7 \end{cases}$

O sistema não está "pronto" para usar a substituição. No entanto, se subtrairmos 2x de ambos os membros da 1ª equação teremos:

2x + y − 2x = 1 − 2x
y = 1 − 2x

Agora substituímos y por (1 − 2x) na 2ª equação:

4x + 3(1 − 2x) = 7
4x + 3 − 6x = 7
−2x + 3 = 7
−2x = 7 − 3
−2x = 4
$x = \dfrac{4}{-2}$
x = −2

REFLETINDO

Copie e complete no caderno o sistema a seguir, usando os sinais + ou −, de modo que sua solução seja p = −2 e q = 3.
$\begin{cases} p \;\square\; 2q = 4 \\ 4p \;\square\; q = -11 \end{cases}$

Como y = 1 − 2x, se x = −2 temos:
y = 1 − 2 · (−2)
y = 1 + 4
y = 5

Dica

Em problemas com duas incógnitas, nosso grande interesse é eliminar uma delas para ficarmos com uma equação de uma só incógnita, que sabemos resolver.

Volte ao sistema e verifique mentalmente se a solução satisfaz às duas equações.

EXERCÍCIOS

1. Descubra o peso da maleta azul.

2. Mário e Nelson decidiram reunir os seus gibis. Sabendo que ficaram com 10 gibis ao todo, copie e complete a tabela escrevendo as possíveis quantidades de gibis doadas pelos garotos para formar a coleção.

Mário							
Nelson							

3. Em um estacionamento há carros e motos num total de 12 veículos e 40 rodas.

a) Indique a quantidade correta de carros e motos.
- 6 carros e 6 motos
- 5 carros e 7 motos
- 4 carros e 8 motos
- 8 carros e 4 motos
- 6 carros e 10 motos
- 10 carros e 2 motos

b) Imagine agora que nesse estacionamento haja 11 veículos e, no total, 42 rodas. Quantos carros há no estacionamento?

4. Dos pares de valores de x e y dados, indique os que satisfazem à equação $2x + y = 3$.

a) $x = 1$ e $y = 1$ c) $x = 2$ e $y = -1$
b) $x = 1$ e $y = 4$ d) $x = -2$ e $y = 1$

5. Escreva uma expressão que traduza o perímetro do retângulo.

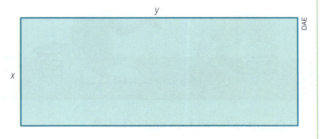

Considerando que o perímetro do retângulo é 30 cm, verifique se os comprimentos dos seus lados podem ser:

a) $x = 6,5$ e $y = 8,5$ b) $x = 4$ e $y = 10$

6. Entre os pares de valores dados, existe algum que satisfaz simultaneamente às equações $x - y = 1$ e $2x - 3y = 0$? Qual?

a) $x = 3$ e $y = -1$ d) $x = 1$ e $y = -1$
b) $x = 2$ e $y = 1$ e) $x = 3$ e $y = 2$
c) $x = 0$ e $y = 0$ f) $x = \dfrac{3}{2}$ e $y = \dfrac{1}{2}$

7. Se $x = y + 5$ e $y = 10$, qual é o valor de x?

8. Se $x + y = 11$ e $2y = 6$, qual é o valor de x?

9. Resolva os sistemas pelo método da substituição.

a) $\begin{cases} x + y = 11 \\ x - y = 3 \end{cases}$ d) $\begin{cases} x - y = 6 \\ x + y = -7 \end{cases}$

b) $\begin{cases} x + y = 6 \\ 2x + y = 4 \end{cases}$ e) $\begin{cases} x = 5 - 3y \\ 2x - y = -4 \end{cases}$

c) $\begin{cases} 3x + y = 5 \\ 2x + y = 4 \end{cases}$ f) $\begin{cases} x - 3 = -y \\ 3x + 2 = y + 3 \end{cases}$

SISTEMAS DE EQUAÇÕES

10. Veja a situação:

Quantos livros tem cada aluno?

11. Observe o cartaz.

Esta sorveteria vendeu 70 picolés e faturou R$ 100,00. Quantos picolés com cobertura foram vendidos?

12. Tenho R$ 29,00 em 13 notas e moedas. São moedas de R$ 1,00 e cédulas de R$ 5,00. Quantas notas e moedas tenho?

13. O cartaz de uma lanchonete anuncia:

a) Qual é o preço de 1 sanduíche?
b) Qual é o preço de 1 suco?

14. A soma de dois números inteiros é 10 e a diferença é 4. Quais são esses números?

15. No exercício 14, chame os dois números de x e y e escreva um sistema de duas equações. A seguir, resolva esse sistema.

16. Um comerciante registrou na tabela seus gastos na compra de latas de palmito e azeitona, durante uma semana.

Dia da semana	Latas de palmito	Latas de azeitona	Valor total
Segunda-feira	1	7	R$ 68,00
Quarta-feira	5	3	R$ 84,00
Sexta-feira	2	9	

Os preços permaneceram constantes durante essa semana.
Descubra o valor que o comerciante esqueceu de anotar na sexta-feira.

2. O método da adição

Veja as situações:

1. Lia e Mariana foram à papelaria. Lia comprou três canetas e um lápis, gastando R$ 12,20. Mariana comprou duas canetas e um lápis, gastando R$ 8,60. As canetas eram do mesmo tipo e os lápis também. Quanto custou cada caneta? E cada lápis?

Lia: 3 canetas + 1 lápis ⟶ 12,20

Mariana: 2 canetas + 1 lápis ⟶ 8,60

Já sei! Comparando o que cada uma comprou, vemos que Lia comprou uma caneta a mais.

A diferença entre os valores pagos corresponde ao preço dessa caneta!

Realmente,

12,20 − 8,60 = 3,60

então, duas canetas custam 2 · 3,60 = 7,20. Um lápis e duas canetas custam R$ 8,60.

8,60 − 7,20 = 1,40

Descobrimos que cada lápis custa R$ 1,40.

Resolvemos o problema sem usar equações. Mas, como já dissemos, nem sempre essa tarefa é fácil. Nesses casos, as equações podem nos ajudar.

A seguir, apresentaremos a resolução desse mesmo problema usando um sistema de equações. Aplicaremos outro método de resolução chamado **método da adição**. Você verá o porquê desse nome. Assim como o método da substituição, ele visa à eliminação de uma incógnita.

Primeiro, veremos uma propriedade. Começamos com um exemplo numérico:

◆ 3 + 4 = 7 e 9 − 3 = 6 são igualdades verdadeiras.

Vamos somá-las membro a membro:

$$\begin{array}{r} 3 + 4 = 7 \\ 9 - 3 = 6 \\ \hline 12 + 1 = 13 \end{array}$$ ⟶ Obtivemos uma nova igualdade verdadeira.

> Este exemplo não é um caso particular. Esta propriedade das igualdades vale sempre.

Sejam a, b, c, d números reais tais que $a = b$ e $c = d$.

$$\begin{array}{r} a = b \\ c = d \\ \hline a + c = b + d \end{array}$$

Dizemos que somamos as igualdades membro a membro.

SISTEMAS DE EQUAÇÕES **151**

Voltemos às compras de Lia e Mariana.

O problema apresenta dois valores desconhecidos. Usaremos letras para representá-los:

x: preço de uma caneta
y: preço de um lápis

Escrevemos as equações que representam o problema:

$$\begin{cases} 3x + y = 12,20 \\ 2x + y = 8,60 \end{cases}$$

Multiplicando ambos os membros da segunda equação por (-1), o sistema fica assim:

$$\begin{cases} 3x + y = 12,20 \\ -2x - y = -8,60 \end{cases}$$

Adicionando as equações membro a membro:

$$\begin{cases} 3x + \cancel{y} = 12,20 \\ -2x - \cancel{y} = -8,60 \end{cases}$$
$$x \phantom{- \cancel{y}} = 3,60$$

$y + (-y) = 0$

Ao somar as equações, uma das incógnitas se anulou. Aí bastou resolver a equação com uma incógnita. Nesse problema, obtivemos diretamente o valor de x.

Voltamos a qualquer uma das equações do sistema para descobrir o valor de y.

$2x + y = 8,60$
Se $x = 3,60$:
$2 \cdot 3,60 + y = 8,60$
$7,20 + y = 8,60$
$y = 8,60 - 7,20$
$y = 1,40$

Cada caneta custa R$ 3,60 e cada lápis custa R$ 1,40. Confere com nossa primeira resolução!

Verifique a solução do sistema substituindo x por R$ 3,60 e y por R$ 1,40 em ambas as equações.

2. Um exame de História que vale 100 pontos tem 44 questões, entre testes e questões dissertativas. Cada teste vale dois pontos e cada questão dissertativa vale três pontos.
Vamos descobrir quantos testes e quantas questões dissertativas tem o exame?

x: número de testes
y: número de questões dissertativas

A prova tem ao todo 44 questões: $x + y = 44$.

Cada teste vale 2 pontos. Como são x testes, o valor dos testes na prova é $2 \cdot x$, ou $2x$.

Cada questão dissertativa vale 3 pontos. Como são y questões dissertativas, o valor dessas questões na prova é $3 \cdot y$, ou $3y$.

O exame vale 100 pontos:

$2x + 3y = 100$ (valor dos testes + valor das questões dissertativas = valor do exame)

Escrevemos o sistema de equações que representa o problema: $\begin{cases} x + y = 44 \\ 2x + 3y = 100 \end{cases}$

Multiplicando ambos os membros da 1ª equação por (−2) e somando as equações membro a membro, temos:

$\begin{cases} -2x - 2y = -88 \\ 2x + 3y = 100 \end{cases}$
$\qquad\qquad y = 12$

> Também poderíamos multiplicar ambos os membros da 1ª equação por (−3). Nesse caso, a soma dos termos em y é que daria zero. Repare que foram somados os termos semelhantes das duas equações.

> Ao somar as duas equações, repare que somamos termos semelhantes, o que aprendemos anteriormente. Em Matemática é assim: os conhecimentos se interligam!

Voltando a uma das equações do sistema e substituindo y por 12, achamos o valor de x:

$x + y = 44$ \qquad Verificando:
$x + 12 = 44$ \qquad $32 + 12 = 44$
$x = 44 - 12$ \qquad $2 \cdot 32 + 3 \cdot 12 = 64 + 36 = 100$
$x = 32$

Então, o exame contém 32 testes e 12 questões dissertativas.

> Usamos o método da adição, mas o sistema pode ser resolvido pelo método da substituição. Faça isso em seu caderno.

SISTEMAS DE EQUAÇÕES

Agora você conhece dois métodos de resolução de sistemas. Observando o sistema, você pode escolher o método que julgar mais adequado.

$$\begin{cases} 4x + 5y = 26 \\ y = x - 3 \end{cases}$$

Esse eu resolveria por substituição.

$$\begin{cases} 2x + 3y = -4 \\ x - 3y = -11 \end{cases}$$

Esse é mais fácil resolver pelo método da adição.

Você concorda com Caio?

Mais exemplos

1. Vamos resolver o sistema $\begin{cases} 2x + 3y = -7 \\ 3x + 4y = -9 \end{cases}$ pelo método da adição.

Devemos escolher números convenientes para multiplicar os termos de cada equação, de forma que, ao somar as equações membro a membro, os termos em x ou os termos em y se anulem. Fizemos esta escolha:

$$\begin{cases} 2x + 3y = -7 \to \times 3 \\ 3x + 4y = -9 \to \times (-2) \end{cases} \longrightarrow \begin{cases} 6x + 9y = -21 \\ -6x - 8y = 18 \\ \hline y = -3 \end{cases}$$

Na equação $2x + 3y = -7$ substituímos y por (-3):
$$2x + 3 \cdot (-3) = -7$$
$$2x - 9 = -7$$
$$2x = -7 + 9$$
$$2x = 2$$
$$x = 1$$

Logo, a solução do sistema é $x = 1$ e $y = -3$.

Para resolver o sistema $\begin{cases} 2x + 3y = -7 \\ 3x + 4y = -9 \end{cases}$ optamos por multiplicar os termos da 1ª equação por 3 e os termos da 2ª equação por (-2), para que os termos em x se anulassem. Poderíamos ter optado por anular os termos em y. Nesse caso, por quais números poderíamos multiplicar os termos de cada equação?

2. Na resolução do sistema $\begin{cases} 3(x + 5) = 9 - y \\ 4x + y = x - 2(y + 9) \end{cases}$ primeiro aplicaremos a propriedade distributiva, obtendo:

$$\begin{cases} 3x + 15 = 9 - y \\ 4x + y = x - 2y - 18 \end{cases}$$

Em seguida, reorganizaremos as equações do sistema aplicando conhecimentos de Álgebra:

$$\begin{cases} 3x + y = 9 - 15 \\ 4x + y - x + 2y = -18 \end{cases} \longrightarrow \begin{cases} 3x + y = -6 \\ 3x + 3y = -18 \end{cases}$$

Multiplicando os termos da 1ª equação por (-1), usaremos o método da adição para obter os valores de x e de y.

$$\begin{cases} -3x - y = 6 \\ \underline{3x + 3y = -18} \end{cases}$$
$$2y = -12$$
$$y = -\frac{12}{2}$$
$$y = -6$$

Fazendo $y = -6$ em $3x + y = -6$ temos:
$3x - 6 = -6$
$3x = 0$
$x = 0$

O sistema tem como solução $x = 0$ e $y = -6$.

3. Ana inventou o sistema $\begin{cases} 2(x + y) - x + 3y = 16 \\ x + 5y = 10 \end{cases}$.

Mas, quando o resolveu...

$$\begin{cases} 2x + 2y - x + 3y = 16 \\ x + 5y = 10 \end{cases}$$

$$\begin{cases} x + 5y = 16 \\ x + 5y = 10 \end{cases} \rightarrow \times (-1)$$

$$\begin{cases} x + 5y = 16 \\ -x - 5y = -10 \end{cases}$$
$$0 = 6?$$

Não posso ter simultaneamente $x + 5y = 16$ e $x + 5y = 10$.

Ana chegou a uma igualdade falsa. O sistema que ela inventou não tem solução.
Dizemos que esse **sistema** é **impossível**.

> Descubra se existem dois números x e y cuja soma é 70 e a soma das suas metades é 50.

EXERCÍCIOS

17. Copie e complete.

a) 7 quilogramas = 7 000 gramas
   + 2 quilogramas = 2 000 gramas
   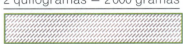

b) 7 quilogramas = 7 000 gramas
   − 2 quilogramas = 2 000 gramas

18. Some membro a membro e verifique se nos resultados se obtêm igualdades.

a) 6 + 7 = 13 e 3 + 8 = 11

b) 5 + 12 = 17 e 13 − 7 = 6

19. Resolva os sistemas pelo método da adição.

a) $\begin{cases} x - y = 5 \\ x + y = 7 \end{cases}$

c) $\begin{cases} 2x - y = 0 \\ x + y = 15 \end{cases}$

b) $\begin{cases} x + 2y = 7 \\ x - 2y = -5 \end{cases}$

d) $\begin{cases} x - y = 6 \\ x + y = -7 \end{cases}$

20. Numa classe há 33 alunos e a diferença entre o dobro do número de meninas e o número de meninos é 12. Quantas são as meninas?

21. Resolva.

A soma de dois números é 337 e a diferença é 43. Quais são esses números?

22. Prepare os sistemas e resolva-os pelo método da adição.

a) $\begin{cases} 3x + 5y = 11 \\ 2x - y = 16 \end{cases}$

c) $\begin{cases} 2x + 3y = 1 \\ 2x + 5y = -1 \end{cases}$

b) $\begin{cases} x + y = 2 \\ 4x - 2y = 5 \end{cases}$

d) $\begin{cases} 5x - y = 4 \\ 2x - y = -5 \end{cases}$

23. Um sitiante comprou galinhas e coelhos num total de 21 cabeças e 54 pés. Quantas galinhas e quantos coelhos comprou?

24. Juntando 29 pacotes de açúcar, uns com 5 quilos, outros com 1 quilo, podemos obter um total de 73 quilos. Quantos pacotes de cada tipo foram usados?

25. Numa prova de 20 questões, um aluno fez 16 pontos. Sabe-se que ele ganhava 5 pontos para cada resposta certa e perdia 2 pontos para cada resposta errada. Quantas respostas ele acertou?

26. Prepare os sistemas e resolva-os pelo método da adição.

a) $\begin{cases} 3x + 5y = 11 \\ 4x - 3y = 5 \end{cases}$
c) $\begin{cases} 3x + 2y = 2 \\ 2x + 3y = 3 \end{cases}$

b) $\begin{cases} 5x - 3y = 9 \\ 4x + 2y = 16 \end{cases}$
d) $\begin{cases} 4x + 2y = -2 \\ 2x + 3y = -7 \end{cases}$

27. Observe os anúncios e responda:

a) Qual é o preço de cada bala?
b) Qual é o preço de cada bombom?

28. Devo entregar 48 maçãs em caixas de dois tamanhos diferentes. Posso entregar 2 caixas grandes e 4 pequenas ou 3 caixas grandes e 2 pequenas. Quantas maçãs vão em cada caixa grande e em cada caixa pequena?

29. As balanças estão em equilíbrio.

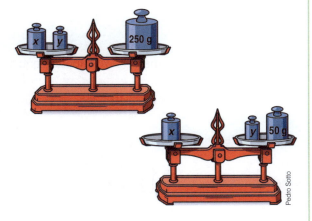

Qual é o valor de x?

30. A soma das mesadas de Maria e João é R$ 200,00. No mês passado, Maria gastou R$ 70,00, e João gastou R$ 40,00 e, ao final do mês, estavam com as mesmas quantias. Qual é a mesada de Maria?

31. (FIR-PE)

Maluquinho recebeu R$ 50,00 de sua mãe. Foi até o mercado e comprou ração apenas para o cão e o gato, como mostra a tabela abaixo:

	Número de pacotes	Preço unitário do pacote em reais
Cão	x	3
Gato	y	2

Maluquinho comprou 10 pacotes de ração e gastou R$ 27,00 nessa compra. Qual é o valor de x?

32. Somando-se os $\dfrac{2}{3}$ de um número x com os $\dfrac{3}{5}$ de um número y, obtém-se 84. Se o número x é metade do número y, quais são esses números?

3. Sistemas indeterminados

Já vimos que um sistema de duas equações com duas incógnitas pode ter solução única e também pode não ter solução. Será que há outra possibilidade? Observe este exemplo.

A soma de dois números é igual a 120 e a média aritmética deles é 60. Quais são estes números?

Podemos representar os números por x e y e escrever o sistema abaixo:

$$\begin{cases} x + y = 120 \\ \dfrac{x + y}{2} = 60 \end{cases}$$

Multiplicamos ambos os membros por 2 → $2 \cdot \dfrac{(x + y)}{2} = 2 \cdot 60$

Simplificamos e obtemos $x + y = 120$.

A segunda equação do sistema é equivalente à primeira.

E, então, o que fazer neste caso?

Acompanhe.

A equação $x + y = 120$ tem duas incógnitas. Podemos encontrar inúmeros pares de valores x e y que somados resultam 120. Veja exemplos no quadro ao lado.

Observe no quadro que quaisquer números x e y que somados resultam 120 também têm 60 como média aritmética.

O sistema que representa o problema proposto tem infinitas soluções.

Sistemas que possuem infinitas soluções são chamados **sistemas indeterminados**.

O problema que apresentamos no início da página é um problema indeterminado.

x	y	$x + y$	$\dfrac{x + y}{2}$
80	40	$80 + 40 = 120$	$\dfrac{80 + 40}{2} = 60$
78	42	$78 + 42 = 120$	$\dfrac{78 + 42}{2} = 60$
84,5	35,5	$84,5 + 35,5 = 120$	$\dfrac{84,5 + 35,5}{2} = 60$
3	117	$3 + 117 = 120$	$\dfrac{3 + 117}{2} = 60$

Descubra mais soluções com seus colegas!

Registrem no caderno.

1. Em cada item, discutam e descubram quais são os números x e y cuja soma vale 24, sabendo que a diferença entre eles é igual a:

   a) 6   b) zero   c) 24   d) −40

2. Qual dos sistemas abaixo é:

   a) impossível?   b) indeterminado?

   Ⅰ) $\begin{cases} x + 3y = 18 \\ 2x - y = 1 \end{cases}$ Ⅱ) $\begin{cases} \dfrac{x}{2} + y = 8 \\ x + 2y = 16 \end{cases}$ Ⅲ) $\begin{cases} \dfrac{x}{3} + \dfrac{y}{2} = 1 \\ 2x + 3y = 7 \end{cases}$

3. Inventem um sistema de equações que tenha solução $x = \dfrac{1}{2}$ e $y = \dfrac{1}{4}$.

REVISANDO

33. Observe as balanças. Elas estão em equilíbrio e os sólidos do mesmo tipo são idênticos.

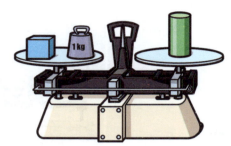

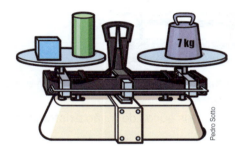

Responda mentalmente.

a) Quanto pesa o cubo?

b) Quanto pesa o cilindro?

34. Descubra mentalmente os dois números pela soma e pela diferença.

a) Soma: 50
   Diferença: 10
   Números: ▨ e ▨

b) Soma: 100
   Diferença: 16
   Números: ▨ e ▨

35. Resolva os sistemas.

a) $\begin{cases} x + y = -1 \\ 3x - y = 3 \end{cases}$

b) $\begin{cases} 5x - y = 4 \\ 2x - y = -5 \end{cases}$

c) $\begin{cases} x + 2y = 7 \\ 4x - y = 10 \end{cases}$

d) $\begin{cases} 3x - 2y = 7 \\ x + 3y = -16 \end{cases}$

36. Resolva os sistemas.

a) $\begin{cases} x = 9 - 3y \\ 3x + 2y = 6 \end{cases}$

b) $\begin{cases} 5y - x = 5 \\ 2x - 4 = 3y \end{cases}$

37. Complete os espaços de modo que o par $x = 4$ e $y = 2$ seja solução do sistema.

$$\begin{cases} \boxed{} + 3y = 2 \\ 2x + y = \boxed{} \end{cases}$$

38. Leia com atenção a história que dona Eliana contou.

"Na minha chácara há tantos coelhos como galinhas. Todos juntos têm 30 pés".

Responda:

Quantos coelhos há na chácara da dona Eliana?

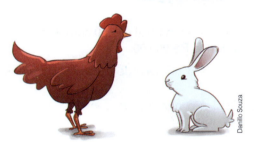

39. Os sólidos do mesmo tipo são idênticos. Observe e responda.

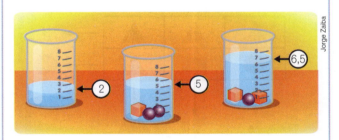

a) Qual é o volume do cubo?

b) Qual é o volume da esfera?

40. (Saresp) Com 48 palitos de mesmo tamanho eu montei 13 figuras: alguns triângulos e alguns quadrados. Quantos quadrados eu montei?

41. (Saresp) Hoje é dia de festa junina na escola.

Foi vendido um total de 400 convites e foram arrecadados R$ 900,00.

a) Qual é o número de convites vendidos para alunos?

b) Qual é o número de convites vendidos para não alunos?

42. No quadro abaixo, as figuras iguais representam o mesmo número. As flechas apontam para a soma de cada linha ou cada coluna.

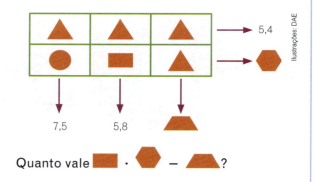

Quanto vale ▬ · ⬢ − ⬟ ?

43. Meu irmão é cinco anos mais velho do que eu. O triplo da minha idade, somado ao dobro da idade do meu irmão, dá 100 anos. Qual é a minha idade?

44. (Puccamp-SP) Uma pessoa participa de um jogo em que uma moeda honesta é lançada 100 vezes. Cada vez que ocorre "cara" ela ganha R$ 10,00 e cada vez que ocorre "coroa", perde R$ 5,00. Se após os 100 lançamentos a pessoa teve um ganho líquido de R$ 25,00, quantas vezes deve ter ocorrido "cara" na moeda?

45. As balanças estão em equilíbrio e os pacotes de cada tipo de alimento são idênticos. Observe e responda.

a) Quantos quilos de arroz existem em cada pacote?

b) Quantos quilos de feijão existem em cada pacote?

46. (Puccamp-SP) Numa lanchonete, 2 copos de refrigerante e 3 coxinhas custam R$ 5,70. O preço de 3 copos de refrigerante e 5 coxinhas é R$ 9,30.

a) Qual é o preço de cada coxinha?

b) Qual é o preço de cada copo de refrigerante?

47. (UFR-RJ) Para assistir a um *show* em um clube, compareceram 4 000 pessoas. Nesse *show*, o número de sócios presentes foi 1 100 a menos que o dobro do número de não sócios presentes. Qual o número de sócios que compareceram ao *show*?

48. Cada tipo de figura representa um número com um algarismo. Quais são os valores dessas figuras?

🟥 + 🟩 + 🟧 + 🟦 = 14

🟥 + 🟩 + 🟧 = 9

🟥 + 🟩 + 🟦 = 11

🟩 + 🟧 + 🟦 = 12

DESAFIOS NO CADERNO

49. Veja um quadrado mágico incompleto. Nele, a soma dos números de cada linha, coluna ou diagonal é 34.

			13
5	11	10	
	7x	6	
y	14	15	x

Copie e complete corretamente esse quadrado mágico.

50. (Vunesp) Carlos adquiriu os terrenos retangulares A e B, formando um único terreno, cujo perímetro (em negrito na figura) é igual a 84 metros.

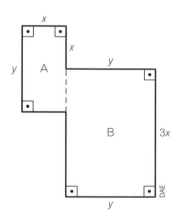

A medida x é igual à metade da medida y (ambas em metros). Qual é a medida do lado y?

51. Resolva os sistemas.

a) $\begin{cases} 2x + y - 4 = 0 \\ x + 2(x - y) = -1 \end{cases}$

b) $\begin{cases} x - y = 11 \\ 0{,}5x - 0{,}2y = 4 \end{cases}$

c) $\begin{cases} 5x - 3y = 16 \\ \dfrac{x}{5} + \dfrac{y}{3} = 2 \end{cases}$

d) $\begin{cases} \dfrac{x - 1}{2} = 1 \\ 2x - \dfrac{y - 5}{3} = 2 \end{cases}$

52. Se comprarmos 8 camisetas e 6 bermudas em uma loja teremos um custo total de R$ 174,00. Se comprarmos 2 camisetas e 4 bermudas, nós gastaremos R$ 66,00.

R$ 174,00   R$ 66,00

Sem utilizar um sistema de equações, determine o custo de:

a) 4 camisetas e 3 bermudas;
b) 10 camisetas e 10 bermudas;
c) 3 camisetas e 3 bermudas.

53. (Saresp) Leia com atenção:

A terça parte do que eu tenho de CDs é igual à quarta parte do que você tem.

Melissa, se juntarmos os meus CDs com o dobro dos seus, teremos juntos 100 CDs.

Quantos CDs tem Melissa? E Adriano?

SISTEMAS DE EQUAÇÕES **161**

SEÇÃO LIVRE

Junte-se a um colega. Vocês vão checar seus conhecimentos sobre resolução de sistemas enquanto se divertem com uma competição entre as duplas.
Os quadros a seguir escondem uma frase. Vence o jogo a primeira dupla que descobrir que frase é essa. Vejam a seguir como funciona o jogo.

- Copiem o esquema no caderno, deixando os quadros em branco. Cada quadro contém um sistema cuja solução deve ser substituída pela letra que corresponde ao resultado, de acordo com o código no final da página.
- Recortem 12 pedaços de papel numerando-os de 1 a 12. Cada um de vocês sorteia um número e resolve o sistema que está no quadro com esse número, colocando no esquema do caderno a letra que a solução representa.

Façam isso sucessivamente até descobrirem a frase oculta.

①	②	③	④	⑤	⑥
$\begin{cases} x + y = 15 \\ x - y = 1 \end{cases}$	$\begin{cases} 2x + y = 1 \\ x + 3y = 8 \end{cases}$	$\begin{cases} 2x + y = 10 \\ -x + 3y = 2 \end{cases}$	$\begin{cases} 2(x - 1) + y = 7 \\ x + 3y = 2 \end{cases}$	$\begin{cases} y = 3x \\ x + 4y = 26 \end{cases}$	$\begin{cases} \dfrac{x}{2} + y = 7 \\ 2y - x = 10 \end{cases}$
⑦	⑧	⑨	⑩	⑪	⑫
$\begin{cases} 3x + y = 12 \\ x - 5y = 4 \end{cases}$	$\begin{cases} 2x + 3y = 11 \\ x + 5y = 16 \end{cases}$	$\begin{cases} 2x - 3y = 2 \\ 5x - 7y = 6 \end{cases}$	$\begin{cases} x + 3(y + 1) = -5 \\ 2x - y = 5 \end{cases}$	$\begin{cases} -x + 2y = 15 \\ x + \dfrac{y}{7} = 0 \end{cases}$	$\begin{cases} 2x + y = 5 \\ y = 8x \end{cases}$

Ⓐ $x = 4$ e $y = 2$
Ⓑ $x = 4$ e $y = 0$
Ⓒ $x = 4$ e $y = 1$
Ⓓ $x = 0$ e $y = -5$
Ⓔ $x = 8$ e $y = 7$
Ⓕ $x = \dfrac{1}{2}$ e $y = -4$
Ⓖ $x = -9$ e $y = -3$
Ⓗ $x = 5$ e $y = -7$
Ⓘ $x = -1$ e $y = 7$

Ⓙ $x = 6$ e $y = -9$
Ⓚ $x = 7$ e $y = 0$
Ⓛ $x = \dfrac{1}{2}$ e $y = 4$
Ⓜ $x = 5$ e $y = -1$
Ⓝ $x = -7$ e $y = 7$
Ⓞ $x = 2$ e $y = 6$
Ⓟ $x = 3$ e $y = -2$
Ⓠ $x = 8$ e $y = 0$
Ⓡ $x = 1$ e $y = 3$

Ⓢ $x = 1$ e $y = -3$
Ⓣ $x = -1$ e $y = -10$
Ⓤ $x = -1$ e $y = 3$
Ⓥ $x = 1$ e $y = 1$
Ⓦ $x = 4$ e $y = -5$
Ⓧ $x = -3$ e $y = \dfrac{1}{4}$
Ⓨ $x = -5$ e $y = 7$
Ⓩ $x = \dfrac{1}{7}$ e $y = -15$

AUTOAVALIAÇÃO

NO CADERNO

Anote no caderno o número do exercício e a letra correspondente à resposta correta.

54. Se $x = 4y - 5$, então y é igual a:
a) $x - 5$
b) $\dfrac{x - 5}{4}$
c) $\dfrac{x - 5}{2}$
d) $\dfrac{x + 5}{4}$

55. Se p e q são tais que:
$\begin{cases} q - p = 4 \\ q + p = 12 \end{cases}$, então $pq - 2$ vale:
a) 30
b) 32
c) 10
d) 12

56. (Saresp) Pelo regulamento de um torneio de basquete, cada equipe ganha 2 pontos por jogo que vencer e 1 ponto por jogo que perder. Nesse torneio, uma equipe disputou 9 partidas e acumulou 15 pontos ganhos. É correto afirmar que essa equipe venceu:
a) 3 partidas e perdeu 6.
b) 4 partidas e perdeu 5.
c) 5 partidas e perdeu 4.
d) 6 partidas e perdeu 3.

57. (UNB-DF) Um aluno ganha 5 pontos por exercício que acerta e perde 3 por exercício que erra. Ao fim de 50 exercícios, tinha 130 pontos. Quantos exercícios acertou?
a) 15
b) 25
c) 30
d) 35

58. (Saresp) Tenho 100 moedas que dão um total de R$ 60,00. Uma certa quantidade são moedas de R$ 1,00 e as restantes são moedas de R$ 0,50. A quantidade de moedas de R$ 1,00 é:
a) 20
b) 80
c) 15
d) 10

59. (Saresp) Entre bananas e melancias, comprei 5 quilogramas de frutas e gastei R$ 7,00. Quantos quilogramas comprei de cada fruta?

Bananas R$ 1,00 o quilo

Melancia R$ 1,50 o quilo

a) 3 de bananas e 2 de melancias
b) 3 de melancias e 2 de bananas
c) 1 de banana e 4 de melancias
d) 1 de melancia e 4 de bananas

60. A bilheteria de um teatro apurou R$ 1.550,00 vendendo ingressos a 100 pessoas. O ingresso custa R$ 20,00 e estudantes pagam somente metade. O número x de estudantes é dado pelo sistema formado pelas equações:

a) $\begin{cases} x + y = 100 \\ 10x + 20y = 1550 \end{cases}$
b) $\begin{cases} x + y = 100 \\ 20x + 10y = 1550 \end{cases}$
c) $\begin{cases} x + y = 100 \\ x + 2y = 1550 \end{cases}$
d) $\begin{cases} 2x + y = 100 \\ x + y = 1550 \end{cases}$

61. (Saresp) Na promoção de uma loja, uma calça e uma camiseta custam juntas R$ 55,00. Comprei 3 calças e 2 camisetas e paguei o total de R$ 140,00. O preço de cada calça e de cada camiseta, respectivamente, é:

a) R$ 35,00 e R$ 20,00.
b) R$ 20,00 e R$ 35,00.
c) R$ 25,00 e R$ 30,00.
d) R$ 30,00 e R$ 25,00.

62. Paguei R$ 150,00 por um par de chuteiras e uma bola. Se eu tivesse pagado R$ 16,00 a menos pelo par de chuteiras e R$ 14,00 a mais pela bola, seus preços teriam sido iguais. Quanto paguei pelo par de chuteiras?

a) R$ 96,00
b) R$ 94,00
c) R$ 90,00
d) R$ 76,00

63. (FGV-SP) Num pátio existem automóveis e bicicletas. O número total de rodas é 130 e o número de bicicletas é o triplo do número de automóveis. Então, o número total de veículos que se encontram no pátio é:

a) 42
b) 50
c) 52
d) 54

64. (Unirio-RJ) Num escritório de advocacia trabalham apenas dois advogados e uma secretária. Como o Dr. André e o Dr. Carlos sempre advogam em causas diferentes, a secretária, Cláudia, coloca 1 clipe em cada processo do Dr. André e 2 clipes em cada processo do Dr. Carlos, para diferenciá-los facilmente no arquivo. Sabendo-se que, ao todo, são 78 processos e neles foram usados 110 clipes, podemos concluir que o número de processos do Dr. Carlos é igual a:

a) 46
b) 40
c) 32
d) 28

65. (FCC-SP) Coloquei na balança 6 pacotes de maisena e 5 pacotes de aveia. A balança marcou 3 quilos e meio. Depois, coloquei um só pacote de maisena e um só de aveia. A balança marcou 650 gramas. Agora, se eu colocar só um pacote de maisena, quantos gramas a balança vai marcar?

a) 250
b) 350
c) 300
d) 400

66. (Fuvest-SP) Um copo cheio de água pesa 325 g. Se jogarmos metade da água fora, seu peso cai para 180 gramas. O peso do copo vazio é:

a) 25 g
b) 40 g
c) 35 g
d) 45 g

67. Resolvendo o sistema $\begin{cases} x = 2y \\ 2y = 3z \\ x + y + z = 11 \end{cases}$

encontramos:

a) $y = 1$
b) $y = 2$
c) $y = 3$
d) $y = 4$

UNIDADE 9
Razões, proporções e regra de três

1. Razões

A palavra **razão** se origina do latim, *ratio*, e tem vários significados, entre eles, "divisão, quociente". Razão é o quociente entre dois números a e b, com $b \neq 0$.

Registramos a razão entre a e b como $a : b$ ou $\dfrac{a}{b}$.

- a → antecedente
- b → consequente

As razões são úteis? Sim, por exemplo, para comparar duas grandezas. Situações como as apresentadas a seguir são comuns no cotidiano.

60 mL em cada 300 mL → $\dfrac{60}{300}$ — A razão é de 60 para 300.

60 para 300 é o mesmo que 10 para 50
10 para 50 é o mesmo que 1 para 5

$$\dfrac{60}{300} = \dfrac{10}{50} = \dfrac{1}{5}$$

7 jovens em cada 10 jovens → $\dfrac{7}{10}$ — A razão é de 7 para 10.

7 para 10 é o mesmo que 70 para 100

$$\dfrac{7}{10} = \dfrac{70}{100}$$

2. Algumas razões importantes

Porcentagens

7 para 10 é o mesmo que 70 para 100 que é o mesmo que 70%

$$\dfrac{7}{10} = \dfrac{70}{100} = 70\%$$

As porcentagens são **razões** cujo termo consequente é 100.

REFLETINDO

Dados do IBGE afirmam que, em 2012, 78% das crianças brasileiras de 4 e de 5 anos cursavam a Educação Infantil.

Interprete esta informação, escrevendo no caderno a razão correspondente a 78%.

RAZÕES, PROPORÇÕES E REGRA DE TRÊS 165

Escalas

A indicação 1 : 18 ou $\frac{1}{18}$ significa que a escala utilizada para construir a miniatura do automóvel é de 1 para 18.

1 cm na miniatura representa 18 cm do automóvel real

Escalas são **razões**, pois comparam o comprimento real com o comprimento na ampliação ou redução do desenho, do objeto etc.

Escala: 1 : 18

$$\text{escala} = \frac{\text{comprimento na representação}}{\text{comprimento real}}$$

Velocidade média

Percorri 320 km em 4 horas. Qual foi a velocidade média do carro neste percurso?

Se ele percorreu 320 km em 4 horas, em 1 hora percorreu 320 : 4 = 80 km.

A velocidade média é a **razão** entre a distância percorrida e o tempo gasto para percorrê-la.

$$V_m = \frac{320 \text{ km}}{4 \text{ h}} = \frac{80 \text{ km}}{1 \text{ h}} = 80 \text{ km/h}$$

Usamos o símbolo / para representar a divisão.
Lemos: quilômetro por hora.

Densidade demográfica

A Geografia utiliza razões! Os mapas utilizam escalas, que, como vimos, são razões. Acompanhe mais uma aplicação.

Para estudar como a população se distribui, é importante comparar o número de habitantes e a área de território que ocupam.

Segundo dados do IBGE, em 2013, a densidade demográfica do Estado do Tocantins era de 4,98 hab/km². Isso significa que a **razão** entre a população desse estado e sua área, em km², é igual a 4,98.

$$\text{Densidade demográfica} = \frac{\text{população}}{\text{área ocupada por esta população}}$$

Lemos: habitantes por quilômetro quadrado.

Essa ideia pode ser aplicada a outras situações. Veja:

Podemos, por exemplo, calcular quantos foliões havia por metro quadrado nesta festa:

$$\frac{120\,000}{20\,000} = 6 \text{ foliões por metro quadrado de orla}$$

No sábado de Carnaval, os 20 000 m² de orla foram ocupados por mais de 120 000 foliões!

Vazão ou fluxo

Fazendo uma pesquisa sobre o Rio Amazonas, Daniel leu o seguinte:

> **Recordes da Amazônia**
> Maior rio do mundo em volume de água: Amazonas, com vazão média de 200 000 metros cúbicos por segundo, o suficiente para encher 8,6 baías da Guanabara em um dia.
>
> Fonte: <www.amazonialegal.com.br/textos/fantasticos/Fantasticos_Rio.htm>. Acesso em: mar. 2015.

Isso significa que, a cada 1 segundo, fluem no Rio Amazonas 200 000 m³ de água! Lembre-se de que 200 000 m³ correspondem ao volume de 200 000 cubos com 1 metro de aresta!

Repare que temos uma **razão** que compara volume de água e tempo:

$$\text{vazão de 200 000 metros cúbicos por segundo} = \frac{200\,000 \text{ m}^3}{1 \text{ s}} = 200\,000 \text{ m}^3/\text{s}$$

O conceito de vazão ou fluxo também pode ser aplicado em outras situações. Leia este trecho de notícia:

"Nos horários de maior movimento, a rodovia registrou a passagem de 420 veículos por hora no pedágio [...]."

1. No caderno, expresse essa razão e calcule quantos veículos passaram por minuto no pedágio nesse dia.
2. Procure mais exemplos de razões presentes no cotidiano.

O hidrômetro ("relógio de água") de uma residência e o marcador de uma bomba de posto de combustível são exemplos de instrumentos que medem a vazão de líquidos.

3. Proporções

Das razões, passaremos às proporções, que são igualdades entre razões.

$$\frac{3}{5} = \frac{6}{10} \qquad \frac{1}{9} = \frac{10}{90} \qquad \frac{8}{6} = \frac{4}{3}$$

são exemplos de proporções

As proporções têm uma propriedade muito importante que você utilizou no 7º ano: quando multiplicamos os termos de uma proporção em cruz, obtemos resultados iguais. Veja:

$$\frac{3}{5} = \frac{6}{10} \rightarrow 3 \cdot 10 = 30 \quad \text{e} \quad 6 \cdot 5 = 30 \qquad \frac{8}{6} = \frac{4}{3} \rightarrow 8 \cdot 3 = 24 \quad \text{e} \quad 4 \cdot 6 = 24$$

Essa propriedade vale sempre. Acompanhe:

> Se $\dfrac{a}{b} = \dfrac{c}{d}$ com b e d diferentes de zero, temos:
>
> $\dfrac{a}{b} \cdot b \cdot d = \dfrac{c}{d} \cdot b \cdot d$ multiplicando ambos os lados por (bd).
>
> Simplificando $\dfrac{a}{\not{b}} \cdot \not{b} \cdot d = \dfrac{c}{\not{d}} \cdot b \cdot \not{d}$, obtemos $ad = bc$.

EXERCÍCIOS

1. Uma mistura apresenta 2 kg de leite em pó e 600 g de chocolate em pó. Qual a razão entre a quantidade de leite e a quantidade de chocolate?

2. Tiago colocou 60 mL de groselha num copo e encheu o restante de leite. Sabendo que o copo tem uma capacidade de 250 mL, diga qual é a porcentagem de groselha na bebida preparada.

3. (CJW-SP) Uma escola tem 4 classes do 8º ano, todas com o mesmo número de alunos. Num determinado dia, por causa de greve nos transportes coletivos, constatou-se que:
   - na classe A, $\frac{2}{5}$ dos alunos faltaram;
   - na classe B, 40% dos alunos faltaram;
   - na classe C, de cada 5 alunos, 2 estavam presentes;
   - na classe D, $\frac{6}{10}$ dos alunos estavam presentes.

   Desse modo, é correto afirmar que as classes do 8º ano que tiveram números iguais de faltas nesse dia foram, apenas:
   a) A e B
   b) A e D
   c) A, B e D
   d) B, C e D

4. Calcule a velocidade média horária para estes percursos:
   a) 13 km percorridos a pé em 2 h
   b) 6 km percorridos de bicicleta em 15 minutos
   c) 315 km percorridos de automóvel em $3\frac{1}{2}$ horas

5. Na planta de uma casa, uma parede de 4 m está representada por um segmento de 5 cm. A escala utilizada na planta é:
   a) 4 : 5
   b) 5 : 4
   c) 1 : 20
   d) 1 : 80

6. O estado de São Paulo apresenta uma população aproximada de 41 milhões de habitantes e área aproximada de 250 000 km². De acordo com esses dados, a densidade demográfica do estado de São Paulo é de:
   a) 0,16 hab/km²
   b) 16,4 hab/km²
   c) 164 hab/km²
   d) 1640 hab/km²

7. (FJG-RJ) Leia a informação abaixo.

   > A densidade absoluta de uma solução é a razão entre a massa e o volume dessa solução.

   Uma solução que apresenta massa de 50 g e volume de 200 cm³ possui, em gramas por litro, a seguinte densidade absoluta:
   a) 100
   b) 250
   c) 400
   d) 1000

8. (Saresp) Na composição da água (H_2O) há 2 átomos de hidrogênio para 1 átomo de oxigênio. Em certa quantidade de água há 3 800 átomos de hidrogênio. Então, o número de átomos de oxigênio nesta quantidade de água é:
   a) 190
   b) 760
   c) 1 900
   d) 7 600

9. Fabrício precisa pagar uma dívida de R$ 300,00, outra de R$ 400,00 e uma terceira de R$ 500,00. Como só tem R$ 900,00, resolve pagar quantias proporcionais a cada débito. O maior credor receberá:
   a) R$ 300,00
   b) R$ 375,00
   c) R$ 400,00
   d) R$ 450,00

4. Proporções e regras de três

Grandezas diretamente proporcionais

Duas grandezas que variam na mesma razão, ou seja, se uma dobra, a outra dobra; se uma triplica, a outra triplica; se uma cai pela metade, a outra também cai pela metade, e assim por diante, são chamadas de **grandezas diretamente proporcionais**.

No livro do 7º ano trabalhamos situações envolvendo esse tipo de grandezas. Vamos relembrar resolvendo problemas? Leia o texto abaixo.

O ouro é um metal muito valioso. Sua pureza é medida em quilates (símbolo K). Essa medida-padrão é dividida em 24 partes. O ouro puro tem 24 quilates, ou seja, 24 de 24 g correspondem a ouro. No entanto, o ouro puro é pouco resistente, amassa com facilidade. Por isso, normalmente é misturado com outros metais mais duros, como o cobre e o níquel, entre outros. O ouro mais barato é o de 14 quilates. Para cada 14 gramas de ouro, acrescenta-se 10 gramas de outros metais.

Suponhamos que um joalheiro confeccionará um anel de ouro 14 K e dispõe de 24,5 g de ouro. Quantos gramas de outros metais ele precisará?

As duas massas, neste caso, são grandezas diretamente proporcionais, pois, se dobrarmos a massa de ouro, teremos de dobrar a dos outros metais, e assim por diante. Veja a tabela:

Ouro (g)	14	24,5
Outros metais (g)	10	x

Podemos escrever a proporção: $\frac{14}{10} = \frac{24,5}{x}$

Usando a multiplicação em cruz:

$14x = 245 \rightarrow x = \frac{245}{14} \rightarrow x = 17,5$

O joalheiro necessita de 17,5 g de outros metais.

Resolvemos este problema usando o que chamamos de regra de três simples: utilizamos três valores dados para calcular o valor desconhecido na proporção.

Registrem no caderno.

1. O aço inox é obtido quando o aço comum é adicionado aos metais cromo e níquel. A razão entre a massa de aço e a massa dos outros dois metais combinados é, aproximadamente, de 74 g para 26 g. Para produzir uma panela de aço inox foram utilizados 130 g de cromo e níquel juntos. Qual é a massa de aço comum nesse utensílio?

2. Copie e complete a tabela, sabendo que x e y são grandezas diretamente proporcionais.

x	1	2		3
y		8	10	

3. Copiem as alternativas que apresentam duas grandezas diretamente proporcionais.
   a) Idade de uma pessoa e sua massa em quilogramas.
   b) Número de litros de leite e preço pago por eles.
   c) Medida do lado de um quadrado e seu perímetro.
   d) Medida do lado de um quadrado e sua área.

Grandezas inversamente proporcionais

Duas grandezas que variam na razão inversa uma da outra, ou seja, se uma dobra, a outra diminui pela metade; se uma triplica, a outra diminui a sua terça parte e assim por diante, são chamadas **grandezas inversamente proporcionais**.

No 7º ano vimos situações que envolviam esse tipo de grandeza e as regras de três ajudaram a resolvê-las. Veja!

Um prêmio de loteria seria dividido entre 6 ganhadores, cada um recebendo R$ 77.000,00. Na última hora, apareceram mais 5 pessoas premiadas. Qual o novo valor do prêmio?

Numa tabela:

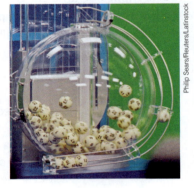

Número de ganhadores	Prêmio (R$)
6	77 000
11	x

Eram 6, mais 5, ficam 11.

As grandezas são inversamente proporcionais: se dobrarmos o número de ganhadores, o prêmio ficará reduzido à metade, ou seja, as razões são inversas uma à outra. É preciso lembrar disso ao escrever a proporção da regra de três:

$$\frac{6}{11} = \frac{x}{77\,000}$$

Invertemos uma das razões para que ficassem iguais.

Multiplicando em cruz:
$11x = 6 \cdot 77\,000$
$x = 42\,000$

Cada um dos 11 ganhadores receberá R$ 42.000,00.

REFLETINDO

A razão entre duas grandezas diretamente proporcionais é constante. O que é constante quando temos duas grandezas inversamente proporcionais?

Compare a resolução por regra de três com a feita por Marcela. As operações realizadas foram as mesmas? O resultado também? Troque ideias com seus colegas e com o professor.

Regra de três composta

Leia o problema a seguir.

Júlio faz trabalhos gráficos. Recebeu uma encomenda de folhetos que ficaria pronta em 2 dias, caso usasse sua máquina que imprime 12 folhetos por minuto quando trabalha 6 horas por dia. Acontece que essa máquina está com defeito! Ele precisará usar outra máquina que, funcionando 8 horas por dia, imprime somente 4 folhetos por minuto. Quantos dias serão necessários para terminar a encomenda?

Sente-se com um colega e tentem resolver o problema. Vocês podem partir da ideia que está no quadro ou criar um raciocínio próprio!

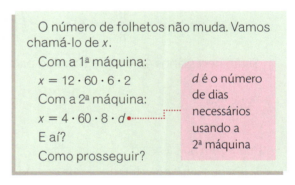

O número de folhetos não muda. Vamos chamá-lo de x.

Com a 1ª máquina:
$x = 12 \cdot 60 \cdot 6 \cdot 2$

Com a 2ª máquina:
$x = 4 \cdot 60 \cdot 8 \cdot d$

E aí?
Como prosseguir?

d é o número de dias necessários usando a 2ª máquina

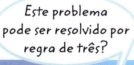

Este problema pode ser resolvido por regra de três?

Esta é uma boa pergunta! Repare que temos 3 grandezas ao invés de 2, como aparece na regra de três simples.

Esse problema envolve **regra de três composta**: três ou mais grandezas que, duas a duas, relacionam-se de modo diretamente ou inversamente proporcional.

Na resolução de um problema de regra de três composta, analisaremos cada grandeza relativamente à grandeza que tem o valor desconhecido, imaginando que a(s) outra(s) permaneça(m) constante(s). Uma tabela ajuda a visualizar os dados:

Máquina	Nº de folhetos por minuto	Nº de horas de funcionamento por dia	Nº de dias
A	12	6	2
B	4	8	d

Vamos analisar como se relacionam as grandezas:
- número de folhetos por minuto com número de dias;
- número de horas de funcionamento da máquina por dia com número de dias.

RAZÕES, PROPORÇÕES E REGRA DE TRÊS

Para um mesmo número de horas de funcionamento da máquina, se dobrarmos o número de folhetos impressos por minuto, gastaremos a metade do tempo para imprimi-los: grandezas inversamente proporcionais.

$$\frac{12}{4} = \frac{a}{2}$$
$$4a = 24$$
$$a = 6$$

Aqui usamos outra letra para representar o número de dias, para não confundir com o *d* da tabela, que é a resposta final.

Usando este resultado, a tabela fica:

Máquina	Nº de folhetos por minuto	Nº de horas de funcionamento por dia	Nº de dias
A	12	6	a = 6
B	4	8	d

Para um mesmo número de folhetos impressos por minuto, se dobrarmos o número de horas trabalhadas por dia, gastaremos a metade do tempo para imprimi-los: grandezas inversamente proporcionais.

$$\frac{6}{8} = \frac{d}{6}$$
$$8d = 36$$
$$d = \frac{36}{8} = 4,5$$

Por meio da resolução de duas regras de três simples, chegamos à solução do problema!

Serão necessários 4,5 dias de trabalho para terminar a impressão dos folhetos com a 2ª máquina.

INTERAGINDO

Registrem no caderno.

1. Em que situações temos regras de três compostas?
2. O salário de Tiago está para o salário de André na razão de 2 para 3. Expliquem o que isso significa e calculem o salário de Tiago sabendo que o de André é de R$ 5.400,00.
3. Crie com seu colega um problema que possa ser resolvido por regras de três. Testem a resolução e depois troquem o caderno com outras duplas. Vocês resolvem o problema proposto por eles e vice-versa.

Uma forma rápida de registrar e resolver regras de três compostas

Vamos usar o mesmo problema:

Máquina	Nº de folhetos por minuto	Nº de horas de funcionamento por dia	Nº de dias
A	12	6	2
B	4	8	d

- Colocamos uma seta inicial na coluna da grandeza desconhecida, "apontando" para *d*.
- As setas nas demais grandezas deverão ter:
  - o **mesmo sentido** da seta inicial, caso a grandeza seja **diretamente** proporcional à que apresenta o valor desconhecido;
  - **sentido contrário** ao da seta inicial, caso a grandeza seja **inversamente** proporcional à que apresenta o valor desconhecido.

Esquema:

Máquina	Nº de folhetos por minuto	Nº de horas de funcionamento por dia	Nº de dias
A	12	6	2
B	4	8	d

Veja como escrevemos a igualdade que permite achar d, lembrando que, como as grandezas são inversamente proporcionais, devemos inverter a razão $\frac{2}{d}$.

$$\frac{d}{2} = \frac{12}{4} \cdot \frac{6}{8}$$

$$\frac{d}{2} = \frac{9}{4}$$

$$d = 4,5$$

Invertemos a razão $\frac{2}{d}$ e a igualamos ao produto das demais razões.

O resultado confere! O que você achou desta forma de organização? Troque ideias com os colegas!

Mais um exemplo!

Uma cooperativa mantinha 36 táxis circulando. Adquiria, sempre, 240 000 L de combustível a cada 50 dias. Como houve queda de movimento nos últimos meses, foi resolvido reduzir o número de táxis para 25 e calcular qual seria o número de dias entre os pedidos de combustível, de modo que passassem a comprar sempre 100 000 L. Como a cooperativa pode calcular esse número de dias?

◆ Uma maneira é usar as setas, como vimos acima:

Número de táxis	Quantidade de combustível (L)	Número de dias
36	240 000	50
25	100 000	x

Inverteremos a razão $\frac{36}{25}$ e montaremos a proporção $\frac{50}{x} = \frac{25}{36} \cdot \frac{240\,000}{100\,000}$.

Simplificando

$$\frac{50}{x} = \frac{5}{3}$$

$$5x = 150$$

$$x = 30$$

Os pedidos de combustível devem acontecer a cada 30 dias.

◆ Outra maneira é pensar no número de litros gastos por cada táxi em 1 dia, que imaginaremos ser igual nas duas condições.

Para calcular esse número basta fazer: $\dfrac{\text{total de litros}}{\text{número de táxis} \cdot \text{número de dias}}$

> Junte-se a um colega para terminar a resolução do problema usando esta estratégia.
>
> Dica: Para 36 táxis a expressão fica: $\dfrac{240\,000}{50 \cdot 36}$

RAZÕES, PROPORÇÕES E REGRA DE TRÊS

EXERCÍCIOS

10. (Saresp) Um pintor fez uma tabela relacionando a área da superfície a ser pintada, o tempo gasto para pintar essa superfície e a quantidade de tinta.

Área (m²)	Tempo (h)	Tinta (L)
10	2	1
40	8	4
80	16	8

Para pintar uma superfície de 200 m², o tempo e a quantidade de tinta gastos são, respectivamente:

a) 10 h e 20 L
b) 20 h e 30 L
c) 20 h e 20 L
d) 40 h e 20 L

11. Uma torneira jorrando 80 litros de água por minuto enche um reservatório em 3 horas. O tempo em que uma outra torneira, que tenha uma vazão de 120 litros de água por minuto, irá encher o mesmo reservatório será de:

a) 85 minutos.
b) 95 minutos.
c) 150 minutos.
d) 120 minutos.

12. Andando com velocidade de 4 km/h, Júlio vai do trabalho para casa em 12 minutos. Se aumentasse em 50% sua velocidade, em quantos minutos Júlio faria esse mesmo percurso?

13. Um ônibus parte de uma cidade às 9 horas e 15 minutos com destino a outra cidade que está a 120 km da cidade de partida. Se a velocidade média desenvolvida nessa viagem foi de 80 km/h, então é correto afirmar que o ônibus chegou ao seu destino às:

a) 10 h 15 min
b) 10 h 30 min
c) 10 h 45 min
d) 11 h 15 min

14. (SEE-SP) Suponha que para percorrer a metade de um trajeto em 10 minutos um indivíduo dá 60 passos por minuto. Se para percorrer a outra metade ele der 40 passos por minuto, quantos minutos levará para cobrir todo o trajeto?

a) 15
b) 20
c) 25
d) 30

15. Um engenheiro gastou 15 dias para desenvolver um certo projeto, trabalhando 7 horas por dia. Se o prazo concedido fosse de 21 dias para realizar o mesmo projeto, poderia ter trabalhado:

a) 2 horas a mais por dia.
b) 3 horas a mais por dia.
c) 2 horas a menos por dia.
d) 3 horas a menos por dia.

16. Numa creche, 20 crianças consomem uma certa quantidade de leite em 42 dias, tomando 0,75 litro de leite por dia cada uma.

Se a creche receber mais 15 crianças e cada uma passar a tomar 0,6 litro de leite por dia, esta mesma quantidade de leite seria suficiente para:

a) 28 dias.
b) 29 dias.
c) 30 dias.
d) 31 dias.

17. (FCC-SP) Em 3 dias, 72 000 bombons são embalados, usando-se 2 máquinas embaladoras funcionando 8 horas por dia. Se a fábrica usar 3 máquinas iguais às primeiras, funcionando 6 horas por dia, em quantos dias serão embalados 108 000 bombons?

a) 3
b) 4
c) 3,5
d) 4,5

REVISANDO

18. O corpo humano é considerado harmonioso, se a razão entre o comprimento das pernas e o do tronco for $\frac{4}{3}$. As alternativas abaixo relacionam as medidas de quatro pessoas. Qual delas representa uma pessoa de corpo harmonioso?

	pernas	tronco
a)	88 cm	40 cm
b)	88 cm	48 cm
c)	96 cm	54 cm
d)	72 cm	54 cm

19. A escala usada para desenhar o carro abaixo é 1 : 80.

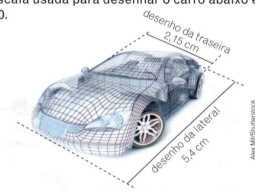

desenho da traseira 2,15 cm
desenho da lateral 5,4 cm

a) Quais serão seus verdadeiros comprimento e largura?

b) Quais seriam o comprimento e a largura do carro no desenho, se a escala utilizada fosse 1 : 25?

20. No deslocamento para o trabalho, senhor Sebastião usa uma bicicleta. Se andar a uma velocidade de 12 km/h, quantos quilômetros andará em:

a) 1 h 30 min
b) 1 h 20 min
c) 1,5 h
d) 1,2 h

21. Um atleta que terminou de correr a distância de 40 quilômetros em 3 horas percorreu cada quilômetro no tempo médio de:

a) 4 min 20 s
b) 4 min 30 s
c) 4 min 45 s
d) 4 min 50 s

DESAFIOS NO CADERNO

22. (Fuvest-SP) O retângulo a seguir de dimensões a e b está decomposto em quadrados. Qual o valor da razão $\frac{a}{b}$?

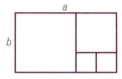

a) $\frac{5}{3}$ b) $\frac{2}{3}$ c) $\frac{3}{2}$ d) $\frac{1}{2}$

23. (SEE-RJ) Uma prova foi aplicada a 750 alunos em diferentes horários, sempre com o mesmo número de alunos em cada sala. A distribuição destes alunos por 5 salas foi feita em partes diretamente proporcionais ao número de carteiras de cada sala, conforme o quadro abaixo:

Sala	A	B	C	D	E
Número de carteiras	20	25	30	35	40

O número total de alunos que fizeram prova na sala D corresponde a:

a) 140 b) 175 c) 210 d) 245

24. (Vunesp) Uma professora de Matemática utiliza o seguinte desafio com os seus alunos: calcule a sua verdadeira nota. Ela informa a nota da prova calculada de 0 a 16 e o aluno a converte para o intervalo de 0 a 10.

Camila recebeu da professora a nota 12, então a sua verdadeira nota é:

a) 6,5 b) 7,0 c) 7,5 d) 8,0

25. Para ir da cidade A à cidade B, a uma velocidade média de 60 km/h, gastamos 2 horas a mais do que gastaríamos a uma velocidade média de 80 km/h. Qual a distância, em quilômetros, entre essas cidades?

AUTOAVALIAÇÃO

NO CADERNO

Anote no caderno o número do exercício e a letra correspondente à resposta correta.

26. (FJG-RJ) Considere a fórmula abaixo:

$$C : 5 = (F - 32) : 9$$

C e F indicam as temperaturas em graus Celsius e Fahrenheit, respectivamente.
Nos EUA, um doente está com uma febre de 104 graus Fahrenheit. A sua temperatura, em graus Celsius, é:

a) 38,5
b) 39,0
c) 39,5
d) 40,0

27. Para fazer uma mistura de areia e cimento na razão 5 : 1, um pedreiro encheu 12 latas. O número de latas de cimento que ele gastou foi:

a) 2
b) 4
c) 10
d) 2,25

28. (Cotil-SP) Sabe-se que o cigarro prejudica a saúde e, em pesquisas recentes, verificou-se que cada 4 cigarros fumados correspondem a 20 minutos a menos de vida.

Se um indivíduo fumar um maço (com 20 cigarros) por dia, quantos dias (aproximadamente) de vida perderá em um ano?

a) 15
b) 20
c) 25
d) 30

29. (UFMG) Um mapa está desenhado em uma escala em que 2 cm correspondem a 5 km. Uma região assinalada nesse mapa tem a forma de um quadrado de 3 cm de lado. A área total dessa região é de:

a) 37,50 km²
b) 22,50 km²
c) 67,50 km²
d) 56,25 km²

30. (SEE-SP) Analise a tabela abaixo:

País	China	E.U.A.	Brasil
Área (em km²)	9,6 milhões	8,6 milhões	8,5 milhões
População (em milhões)	1 200	301	187

(Adaptado da revista *Galileu Especial*, n. 1, p. 22-23, São Paulo: Globo, out. de 2006.)

É verdade que a densidade demográfica, em habitantes por quilômetro quadrado:

a) do Brasil é 22.
b) da China é 135.
c) dos E.U.A. é 36.
d) da China é menor do que a soma da dos outros dois países.

31. (PUC-RJ) Duas torneiras jogam água em um reservatório, uma na razão de 1 m³ por hora e a outra na razão de 1 m³ a cada 5 horas.

Se o reservatório tem 12 m³, em quantas horas ele estará cheio?

a) 8
b) 10
c) 12
d) 14

32. (FSA-BA) Para chegar exatamente às 8 horas a uma reunião, um funcionário precisou dirigir seu automóvel a uma velocidade constante de 60 km/h, demorando 1 hora e 10 minutos no trajeto de casa até o trabalho. Se ele houvesse feito o mesmo percurso, utilizando velocidade constante de 50 km/h, teria chegado:

a) 14 minutos atrasado.
b) 14 minutos adiantado.
c) 24 minutos atrasado.
d) 24 minutos adiantado.

UNIDADE 10

Retas e ângulos

1. Posição relativa entre retas

A reta é ilimitada, podemos sempre prolongá-la, nos dois sentidos. Duas retas distintas que estão num mesmo plano podem ser:

Paralelas	Concorrentes
Não têm nenhum ponto em comum.	Têm um único ponto em comum.
Escrevemos: r // s Lemos: r é paralela a s.	As retas a e b são concorrentes no ponto P.

Retas concorrentes que formam entre si 4 ângulos de 90° são chamadas **retas perpendiculares**.

Escrevemos: $a \perp b$

Lemos: a é perpendicular a b.

Marcando dois pontos distintos A e B sobre uma reta r, determinamos o **segmento de reta** AB. Denotamos $\overline{AB}$.

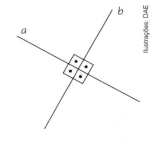

Os pontos A e B são as extremidades desse segmento. Um segmento é limitado nos dois sentidos e pode ser medido. Nesse exemplo, $\overline{AB}$ mede 3,5 cm.

Para diferenciar o segmento de sua medida, faremos assim:

$\overline{AB}$ é o segmento
AB (sem traço em cima) é a medida de $\overline{AB}$

Segmentos que têm mesma medida são chamados de **segmentos congruentes**.

RETAS E ÂNGULOS 177

2. Ponto médio de um segmento

Marcamos um ponto M no segmento AB, de modo que AM = MB.

$\overline{AM} \equiv \overline{MB}$

M é o ponto médio de $\overline{AB}$

> O **ponto médio** de um segmento é o ponto pertencente ao segmento que o divide em dois segmentos congruentes.

Podemos determinar o ponto médio de um segmento usando régua e compasso. Vamos construir a mediatriz de um segmento dado.

1. Fixe a ponta seca do compasso em A e com abertura maior do que a metade do comprimento de $\overline{AB}$, trace um arco.	**2.** Mantendo a mesma abertura no compasso, com a ponta seca em B, trace o segundo arco, determinando os pontos P e Q.	**3.** Trace a reta PQ, determinando o ponto M, que é o ponto médio do segmento. A reta que você traçou é a mediatriz do segmento.

> Chamamos de **mediatriz** a reta que é perpendicular a um segmento e passa pelo ponto médio desse segmento.

3. Construção de retas perpendiculares e de retas paralelas

Usando régua e compasso, vamos traçar retas perpendiculares e retas paralelas. Use seu material de desenho e faça as construções no caderno seguindo as orientações.

Retas perpendiculares

1. Traçamos uma reta r e marcamos um ponto P não pertencente a r. Construiremos uma reta t perpendicular a r, passando por P.	**2.** Com a ponta seca do compasso em P e abertura suficiente para cortar r em dois pontos, trace um arco, determinando os pontos A e B.

3. Observe que determinamos um segmento AB sobre r. Vamos traçar sua mediatriz como já aprendemos a fazer.	4. A mediatriz de $\overline{AB}$ é a reta t perpendicular a r que queríamos determinar.
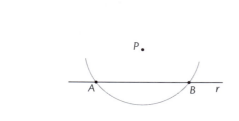	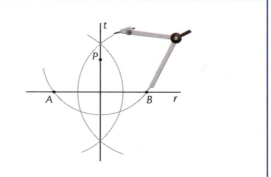

Junte-se a um colega. Tracem uma reta r qualquer e marquem um ponto P pertencente a r. Vocês devem construir, com auxílio do compasso, uma reta t perpendicular a r passando por P. O primeiro passo nós daremos: com a ponta seca do compasso em P e uma abertura qualquer, faça um arco como mostramos na figura.

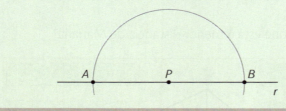

Retas paralelas

Traçaremos uma reta t paralela à reta u dada, passando por um ponto P qualquer não pertencente a u.

1. Fixamos a ponta seca do compasso em P e, com abertura suficiente para cortar u, fazemos um arco, que determina o ponto R em u.	2. Com a mesma abertura, colocamos a ponta seca do compasso em R, traçamos outro arco e marcamos o ponto S em u.	3. Com abertura igual à distância entre S e P e com a ponta seca do compasso em R, fazemos um terceiro arco, que corta o primeiro arco no ponto T.	4. Traçamos a reta t passando por P e por T. A reta t é paralela a u.
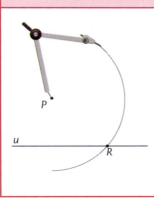	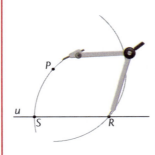	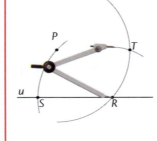	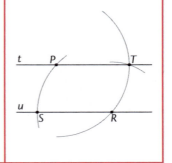

4. Distância entre dois pontos

Veja os caminhos que o senhor Gerson pode percorrer para ir de casa até o poço do sítio.

Fazendo a representação geométrica dessa situação, observamos que o caminho de menor comprimento é o segmento de reta AB.

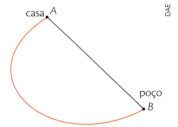

Embora possamos traçar várias curvas para ligar dois pontos A e B, dizemos que a distância entre esses dois pontos é a medida do segmento de reta AB, que é a menor distância entre eles.

5. Distância de ponto à reta

Qual dos bebedouros do parque está à menor distância de Mariana?

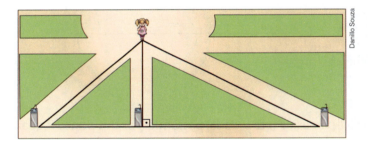

Dada uma reta r e um ponto P não pertencente a r, podemos traçar vários segmentos ligando um ponto de r a P. O de menor comprimento é o segmento PB perpendicular a r.

A distância de um ponto a uma reta é a medida do segmento perpendicular à reta com extremidades nesse ponto e em um ponto da reta.

Trace no caderno uma reta s e um ponto P fora dela.
Use o esquadro para traçar o segmento OP perpendicular a s e meça a distância do ponto P à reta s.

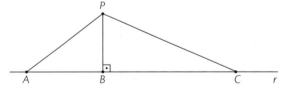

EXERCÍCIOS

1. Usando régua e esquadro, verifique a posição relativa das retas e indique:

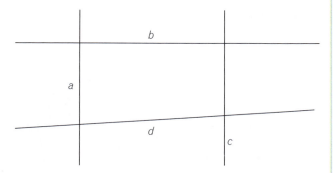

   a) duas retas paralelas;
   b) duas retas perpendiculares;
   c) duas retas concorrentes que não sejam perpendiculares.

2. Na figura, quais são os segmentos de reta paralelos entre si?

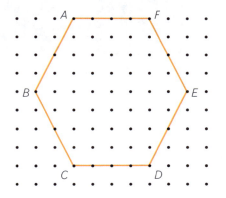

3. Rafaela quer entrar neste edifício pelo caminho mais curto.

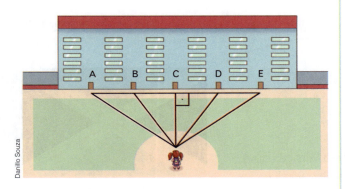

   Que caminho ela deverá escolher? Por quê?

4. Observe a figura:

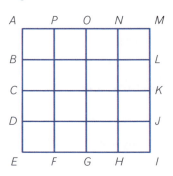

   As mediatrizes dos segmentos AE e OM são, respectivamente, as retas:

   a) $\overline{BL}$ e $\overline{NH}$
   b) $\overline{CK}$ e $\overline{PF}$
   c) $\overline{DJ}$ e $\overline{NH}$
   d) $\overline{CK}$ e $\overline{NH}$

5. Na figura, a reta m é a mediatriz do segmento BC. Qual é o valor de x?

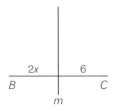

6. Na figura, M é ponto médio de $\overline{AB}$ e N é ponto médio de $\overline{BC}$.

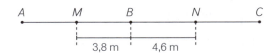

   Determine as seguintes medidas:

   a) AB
   b) MN
   c) BC
   d) AC

7. Se M é ponto médio de $\overline{AB}$, determine x nos casos:

   a) A —— $2x - 7$ —— M —— 13 —— B

   b) A —— $3x - 5$ —— M —— $2x + 3$ —— B

   c) A —— $x + 9$ —— M —— B ; $4x - 6$

6. Ângulos formados por retas paralelas cortadas por uma transversal

Coisas que já sabemos sobre ângulos

Já aprendemos sobre ângulos nos anos anteriores.

Sabemos traçar e medir ângulos.

Também sabemos que:

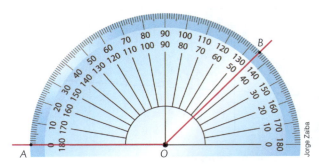

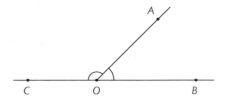

Nesta figura, AÔB e AÔC são ângulos suplementares, pois a soma de suas medidas é 180°.

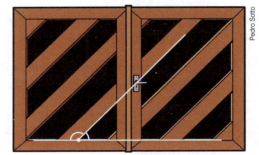

Por exemplo, num portão como este, aparecem ângulos suplementares.

Sabemos ainda que dois ângulos cujas medidas somam 90° são chamados de complementares.

E dos ângulos opostos pelo vértice, você se lembra?

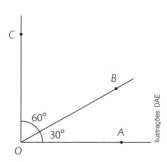

AÔB e BÔC são complementares, pois 30° + 60° = 90°.

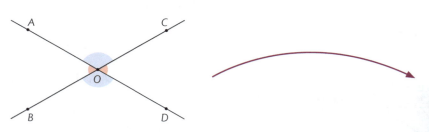

Visualize os ângulos opostos pelo vértice na bandeira da Jamaica.

Nesta figura, AÔB e CÔD são ângulos opostos pelo vértice (opv). O mesmo ocorre com AÔC e BÔD. Ângulos opostos pelo vértice são congruentes: têm mesma medida.

Vamos aprender coisas novas?

Ângulos correspondentes

Traçamos as retas *r* e *s* e uma reta *t* concorrente a *r* e a *s*.

A partir de agora chamaremos a reta *t* de **transversal** às retas *r* e *s*.

A rua das Camélias é transversal à rua das Margaridas e à rua das Rosas!

Atenção!

Usaremos $\hat{a}$ para indicar o ângulo e *a* para indicar a medida desse ângulo.

Ficam determinados oito ângulos.

- Quatro ângulos internos: $\hat{c}, \hat{d}, \hat{e}, \hat{f}$.
- Quatro ângulos externos: $\hat{a}, \hat{b}, \hat{g}, \hat{h}$.

Os ângulos $\hat{b}$ e $\hat{f}$ são chamados **ângulos correspondentes** – estão do mesmo lado da transversal, um externo e o outro interno. Os ângulos $\hat{c}$ e $\hat{g}$ também são correspondentes, pois atendem a essas características.

Há mais dois pares de ângulos correspondentes na figura. Identifique-os!

REFLETINDO

1. Seu caderno tem linhas paralelas. Aproveite-as para traçar duas retas paralelas. Corte-as com uma reta transversal. Você obteve uma figura semelhante à que fizemos ao lado.

   Com auxílio do transferidor, anote no caderno as medidas de cada par de ângulos correspondentes:

   $\begin{cases} a = \\ e = \end{cases}$ $\begin{cases} c = \\ g = \end{cases}$ $\begin{cases} b = \\ f = \end{cases}$ $\begin{cases} d = \\ h = \end{cases}$

2. Os pares de ângulos correspondentes são congruentes?

3. Experimente traçar outras duas retas paralelas *r* e *s* cortadas por uma transversal. Os pares de ângulos correspondentes são congruentes?

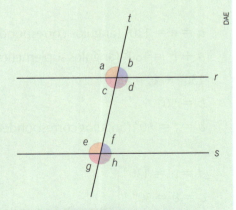

Podemos denotar que *r* é paralela a *s*, assim: *r // s*

RETAS E ÂNGULOS

O que você observou na atividade anterior acontece sempre.

> **Retas paralelas cortadas por uma transversal determinam ângulos correspondentes congruentes.**
> A recíproca também é verdadeira:
> Se uma reta transversal a outras retas determina ângulos correspondentes congruentes, então as retas cortadas pela transversal são paralelas.

Observe as figuras, pense e responda oralmente.

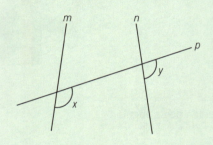
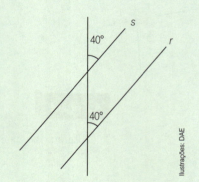

1. Nessa figura, $\widehat{x}$ e $\widehat{y}$ são ângulos correspondentes?
2. Os ângulos $\widehat{x}$ e $\widehat{y}$ são congruentes? Por quê?
3. Nessa figura, podemos afirmar que as retas s e r são paralelas? Por quê?

Aplicando o que descobrimos...

Na figura abaixo, m e n são retas paralelas. Conhecendo a medida de um dos ângulos, $a = 130°$, por exemplo, podemos determinar a medida dos demais. Veja:

Como m // n, os ângulos correspondentes são congruentes.

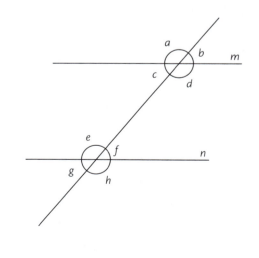

$a = e = 130°$ (ângulos correspondentes)
$a + b = 180°$ (ângulos suplementares)
$130° + b = 180°$
$b = 50°$
$b = f = 50°$ (ângulos correspondentes)

$d = a = 130°$
$c = b = 50°$
$g = f = 50°$
$h = e = 130°$
⎬ ângulos opostos pelo vértice (opv)

184

EXERCÍCIOS

8. Observe a figura e responda.

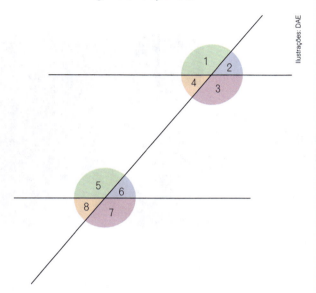

Quais pares de ângulos são correspondentes?

9. Observe duas retas paralelas cortadas por uma transversal e responda às questões.

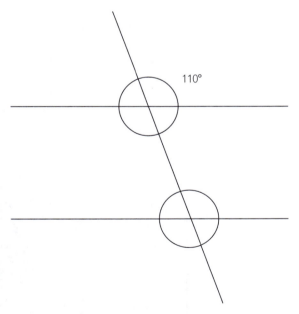

a) Quantos ângulos elas formam?
b) Qual é a medida de cada ângulo indicado?
c) Compare as medidas. O que você descobriu?
d) Os ângulos opostos pelo vértice são congruentes?
e) Os ângulos correspondentes são congruentes?

10. Se $r \parallel s$, determine a medida dos ângulos indicados pelas letras.

a)

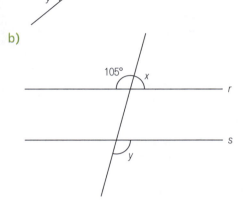

b)

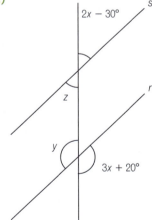

11. Quais devem ser os valores dos ângulos indicados por letras para que as retas r e s sejam paralelas?

a)

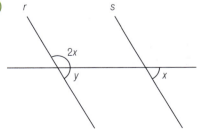

b)

RETAS E ÂNGULOS 185

VALE A PENA LER

A Geometria Euclidiana

Euclides foi um dos maiores matemáticos gregos da antiguidade. Não se sabe com certeza a data do seu nascimento, talvez tenha sido por volta do ano 325 antes de Cristo. Sabe-se que ele viveu na cidade de Alexandria, no atual Egito, quase certamente durante o reinado de Ptolomeu I (323 a.C.-283 a.C.) e morreu, de causas desconhecidas, no ano 265 antes de Cristo. Por essa razão ele é citado como Euclides de Alexandria.

Euclides (de Alexandria) (325 a.C.-265 a.C.)

Euclides nos deixou um conjunto de livros de matemática, os *Elementos*, que pode ser considerado um dos mais importantes textos na história da Matemática. Nesse monumental conjunto de 13 volumes Euclides reuniu toda a Geometria conhecida em sua época, ou seja, os vários resultados originalmente obtidos por outros matemáticos anteriores a ele e seus trabalhos originais. O fato importante é que Euclides apresentou esses resultados dentro de uma estrutura logicamente coerente e simples. Ele até mesmo apresentou provas de teoremas matemáticos que haviam sido perdidos.

Euclides deduzia, entre vários outros resultados, as propriedades dos objetos geométricos a partir de um pequeno conjunto de axiomas. Axiomas são afirmações que não possuem prova, mas são aceitas como autoevidentes. Por esses motivos, Euclides é considerado o "pai da Geometria" e o fundador do chamado "Método Axiomático da Matemática".

O sistema geométrico apresentado por Euclides nos livros que formam os *Elementos* durante muito tempo foi considerado "a" Geometria. Era a única disponível e podia ser usada na vida diária sem contradições aparentes. Os "Elementos" de Euclides foram os fundamentos do ensino de Geometria praticamente até o início do século XX.

Páginas de um manuscrito grego do século XI com os "Elementos".

Hoje a Geometria apresentada por Euclides é chamada de "Geometria Euclidiana" para distingui-la das outras formas de geometria, chamadas "Geometrias Não Euclidianas", que foram descobertas ao longo do século XIX. [...]

Disponível em: <www.on.br/certificados/ens_dist_2008/site/conteudo/modulo5/1-geometria-euclidiana/geometria-euclidiana.html>.
Acesso em: abr. 2011. Observatório Nacional – Ministério da Ciência e Tecnologia.

Ângulos alternos internos

Vamos investigar um pouco mais?

Na figura abaixo as retas a e b são paralelas.

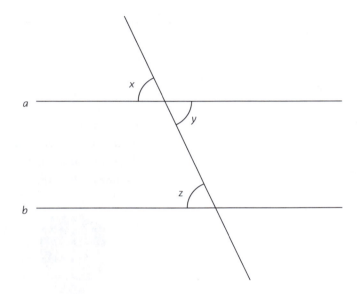

$x = z$ (ângulos correspondentes)
$x = y$ (ângulos opostos pelo vértice)

Então, $y = z$ e $\hat{y}$ e $\hat{z}$ são chamados **ângulos alternos internos**.

Esses ângulos são chamados **alternos** porque eles estão um de cada lado da transversal.

Descobrimos que, se as retas são paralelas, os ângulos alternos internos são congruentes.

Vamos aplicar esse conhecimento?

Paralelogramos são quadriláteros com dois pares de lados opostos paralelos.

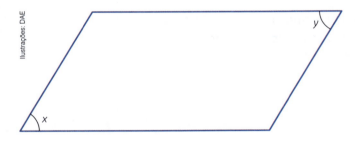

$\hat{x}$ e $\hat{y}$ são ângulos opostos desse paralelogramo

Mostraremos que eles têm mesma medida. Veja:

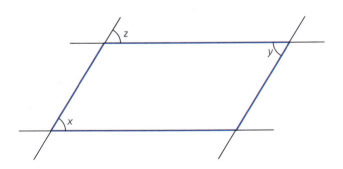

$z = x$ (ângulos correspondentes)
$z = y$ (ângulos alternos internos)
Então: $x = y$

Outra descoberta...

Na figura, $a \parallel b$.

$z + w = 180°$ (ângulos suplementares)
$z = y$ (ângulos alternos internos)
Então:
$y + w = 180°$ ········· $\hat{y}$ e $\hat{w}$ são suplementares

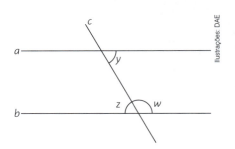

... e sua aplicação aos paralelogramos

Como os lados opostos são paralelos, pela propriedade acima,

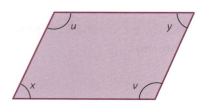

$u + x = 180°$
$y + v = 180°$
$u + y = 180°$
$x + v = 180°$

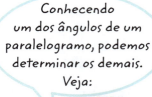

Conhecendo um dos ângulos de um paralelogramo, podemos determinar os demais. Veja:

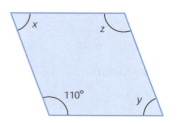

$z = 110°$, pois são ângulos opostos do paralelogramo
$x = 70°$ (suplemento de 110°)
$y = 70°$ (ângulo oposto a $\hat{x}$)

> Nos paralelogramos os ângulos opostos são congruentes e os ângulos de um mesmo lado são suplementares.

Registrem no caderno.

1. Nesse exemplo, $\hat{a}$ e $\hat{b}$:
   a) são alternos internos?
   b) são congruentes? Por quê?

2. Os ângulos $\hat{a}$ e $\hat{c}$ são suplementares, ou seja, $a + c = 180°$?

3. O quadrilátero ao lado é um trapézio. Apresenta dois lados paralelos. Descubram a relação entre os ângulos $\hat{y}$ e $\hat{u}$, $\hat{x}$ e $\hat{v}$.

4. Em um quadrilátero dois ângulos opostos medem respectivamente 40° e 60°. Este quadrilátero é um paralelogramo? Por quê?

Compartilhem as conclusões com os colegas.

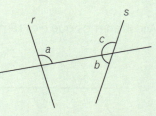

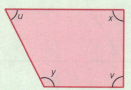

EXERCÍCIOS

12. Quando dois ângulos são suplementares?

13. Observe a figura e conclua se são congruentes ou suplementares os ângulos:

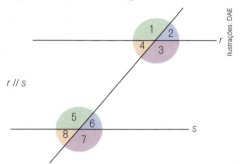

r // s

a) 4 e 5;
b) 4 e 6;
c) 4 e 8;
d) 2 e 6;
e) 2 e 8;
f) 2 e 5.

14. Sabendo que r // s, determine x.

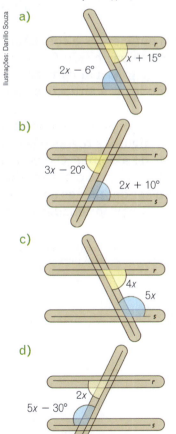

a) x + 15°; 2x − 6°
b) 3x − 20°; 2x + 10°
c) 4x; 5x
d) 2x; 5x − 30°

Observação: As figuras são meramente ilustrativas, as medidas dos ângulos não correspondem aos valores reais.

15. Sabendo que r // s e p // q, calcule a medida dos ângulos indicados pelas letras.

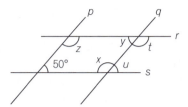

16. Calcule a medida dos ângulos indicados pelas letras no paralelogramo a seguir.

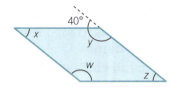

17. Calcule o valor de x, y, z e w nos losangos abaixo.

a)
b)

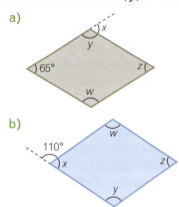

18. Sabendo que r // s, determine os valores de x e de y.

a)
b)

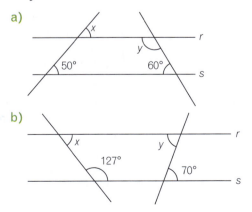

RETAS E ÂNGULOS 189

VALE A PENA LER

Neste volume, estamos descobrindo muitas propriedades de figuras geométricas, somando novos conhecimentos a conhecimentos anteriores. Como funciona a construção do conhecimento geométrico? O texto abaixo utiliza uma comparação interessante para ajudá-lo a compreender.

Para se aprender a jogar algum jogo, tal como damas, firo, xadrez etc., temos que, inicialmente, aprender as suas regras.

Um pai tentando ensinar seu filho a jogar damas dirá algo como: "Este é o tabuleiro de damas e estas são as pedras com que se joga", "São 12 para cada jogador", "As pedras são arrumadas no tabuleiro assim.", e arrumará as pedras para o filho. Aí já terá recebido uma enxurrada de perguntas do tipo: "Por que as pedras só ficam nas casas pretas?", "Por que só são doze pedras?", "Eu acho mais bonitas as pedras brancas nas casas pretas e as pretas nas casas brancas, por que não é assim?" etc.

Todas estas perguntas têm uma única resposta: porque esta é uma das regras do jogo. Se alguma delas for alterada, o jogo resultante, embora possa ser também muito interessante, não será mais um jogo de damas.

Observe que, ao ensinar tal jogo, você dificilmente se deteria em descrever o que são as pedras. O importante são as regras do jogo, isto é, a maneira de arrumar as pedras no tabuleiro, a forma de movê-las, a forma de "comer" uma pedra do adversário etc. Qualquer criança, após dominar o jogo, improvisará tabuleiros com riscos no chão e utilizará tampinhas de garrafa, botões, cartões etc., como pedras.

Ao criar-se um determinado jogo é importante que suas regras sejam suficientes e consistentes. Por **suficiente** queremos dizer que as regras devem estabelecer o que é permitido fazer em qualquer situação que possa vir a ocorrer no desenrolar de uma partida do jogo. Por **consistente** queremos dizer que as regras não devem contradizer-se, ou sua aplicação levar a situações contraditórias.

Geometria, como qualquer sistema dedutivo, é muito parecida com um jogo: partimos com um certo conjunto de elementos (pontos, retas, planos) e é necessário aceitar algumas regras básicas sobre as relações que satisfazem estes elementos, as quais são chamadas de axiomas. O objetivo final deste jogo é o de determinar as propriedades características das figuras planas e dos sólidos no espaço. Tais propriedades, chamadas Teoremas ou Proposições, devem ser deduzidas somente através do raciocínio lógico a partir dos axiomas fixados ou a partir de outras propriedades já estabelecidas.

Fonte: João Lucas Marques Barbosa. *Geometria Plana Euclidiana*. Coleção Fundamentos da Matemática Elementar. Sociedade Brasileira de Matemática, 1985. p. 10-11.

Converse com seus colegas e o professor sobre o texto. Para esclarecer um pouco mais, que tal ver um exemplo de axioma e um de teorema ou proposição?

Aí vai:

Axioma: "Dados dois pontos distintos, existe uma única reta que contém esses pontos."

Teorema ou proposição: "A soma das medidas dos ângulos internos de um triângulo é igual a 180°."

REVISANDO

19. Olhe para esta fotografia. O que você pode dizer sobre a direção dos degraus da escada de pedreiros?

20. Sabe-se que $d_1 \parallel d_2$; $d_1 \parallel d_3$; $d_1 \perp d_4$. Copie e complete o quadro, usando // ou ⊥.

	d_1	d_2	d_3	d_4
d_1	//	//	//	⊥
d_2				
d_3				
d_4				

21. Qual dos dois caminhos indicados em cores diferentes é o mais curto para ir de A até B?

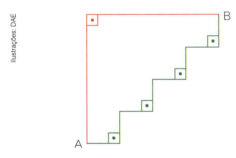

22. Observe a figura, em que $PA = 2,5$ cm; $PB = 1,6$ cm; $PC = 1,5$ cm; $PD = 2$ cm; $PE = 2,8$ cm.

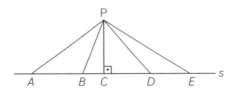

Qual é, em milímetros, a distância do ponto P à reta s?

23. Observe a figura:

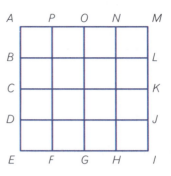

A mediatriz do segmento CG é:

a) $\overleftrightarrow{LF}$ b) $\overleftrightarrow{EM}$ c) $\overleftrightarrow{AI}$ d) $\overleftrightarrow{DN}$

24. A figura mostra a localização de um quiosque e das casas que o rodeiam. Existem quatro casas que estão situadas à mesma distância do quiosque. O ponto F representa o local onde está situada uma dessas casas.

● casa
● quiosque

Indique três locais onde podem estar situadas as outras três casas.

25. Na figura abaixo, considere o par de retas m e n e o par de retas r e s.

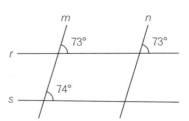

Qual é o par de retas paralelas?

26. Sabendo que r // s, determine a medida dos ângulos indicados pelas letras.

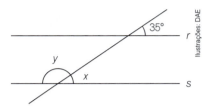

27. Sabendo que r // s, determine x.

a)
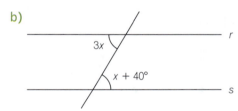

b)
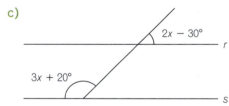

c)
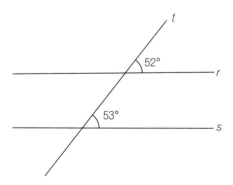

28. Observe a figura e responda ao que se pede.

a) As retas r e s são paralelas? Justifique.
b) Se não forem paralelas, elas vão se encontrar à direita ou à esquerda da reta t?

29. Na figura, r e s são perpendiculares a t.

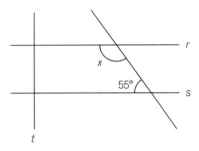

Então x é igual a:

a) 45° c) 105°
b) 55° d) 125°

30. Neste paralelogramo há um ângulo que está mal medido. Qual?

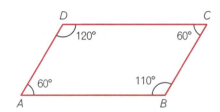

31. Calcule x nos paralelogramos a seguir.

a)
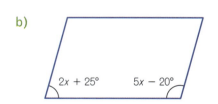

b)

32. Uma placa retangular de gesso deve ser cortada na linha AB. Se o ângulo x é o dobro de y, quanto mede o menor desses ângulos?

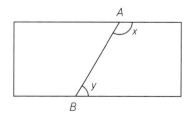

33. Na figura, r // s e s // t. Então:

a) x > y e y > z

b) x = y e x < z

c) x = y e y < z

d) x = y e y = z

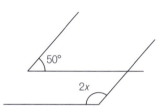

34. A figura mostra um par de ângulos de lados, respectivamente, paralelos.

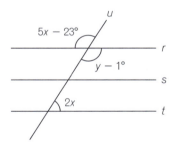

O valor de x é:

a) 55°   b) 60°   c) 65°   d) 70°

35. (CAp-UFRJ) Na figura a seguir, as retas r, s e t são paralelas.

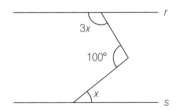

Então, o valor de y é:

a) 29°   b) 124°   c) 122°   d) 123°

36. Na figura, as retas r e s são paralelas.

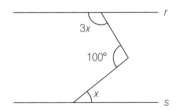

O valor de x é:

a) 25°   b) 35°   c) 40°   d) 45°

DESAFIOS NO CADERNO

37. O segmento EF está dividido em três partes congruentes:

O número correspondente ao ponto H é:

a) $\dfrac{1}{3}$ b) $\dfrac{2}{3}$ c) $1\dfrac{2}{3}$ d) $1\dfrac{1}{3}$

38. (Obmep) Uma cerca de arame reta tem 12 postes igualmente espaçados. A distância entre o terceiro e o sexto poste é de 3,3 metros. Qual o comprimento da cerca?

a) 8,4 m   b) 9,9 m   c) 12,1 m   d) 13,2 m

39. Calcule a medida de todos os ângulos, sabendo-se que x − y = 30°.

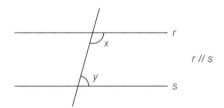

40. Qual é o valor de x na figura?

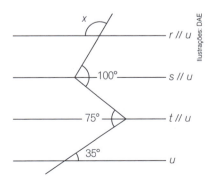

RETAS E ÂNGULOS 193

AUTOAVALIAÇÃO

Anote no caderno o número do exercício e a letra correspondente à resposta correta.

41. (Obmep) Quatro cidades, A, B, C e D, foram construídas à beira de uma rodovia reta, conforme ilustração abaixo:

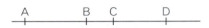

A distância entre A e C é de 50 km e a distância entre B e D é de 45 km. Além disso, sabe-se que a distância entre a primeira e a última é de 80 km. Qual é a distância entre as cidades B e C?

a) 15 km
b) 20 km
c) 25 km
d) 10 km

42. (PUC-MG) No interior do segmento AB estão os pontos M, N e P, nessa ordem, de modo que M seja o ponto médio de $\overline{AN}$ e P, o ponto médio de $\overline{NB}$. O segmento AB mede 82 cm e o segmento AM mede 11 cm. A medida do segmento PB, em cm, é:

a) 22
b) 30
c) 36
d) 41

43. (Vunesp) Uma tira de papel retangular é dobrada ao longo da linha tracejada, conforme indicado na figura da esquerda, formando a figura plana da direita.

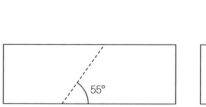 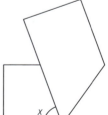

O valor de x é:

a) 60°
b) 70°
c) 80°
d) 90°

44. (Cesgranrio-RJ) As retas r e s da figura são paralelas cortadas pela transversal t.

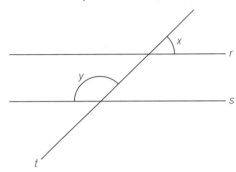

Se y é o triplo de x, então y − x vale:

a) 75°
b) 80°
c) 85°
d) 90°

45. (FCC-SP) Na figura abaixo tem-se r ∥ s; t e u são transversais.

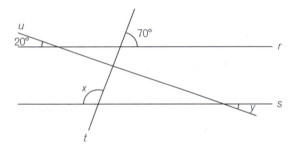

O valor de x + y é:

a) 100°
b) 120°
c) 130°
d) 140°

46. (FCC-SP) A relação entre as medidas de dois ângulos do paralelogramo abaixo está indicada na figura.

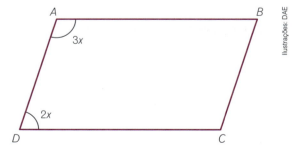

Os ângulos deste paralelogramo medem:

a) 50°, 75°, 50°, 75°
b) 60°, 90°, 60°, 90°
c) 80°, 120°, 80°, 120°
d) 72°, 108°, 72°, 108°

UNIDADE 11
Triângulos

1. Elementos, perímetro e classificação

> O triângulo é o polígono de três lados.

Os elementos do triângulo ao lado são:
- vértices: A, B e C (são pontos)
- lados: $\overline{AB}$, $\overline{BC}$ e $\overline{AC}$ (são segmentos de reta)
- ângulos internos: $\hat{A}$, $\hat{B}$ e $\hat{C}$.

O perímetro de um triângulo é a soma das medidas de seus 3 lados.

Classificamos os triângulos:

Quanto aos lados		
Triângulo equilátero	Triângulo isósceles	Triângulo escaleno
3 lados congruentes	2 lados congruentes	3 lados com medidas diferentes

Quanto aos ângulos		
Triângulo acutângulo	Triângulo retângulo	Triângulo obtusângulo
3 ângulos agudos	1 ângulo reto	1 ângulo obtuso

Nesta unidade, você aprenderá muitos fatos novos sobre os triângulos, essas figuras tão importantes para a Matemática.

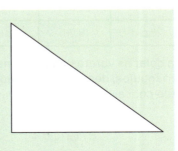

1. Usando régua e transferidor, meça os lados e os ângulos internos do triângulo ilustrado e classifique-o quanto aos lados e aos ângulos.

    Calcule o perímetro do triângulo.

2. Desenhe no caderno, usando régua, um triângulo obtusângulo e escaleno.

TRIÂNGULOS 195

EXERCÍCIOS

1. (UFRJ) Observe as figuras I e II abaixo:

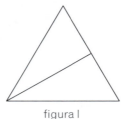
figura I

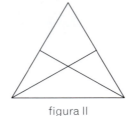
figura II

A figura I contém 3 triângulos. O número de triângulos na figura II é:

a) 6
b) 8
c) 10
d) 12

2. Responda.

a) Como é chamado o triângulo que tem os três ângulos agudos?
b) Como é chamado o triângulo que tem dois lados de medidas iguais?
c) Como é chamado o triângulo que tem os três lados de medidas diferentes?

3. Sou um triângulo acutângulo. Posso ser também um triângulo equilátero? E isósceles?

4. (Saresp) Marcos tem varetas de madeira de vários tamanhos. Com elas pretende construir triângulos para a apresentação de um trabalho na escola.

Ele separou as varetas em 4 grupos de 3, mediu cada uma delas e anotou os resultados nesta tabela:

	Vareta A	Vareta B	Vareta C
Grupo 1	30 cm	12 cm	12 cm
Grupo 2	30 cm	30 cm	30 cm
Grupo 3	25 cm	26 cm	27 cm
Grupo 4	28 cm	15 cm	15 cm

Ao começar a colar as varetas na cartolina para construir os triângulos, descobriu que não seria possível fazê-lo com as varetas do:

a) Grupo 1
b) Grupo 2
c) Grupo 3
d) Grupo 4

5. Dois lados de um triângulo medem 2,5 cm e 5,6 cm. Entre que valores pode variar o terceiro lado do triângulo?

6. Qual é o valor de x quando o perímetro é 28 cm?

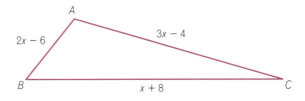

7. Observe a figura.

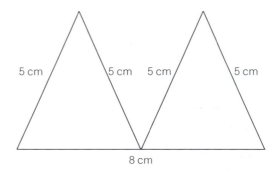

Invente o enunciado de um problema que possa ser resolvido por meio do cálculo da expressão numérica:

$$4 \cdot 5 + 8$$

8. O triângulo ABC é isósceles e o lado diferente, $\overline{AB}$, mede 10 cm. O perímetro do triângulo é inferior a 32 cm.

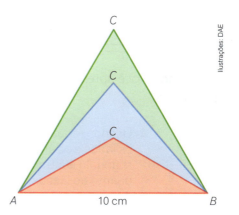

Entre que valores pode variar a medida dos lados $\overline{AC}$ e $\overline{BC}$?

2. Soma dos ângulos internos de um triângulo

No 7º ano verificamos experimentalmente que a soma dos ângulos internos de um triângulo é 180°.

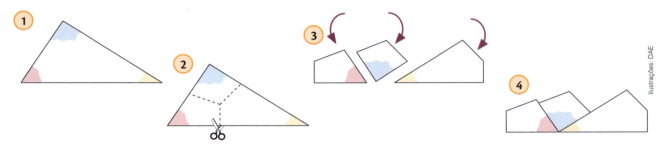

Vamos demonstrar que essa propriedade vale para todo triângulo.

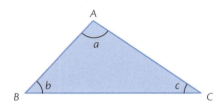

Desenhamos um triângulo ABC qualquer e nomeamos seus ângulos internos.

Pelo vértice A, traçamos uma reta paralela ao lado $\overline{BC}$, obtendo $\hat{x}$ e $\hat{y}$.

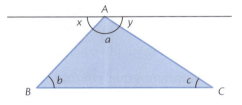

- $x = b$ (ângulos alternos internos)
- $y = c$ (ângulos alternos internos)

$a + x + y = 180°$ (ângulo raso)
$\quad\;\; \downarrow \;\, \downarrow$
$\quad\;\; b \;\; c$

Conclusão: $a + b + c = 180°$.

Observe que podemos usar o mesmo procedimento com qualquer outro triângulo e chegar à mesma conclusão. Por isso, a propriedade vale sempre: a soma das medidas dos ângulos internos de qualquer triângulo é 180°.

Você percebeu? Para mostrar uma nova propriedade usamos propriedades descobertas anteriormente.

Agora que essa propriedade é conhecida, pode ser aplicada para descobrir outras e assim por diante!

3. Propriedade do ângulo externo

Prolongando o lado $\overline{BC}$ do triângulo ABC ilustrado, determinamos um **ângulo externo** ao triângulo. Marcamos esse ângulo na figura e denotamos sua medida por x.

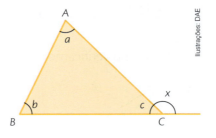

Observe que o ângulo externo é adjacente a $\hat{c}$, mas não é adjacente aos ângulos $\hat{a}$ e $\hat{b}$.

Vamos descobrir uma propriedade. Acompanhe.

Os ângulos $\hat{c}$ e $\hat{x}$ são suplementares, portanto $x + c = 180°$ ou ainda: $c = 180° - x$.

Também sabemos que a soma das medidas dos ângulos internos do triângulo é 180°.

Daí:

$$a + b + c = 180°$$

Substituindo c por $180° - x$ nessa igualdade, temos:

$a + b + 180° - x = 180°$

Subtraindo 180° de ambos os membros:

$a + b - x = 0$ ou, finalmente:

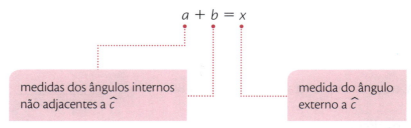

Mostramos que, em todo triângulo, a medida do ângulo externo é igual à soma dos ângulos internos não adjacentes a ele.

Observe que, para demonstrar essa propriedade, usamos a definição de ângulos suplementares e a propriedade da soma dos ângulos internos de um triângulo, que demonstramos anteriormente. Assim, vamos construindo o conhecimento em Geometria.

---

1. Descubram as medidas desconhecidas indicadas por x e y no triângulo abaixo.

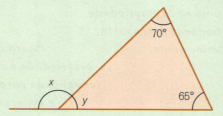

2. Um triângulo pode ter dois ângulos retos? Ele pode ter dois ângulos obtusos?

3. Um dos ângulos externos de um triângulo mede 70°. Este triângulo pode ser acutângulo?

EXERCÍCIOS

9. Dois ângulos de um triângulo medem, respectivamente, 27° e 41°. Quanto mede o terceiro ângulo?

10. Determine x em cada um dos triângulos.

a)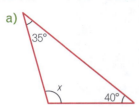

c)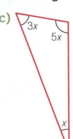

b)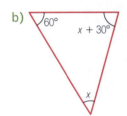

11. Determine x, y e z.

a)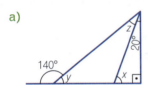

b)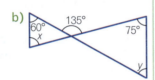

12. Responda.

a) O que é um triângulo equilátero?

b) O que é um triângulo isósceles?

c) Como são os ângulos de um triângulo isósceles?

13. Observe a figura abaixo e responda:

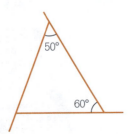

a) Quanto medem os ângulos externos?

b) Qual é a soma dos ângulos externos?

14. Num triângulo com dois ângulos congruentes, o ângulo diferente mede 25°. Quanto mede cada um dos ângulos congruentes?

15. Os triângulos seguintes são isósceles. Qual é o valor dos ângulos indicados com letras?

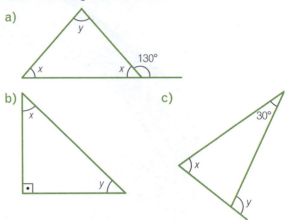

16. Calcule o valor de x, considerando r // s.

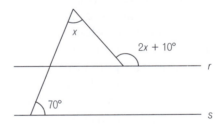

17. (Saresp) O encosto da última poltrona de um ônibus, quando totalmente reclinado, forma um ângulo de 30° com a parede do ônibus (veja a figura abaixo). O ângulo α na figura abaixo mostra o maior valor que o encosto pode reclinar.

O valor de α é:

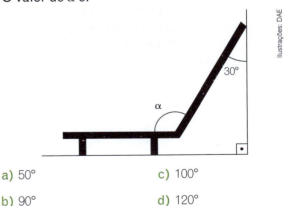

a) 50° c) 100°

b) 90° d) 120°

VALE A PENA LER

Triângulo, para que te quero?

Uma das figuras mais presentes no ambiente que nos cerca e com a qual a humanidade tem lidado até hoje é o triângulo. Embora sua forma seja muito simples, as inúmeras relações que existem entre seus próprios elementos, e entre esses e os de outras figuras igualmente simples, são mais complexas do que poderíamos imaginar.

Que magia os triângulos apresentam, já que desde os mais remotos tempos eles têm exercido um fascínio especial sobre os homens? Por que o homem ergueu templos em homenagem aos seus reis e deuses, nos quais tal figura ressalta à vista do observador?

Em muitos objetos e artefatos construídos pelo homem, lá estão eles: os triângulos. Que utilidade apresentam? Será que servem somente como elemento decorativo?

Parece que, mais uma vez, o homem reúne a beleza e a competência para oferecer a todos os seres uma obra original, em que o triângulo sintetiza o aspecto decorativo e o utilitário.

Por que utilitário?

O triângulo, entre todos os polígonos, apresenta uma rigidez geométrica que os outros não têm. Uma vez construído, é impossível modificar a abertura de seus ângulos e construir outro triângulo.

Imagine como ficaria bamba a Torre Eiffel se não existissem os triângulos para torná-la estável.

Suzana Laino Cândido, 2003.

200

SEÇÃO LIVRE

18. (Encceja-MEC) Os carpinteiros costumam colocar uma espécie de trava de forma triangular quando fazem portões, telhados etc. Isso se deve ao fato de que o triângulo é, dentre os polígonos:

a) o que tem mais ângulos.
b) o que tem mais lados.
c) o que suporta maior peso.
d) uma figura rígida que não se deforma.

19. Observe o trajeto de Gustavo que vai diretamente da sua casa (A) para a escola (C).

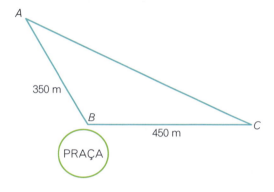

Escolha a afirmação verdadeira, depois justifique.

a) A distância entre A e C é de 800 m.
b) A distância entre A e C é inferior a 800 m.
c) A distância entre A e C é superior a 800 m.

20. Observe o triângulo representado no quadriculado.

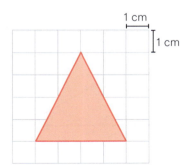

a) Classifique o triângulo quanto aos lados.
b) Desenhe um retângulo com a mesma área do triângulo.

21. Desenhe um triângulo cujas medidas dos lados sejam três números naturais consecutivos. Essa construção será sempre possível com quaisquer números naturais consecutivos?

22. (Saresp) Duas pessoas disputam uma corrida em volta de um terreno triangular, conforme a figura a seguir.

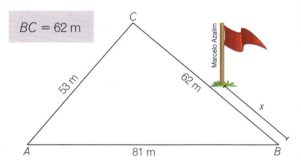

Elas saem juntas do ponto A, mas cada uma vai por um caminho diferente. Quem bater primeiro na bandeira de chegada que se encontra entre C e B ganha a corrida. Para que as duas pessoas percorram a mesma distância, a bandeira deve ser colocada a:

a) 15 m da esquina B.
b) 17 m da esquina B.
c) 40 m da esquina C.
d) 31 m da esquina B ou C.

23. (Saresp) Num dos lados de um triângulo retângulo isósceles está colado um barbante com as pontas livres, como mostra a figura.

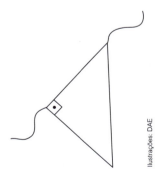

Esticando-se o barbante e girando-o em torno de si mesmo, é visto no espaço um sólido com a forma de:

a) um cone.
b) um cilindro.
c) uma esfera.
d) uma pirâmide.

REVISANDO

24. Dispomos de 6 varetas com os seguintes comprimentos:

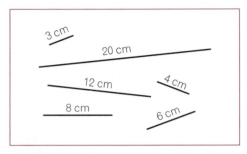

Qual é o perímetro do maior triângulo que se pode construir com três dessas varetas?

25. O perímetro de um triângulo isósceles é de 50 cm e cada um dos dois lados congruentes tem 18 cm de comprimento. Qual é o comprimento do outro lado?

26. A figura representa um triângulo isósceles.

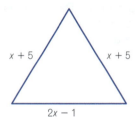

a) Qual expressão traduz o perímetro do triângulo?

b) Calcule x de modo que o triângulo seja equilátero.

27. (UFPE) Considere um triângulo equilátero de lado ℓ como mostra a figura a seguir. Unindo-se os pontos médios dos seus lados obtemos quatro novos triângulos. O perímetro de qualquer um destes quatro triângulos é igual a:

a) 3ℓ

b) $\dfrac{\ell}{2}$

c) $\dfrac{3\ell}{2}$

d) $\dfrac{5\ell}{2}$

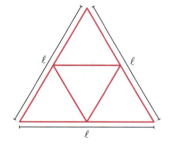

28. Observe a figura e responda:

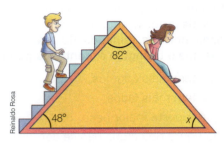

a) Qual é o valor de x?

b) Classifique o triângulo quanto aos ângulos.

29. As retas a e b são perpendiculares?

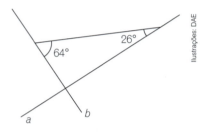

30. Calcule o valor de x.

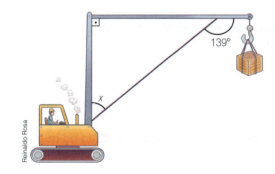

31. Calcule a medida dos ângulos indicados pelas letras.

a)

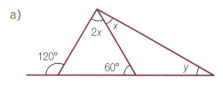

b)

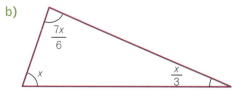

202

32. Calcule a medida dos ângulos indicados por letras.

a)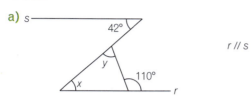

b)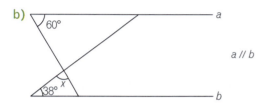

33. Determine o valor de x.

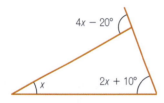

34. (Encceja-MEC) Uma peça de mosaico é confeccionada a partir do corte de um azulejo quadrado. Os lados dos quadrados são paralelos e os ângulos feitos pelos cortes são representados conforme desenho abaixo.

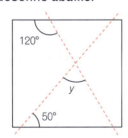

Qual é o valor do ângulo y, em graus, de um dos triângulos encontrados no recorte?

35. Calcule a soma de todas as medidas indicadas por letras.

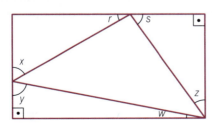

36. Se as retas r e s são paralelas, determine a medida dos ângulos indicados com letras.

a)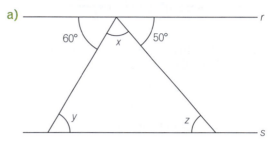

b)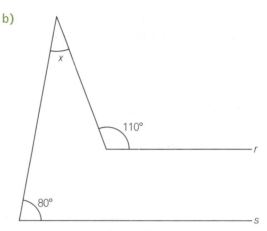

37. Calcule a soma de $x + y + z$ na figura.

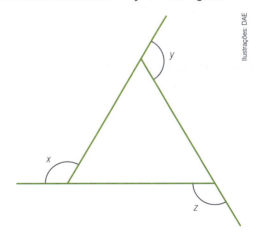

38. As medidas dos ângulos de um triângulo são proporcionais a 2, 3 e 4.

a) Quais são as medidas dos ângulos internos?

b) Quais são as medidas dos ângulos externos?

c) As medidas dos ângulos externos são proporcionais a que números?

AUTOAVALIAÇÃO

Anote no caderno o número do exercício e a letra correspondente à resposta correta.

39. As medidas de três segmentos de reta são 4 cm, 5 cm e 10 cm. Com esses três segmentos:
a) não é possível construir um triângulo.
b) é possível construir um triângulo retângulo.
c) é possível construir um triângulo isósceles.
d) é possível construir um triângulo acutângulo.

40. É verdade que um triângulo retângulo pode ser:
a) isósceles.
b) equilátero.
c) equiângulo.
d) obtusângulo.

41. (UFMA) Dois lados de um triângulo isósceles medem, respectivamente, 5 cm e 2 cm. Qual é o seu perímetro?
a) 7 cm
b) 9 cm
c) 12 cm
d) 14 cm

42. (UEL-PR) Os ângulos internos de um triângulo medem, em graus, A, B e C. Se A tem 25 graus a mais que B, e C tem 9 graus a menos que o dobro de B, então B é igual a:
a) 41°
b) 59°
c) 66°
d) 73°

43. (PUC-SP) Na figura $a = 100°$ e $b = 110°$. Quanto mede o ângulo x?
a) 30°
b) 50°
c) 80°
d) 100°

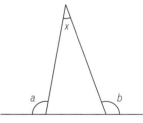

44. (Mack-SP) Na figura, $\overline{DE}$ paralelo a $\overline{BC}$. O valor de a é:
a) 80°
b) 70°
c) 60°
d) 50°

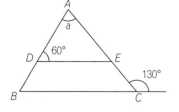

45. (UFMG) Na figura, o valor de $3y - x$, em graus, é:

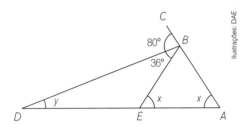

a) 8°
b) 10°
c) 12°
d) 16°

46. A soma de $x + y + z$ na figura é:
a) 360°
b) 720°
c) 900°
d) 1 080°

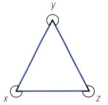

47. Quanto vale a soma das medidas dos 10 ângulos indicados na figura?
a) 360°
b) 600°
c) 720°
d) 900°

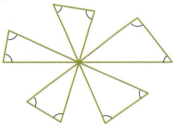

48. (UMC-SP) Na figura abaixo, a medida do ângulo x é:
a) 70°
b) 80°
c) 100°
d) 120°

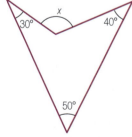

49. (Unirio-RJ) As retas r_1 e r_2 são paralelas. O valor do ângulo α, apresentado na figura abaixo, é:
a) 40°
b) 45°
c) 50°
d) 65°

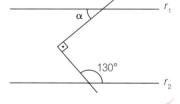

UNIDADE 12
Triângulos: congruência e pontos notáveis

1. Congruência de figuras planas

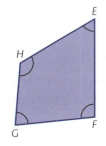

Já trabalhamos com:

- segmentos congruentes: têm mesma medida;
- ângulos congruentes: têm mesma medida.

O que seriam figuras planas congruentes?

Se você copiar e recortar os quadriláteros ao lado, verá que eles se sobrepõem perfeitamente, ou seja, coincidem.

> Duas figuras planas são **congruentes** se quando sobrepostas coincidem ponto a ponto.

Nesta unidade trataremos da congruência de polígonos, em especial de triângulos.

Com auxílio de régua e transferidor, meça os lados e os ângulos internos dos quadriláteros *ABCD* e *EFGH*. Anote os valores em seu caderno, em uma tabela como esta ao lado.

Usando o símbolo ≡, que significa congruente, observamos que:

$\hat{A} \equiv \hat{E}$ $\overline{AB} \equiv \overline{EF}$
$\hat{B} \equiv \hat{F}$ $\overline{BC} \equiv \overline{FG}$
$\hat{C} \equiv \hat{G}$ $\overline{CD} \equiv \overline{GH}$
$\hat{D} \equiv \hat{H}$ $\overline{DA} \equiv \overline{HE}$

A cada ângulo do quadrilátero *ABCD* corresponde um ângulo do quadrilátero *EFGH*, que é congruente a ele.

A cada lado do quadrilátero *ABCD* corresponde um lado do quadrilátero *EFGH*, que é congruente a ele.

Quadrilátero ABCD	Quadrilátero EFGH
med($\hat{A}$) =	med($\hat{E}$) =
med($\hat{B}$) =	med($\hat{F}$) =
med($\hat{C}$) =	med($\hat{G}$) =
med($\hat{D}$) =	med($\hat{H}$) =
AB =	EF =
BC =	FG =
CD =	GH =
DA =	HE =

TRIÂNGULOS: CONGRUÊNCIA E PONTOS NOTÁVEIS

Por exemplo, ao ângulo A corresponde o ângulo E e vice-versa.

Usaremos "tracinhos" para identificar pares de lados e pares de ângulos correspondentes. Veja nas figuras ao lado.

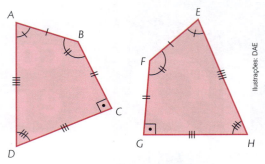

Dois polígonos são congruentes quando apresentam lados correspondentes congruentes e ângulos correspondentes congruentes.

Os quadriláteros ABCD e EFGH são congruentes. Escrevemos: ABCD ≡ EFGH.

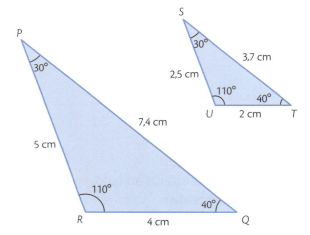

Nos triângulos PQR e STU temos ângulos correspondentes congruentes:

$$\widehat{P} \equiv \widehat{S}$$
$$\widehat{Q} \equiv \widehat{T}$$
$$\widehat{R} \equiv \widehat{U}$$

Mas os lados correspondentes não têm a mesma medida. Esses triângulos não são congruentes.

1. Os quadriláteros ilustrados abaixo são congruentes?

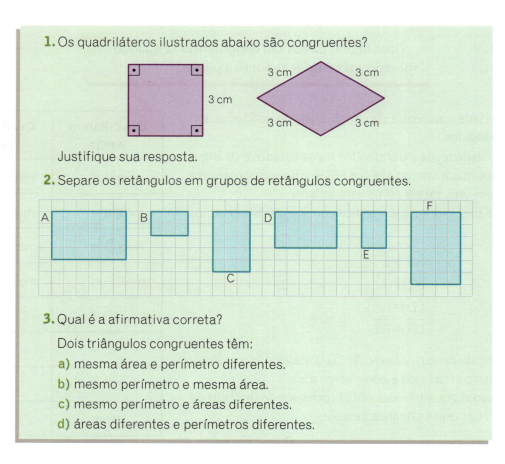

Justifique sua resposta.

2. Separe os retângulos em grupos de retângulos congruentes.

3. Qual é a afirmativa correta?

Dois triângulos congruentes têm:
a) mesma área e perímetro diferentes.
b) mesmo perímetro e mesma área.
c) mesmo perímetro e áreas diferentes.
d) áreas diferentes e perímetros diferentes.

2. Casos de congruência de triângulos

Triângulos são polígonos, portanto, para que dois triângulos sejam congruentes precisamos ter lados correspondentes congruentes e ângulos correspondentes congruentes.

Para decidirmos se dois triângulos são ou não congruentes, precisamos verificar 6 condições:

- 3 congruências entre lados correspondentes;
- 3 congruências entre ângulos correspondentes.

No entanto, os triângulos apresentam características que permitirão reduzir esse trabalho.

> **Lembrete**
>
> **Condição de existência de um triângulo**
>
> Vimos no 7º ano que só é possível construir um triângulo se a medida do maior lado for menor que a soma das medidas dos outros dois lados. Esse fato será importante, pois vamos construir alguns triângulos.

Caso LLL

Construímos um triângulo com palitos de sorvete.

Faça um igual e verifique que não é possível deformar o triângulo.

Quando fixamos as medidas dos lados de um triângulo, automaticamente fixamos as medidas de seus ângulos, por isso ele não pode ser deformado.

Isso significa que, para saber se dois triângulos são congruentes, podemos verificar se seus lados são respectivamente congruentes. Se forem, os ângulos também serão, e teremos dois triângulos congruentes.

É isso o que diz o **caso LLL** (lado-lado-lado) de congruência de triângulos:

> Dois triângulos que têm os lados correspondentes congruentes são congruentes.

Veja os triângulos ABC e DEF, eles apresentam lados respectivamente congruentes.

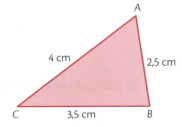
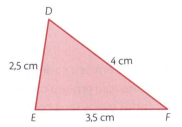

Esse fato garante que os ângulos correspondentes também são congruentes, e podemos concluir que os triângulos são congruentes. Escreveremos assim:

△ABC ≡ △DEF pelo caso LLL (Lê-se: caso lado-lado-lado.)

Apanhe seu material de desenho. Vamos construir um triângulo ABC dadas as medidas de seus lados: AB = 2,8 cm, AC = 3,2 cm e BC = 4 cm.

Este triângulo existe, pois o maior lado mede 4 cm e 4 < 2,8 + 3,2.

O triângulo ABC que você construiu é congruente ao que construímos aqui e é congruente aos que seus colegas construíram, pelo caso LLL.

1. Traçamos o lado $\overline{BC}$. Dois vértices estão determinados. Só falta determinar o vértice A. Você pode começar traçando qualquer lado.	**2.** Usando a régua, abra o compasso até a marca de 2,8 cm. Com a ponta seca em B, trace um arco.	**3.** Agora com abertura igual a 3,2 cm, medida na régua, e ponta seca em C, trace outro arco. Determinamos o ponto A e traçamos o triângulo ABC.

Caso ALA

Vamos construir com régua e compasso o triângulo ABC, sendo dadas as medidas:

- AB = 4 cm
- med($\hat{A}$) = 40°
- med($\hat{B}$) = 60°

Traçamos o lado $\overline{AB}$.

Com transferidor traçamos o ângulo de 40° com vértice em A e, em seguida, o ângulo de 60° com vértice em B.

Observe que, traçando esses elementos, o vértice C fica determinado, fixando as medidas de $\overline{AC}$, $\overline{BC}$ e $\hat{C}$.

Faça também a construção em seu caderno.

O triângulo que você construiu em seu caderno é congruente ao triângulo ABC traçado por nós e é congruente aos triângulos traçados pelos seus colegas. Confira!

Verificamos o **caso ALA** (ângulo-lado-ângulo) de congruência de triângulos:

> Dois triângulos que têm dois ângulos e o lado compreendido entre eles respectivamente congruentes são congruentes.

Nos triângulos PQR e STU, temos:
$\hat{P} \equiv \hat{S}$
$\hat{R} \equiv \hat{U}$
$\overline{PR} \equiv \overline{SU}$

A congruência desses pares de elementos garante a congruência dos demais pares. Podemos concluir que esses triângulos são congruentes. Escrevemos assim:
△PQR ≡ △STU pelo caso ALA (Lê-se: caso ângulo-lado-ângulo.)

Atenção!

Ao nomear os triângulos, siga a correspondência entre os ângulos:
$\hat{P} \rightarrow \hat{S}$
$\hat{Q} \rightarrow \hat{T}$
$\hat{R} \rightarrow \hat{U}$
Por isso, escrevemos △PQR ≡ △STU com os vértices nessa ordem.

Caso LAL

Vamos a mais uma construção. Faça em seu caderno.
Agora traçaremos o triângulo DEF, dados:
DE = 5 cm
med($\hat{D}$) = 45°
DF = 3 cm
Traçamos o lado $\overline{DE}$ e o ângulo de 45° com vértice em D.

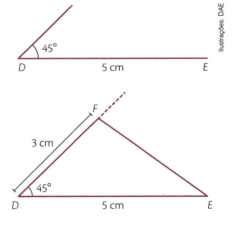

Como DF = 3 cm, determinamos o vértice F e automaticamente ficam determinadas as medidas de $\overline{EF}$, $\hat{F}$ e $\hat{E}$.

O triângulo que você construiu é congruente ao triângulo DEF que nós construímos, e é congruente aos triângulos traçados por seus colegas. É importante conferir essa conclusão.

Verificamos o **caso LAL** (lado-ângulo-lado) de congruência de triângulos:

Dois triângulos que têm dois lados e o ângulo formado por eles respectivamente congruentes são congruentes.

Os casos de congruência permitem verificarmos se dois triângulos são congruentes a partir da congruência de 3 elementos correspondentes.

Registrem no caderno.

1. Daniel precisa descobrir se os triângulos ABC e DEF abaixo são congruentes.

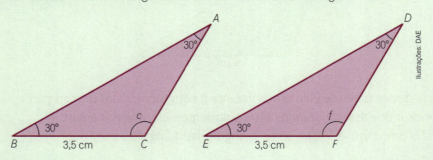

Veja como ele pensou, junte-se a um colega, tentem descobrir que ideia Daniel teve e descubram se os triângulos são congruentes.

Se o ângulo C fosse congruente ao ângulo F, eu poderia afirmar que os triângulos são congruentes pelo caso ALA. Mas os ângulos C e F não foram dados...

Já sei! Tive uma ideia...

2. Se Daniel não tivesse o dado BC = EF = 3,5 cm, ele poderia concluir que os triângulos são congruentes? Expliquem.

Veja este exemplo:

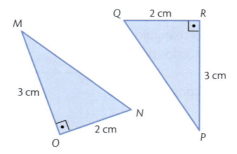

Nesses triângulos, temos:

$\overline{ON} \equiv \overline{RQ}$

$\overline{OM} \equiv \overline{RP}$

$\hat{O} \equiv \hat{R}$

A congruência desses pares de elementos garante a congruência dos demais pares.

Os triângulos ONM e RQP são congruentes.
Escrevemos: △ONM ≡ △RQP pelo caso LAL (Lê-se: caso lado-ângulo-lado.)

Observe os triângulos abaixo. Sem fazer medições, podemos concluir que os triângulos são congruentes?

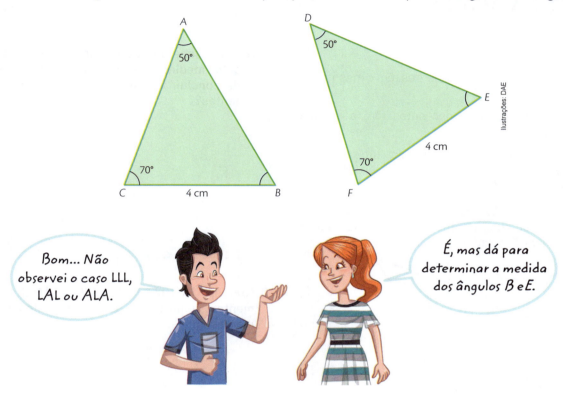

Exatamente! Como a soma das medidas dos ângulos internos de um triângulo é 180°, descobrimos que med($\hat{B}$) = 60° e med($\hat{E}$) = 60°.

Com essa informação podemos concluir que o triângulo ABC é congruente ao triângulo DEF, pelo caso ALA, pois:

$\overline{CB} \equiv \overline{FE}$
$\hat{C} \equiv \hat{F}$
$\hat{B} \equiv \hat{E}$

Assim como escrevemos ABC, devemos escrever DEF respeitando a correspondência entre os ângulos.

TRIÂNGULOS: CONGRUÊNCIA E PONTOS NOTÁVEIS **211**

EXERCÍCIOS

1. Responda.
   a) Dois triângulos congruentes têm o mesmo perímetro?
   b) Dois triângulos congruentes têm a mesma área?
   c) Para verificar se dois triângulos são congruentes, é necessário verificar a congruência dos seis elementos (3 lados e 3 ângulos)?

2. Observe os pares de triângulos a seguir e anote os que são congruentes, considerando apenas as indicações dadas.

   a)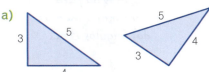

   b)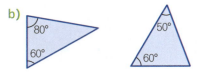

   c)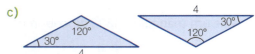

   d)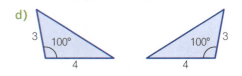

3. Na figura existem dois triângulos congruentes. Quais são eles?

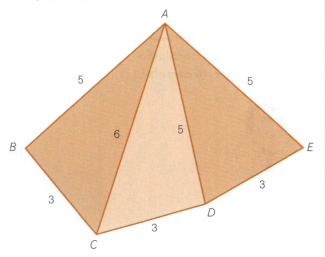

4. Se você sabe que dois triângulos têm os três ângulos medindo respectivamente 40°, 60° e 80°, pode concluir que esses triângulos são congruentes?

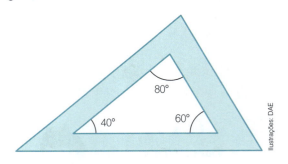

5. (Saresp) Nos triângulos *LUA* e *AMO* os elementos congruentes estão assinalados com marcas iguais.

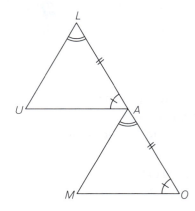

Sabendo-se que *UA* = 10 cm e *LA* = 8 cm, responda:

a) Quanto mede $\overline{AO}$?

b) Quanto mede $\overline{MO}$?

6. (Saresp) Na figura, os segmentos $\overline{AE}$ e $\overline{ED}$ têm a mesma medida.

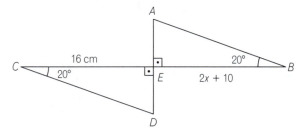

Qual o valor de *x*?

3. Medianas, bissetrizes e alturas num triângulo

Ainda há mais o que aprender sobre os triângulos...

Medianas

Traçamos um triângulo ABC e segmento AM que une o vértice A ao ponto médio M do lado oposto a esse vértice. $\overline{AM}$ é uma das medianas desse triângulo.

Todo triângulo tem 3 medianas, uma relativa a cada um de seus lados.

As medianas se encontram em um ponto que é chamado de **baricentro** do triângulo. Costumamos identificar o baricentro com a letra G.

Mediana é o segmento que une um vértice do triângulo ao ponto médio do lado oposto a esse vértice.

1. Usando régua e compasso, construa um triângulo em cartolina e trace suas medianas, determinando G (baricentro).
Recorte o triângulo, faça um pequeno furo no ponto G e amarre um fio que permita suspender o triângulo, como vemos na figura abaixo. O triângulo ficou equilibrado?

Esta atividade permite descobrir por que o baricentro é também chamado de **ponto de equilíbrio**, ou **centro de gravidade** do triângulo.

2. Construa no caderno, com auxílio de régua e compasso, um triângulo equilátero, um triângulo isósceles e um triângulo escaleno. Trace as medianas de cada triângulo e recorte as três figuras com cuidado.
Fazendo dobras, investigue em quais casos a mediana é eixo de simetria do triângulo. Troque informações com os colegas!

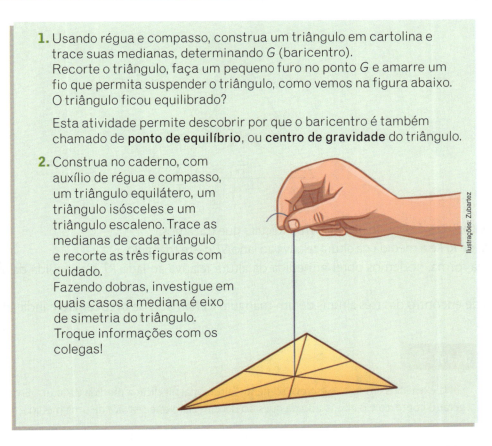

TRIÂNGULOS: CONGRUÊNCIA E PONTOS NOTÁVEIS

Bissetrizes

Na figura abaixo, traçamos as bissetrizes dos ângulos $\hat{A}$, $\hat{B}$, $\hat{C}$ do triângulo.

Todo triângulo apresenta três bissetrizes que se encontram em um ponto chamado **incentro** (I) do triângulo.

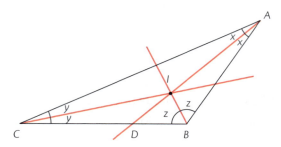

Observe que a bissetriz de $\hat{A}$ intersecta o lado $\overline{BC}$ num ponto D.

O segmento AD está contido na bissetriz de $\hat{A}$.

A medida de $\overline{AD}$ é a medida da bissetriz relativa ao vértice A deste triângulo.

Da mesma forma, podemos obter a medida da bissetriz relativa ao vértice B e a medida da bissetriz relativa ao vértice C.

Alturas

Traçamos pelo vértice R uma reta perpendicular à reta que contém o lado $\overline{ST}$ do triângulo, obtendo o ponto H.

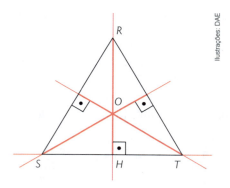

O segmento $\overline{RH}$ está contido na reta perpendicular que traçamos.

A medida de $\overline{RH}$ é a medida da altura relativa ao lado $\overline{ST}$ deste triângulo.

Da mesma forma, podemos obter a medida da altura relativa ao lado $\overline{RT}$ e a medida da altura relativa ao lado $\overline{RS}$.

O ponto de encontro das três alturas de um triângulo é chamado de **ortocentro** e indicado usualmente pela letra O.

> **Atenção!**
>
> Há exercícios em que se escreve somente "altura" para indicar a medida da altura. Em geral, o contexto e o enunciado da questão deixam claro que se trata de uma medida.

Alturas do triângulo retângulo

O triângulo *OPQ* é retângulo.
Traçamos a altura relativa ao lado $\overline{PQ}$ deste triângulo.

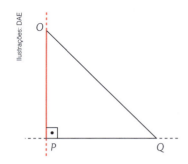

Interessante! A medida dessa altura coincide com a do lado $\overline{OP}$.

É isso mesmo. De modo semelhante, a medida da altura relativa ao lado $\overline{OP}$ coincide com a medida do lado $\overline{QR}$.

> Nos triângulos retângulos, as medidas de duas das alturas coincidem com as medidas dos lados que formam o ângulo reto.

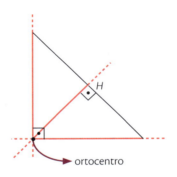

Traçando a terceira altura, percebemos que o ortocentro é o vértice do ângulo reto.

ortocentro

1. Há triângulos, como o ilustrado, em que é necessário fazer prolongamentos para traçar alturas. Observe que o ortocentro ficou fora do triângulo.
   Classifique esse triângulo quanto aos ângulos.

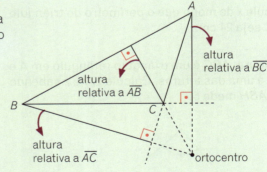

2. Construa no caderno:
   a) um triângulo *ABC* dados: *BC* = 8 cm, *AC* = *AB* = 6 cm.
      Trace as medianas desse triângulo e marque o baricentro.
   b) um triângulo equilátero de lado 7 cm.
      Trace as alturas desse triângulo e marque o ortocentro.
      Use o esquadro.

TRIÂNGULOS: CONGRUÊNCIA E PONTOS NOTÁVEIS **215**

EXERCÍCIOS

7. Relacione as letras do primeiro quadro com os números do segundo quadro.

- Ⓐ incentro Ⓑ ortocentro Ⓒ baricentro

- Ⓘ ponto de encontro das alturas
- Ⓘ Ⓘ ponto de encontro das medianas
- Ⓘ Ⓘ Ⓘ ponto de encontro das bissetrizes

8. Na figura, onde G é o baricentro, $AE = 1,8$ cm; $DC = 2$ cm e $FC = 2,4$ cm; calcule, em centímetros, o perímetro do triângulo ABC.

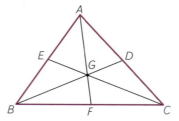

9. Na figura, $\overline{BM}$ é mediana do triângulo ABC.

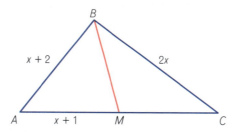

Calcule x de modo que o perímetro do triângulo ABC seja 24 cm.

10. Na figura, ABC é um triângulo retângulo em A e $\overline{AH}$ é uma das alturas. Calcule x, y e z sabendo que $A\hat{B}H$ mede 50°.

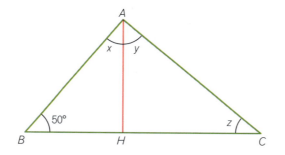

11. Quantas alturas devem ser traçadas para determinar o ortocentro de um triângulo?

12. Em que triângulo o ortocentro coincide com um dos vértices?

13. Na figura, o triângulo ABC tem um ângulo reto e o ângulo A mede 20°. Se $\overline{BD}$ é bissetriz de $A\hat{B}C$, qual é o valor de x?

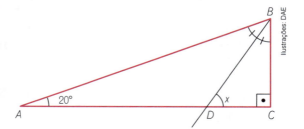

14. (UFMG) Na figura abaixo:

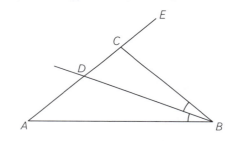

- $\overline{BD}$ é bissetriz de $A\hat{B}C$;
- a medida de $E\hat{C}B$ é o dobro da medida de $E\hat{A}B$;
- a medida de $E\hat{C}B$ é 80°.

A medida de $C\hat{D}B$ é:

a) 50° b) 55° c) 60° d) 65°

15. Observe a figura, onde O é incentro e a medida de $B\hat{O}C$ é 110°. Calcule a medida de $B\hat{A}C$.

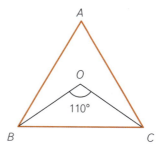

4. Propriedades dos triângulos isósceles

A congruência de triângulos permitirá descobrirmos propriedades importantes.

Num triângulo ABC isósceles, com AC = AB, traçamos a bissetriz de $\hat{A}$, determinando o ponto P.

O ângulo do vértice, que é $\hat{A}$ ficou dividido em dois ângulos congruentes de medidas a_1 e a_2. Também ficam determinados os ângulos de medidas p_1 e p_2 com vértice em P.

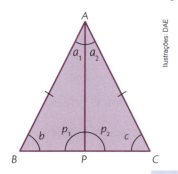

Vamos examinar os triângulos ABP e ACP, que se formaram quando traçamos a bissetriz.

$\overline{AP}$ é lado comum aos dois triângulos (L)
$a_1 = a_2$ (A)
AC = AB, pois o triângulo é isósceles (L)

Pelo caso LAL os triângulos são congruentes.

Isso significa que: $b = c$

Os ângulos da base de um triângulo isósceles são congruentes.

BP = PC — O ponto P é **ponto médio** de $\overline{BC}$, ou seja, a bissetriz $\overrightarrow{AP}$ é também a **mediana** relativa à base.

$p_1 = p_2$ — Como $p_1 + p_2 = 180°$ (são suplementares), temos que $p_1 = p_2 = 90°$.

$\overline{AP}$ é perpendicular a $\overline{BC}$, ou seja, $\overline{AP}$ é a **altura** relativa a $\overline{BC}$.

A bissetriz do ângulo do vértice de um triângulo isósceles coincide com a mediana e com a altura relativa à base.

O triângulo abaixo é isósceles. Qual é a medida de seus outros dois ângulos?

O ângulo dado é um dos ângulos da base.
O outro ângulo da base também mede 40°.

$$40° + 40° = 80°$$

Como a soma das medidas dos ângulos internos de um triângulo é 180°, o ângulo do vértice mede 100°.

$$180° - 80° = 100°$$

Wassily Kandinsky. *Pontas no arco*, 1927. Óleo sobre cartão.

CONECTANDO SABERES

Nessa obra, o artista russo Wassily Kandinsky usou maravilhosamente as formas geométricas e as cores.

Você consegue identificar triângulos isósceles e triângulos equiláteros nessa tela?

Triângulos equiláteros

"O triângulo equilátero é também isósceles, pois apresenta dois lados congruentes."

"Certo. As propriedades que vimos valem para os triângulos equiláteros."

E mais: cada um dos lados pode ser tomado como base.

Considerando os elementos que estão nas figuras abaixo, chegaremos a conclusões importantes.

Tomando $\overline{BC}$ como base, temos que $b = c$.   Tomando $\overline{AC}$ como base, temos que $a = c$.

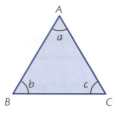 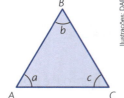

Se $b = c$ e $a = c$, então $a = b$.

Temos que: $\quad a = b = c$

Como $a + b + c = 180°$, cada ângulo do triângulo equilátero mede $180° : 3 = 60°$.

> O triângulo equilátero tem os três ângulos internos congruentes, cada um medindo 60°.

Vale a recíproca: se um triângulo tem 3 ângulos internos congruentes, então ele é equilátero.

Agora é com vocês!

1. Usando régua e compasso, tracem e depois recortem um triângulo equilátero RST qualquer. Façam uma dobra, fazendo coincidir os lados $\overline{RS}$ e $\overline{RT}$. Desdobrem e façam a segunda dobra fazendo coincidir $\overline{ST}$ e $\overline{RT}$. Na terceira dobra, coincidem os lados $\overline{RS}$ e $\overline{ST}$. Com o triângulo aberto, observem as linhas das dobras e respondam se elas determinam as bissetrizes, as medianas ou as alturas desse triângulo. O ponto de encontro dessas linhas é o baricentro, o incentro ou o ortocentro desse triângulo?

2. Rubinho fez uma pipa juntando dois triângulos equiláteros, como mostra a figura.
   a) Qual é a medida do ângulo α?
   b) A pipa tem a forma de um quadrilátero conhecido. Vocês lembram o nome que ele recebe?

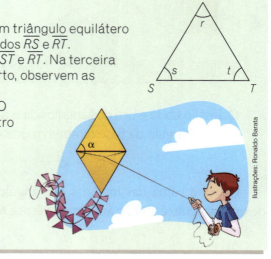

EXERCÍCIOS

16. Desenhe todos os triângulos que verifiquem as três condições a seguir:

a) ser isósceles;

b) o perímetro medir 20 cm;

c) um dos lados medir 6 cm.

17. Maribel tem um retalho de tecido na forma triangular e com ele quer fazer quatro lenços iguais. Ela dá 3 cortes de tesoura e, eis que aparecem 4 lenços. Como ela obteve esses lenços?

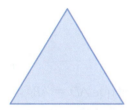

É um triângulo equilátero.

18. Os triângulos abaixo são isósceles. Qual é o valor das letras indicadas?

a)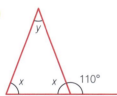

c)

b)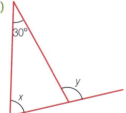

19. Observe o retângulo ABCD.

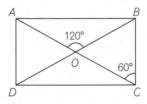

Quanto aos lados, que nome tem o triângulo BOC?

20. O peso da figura está suspenso por duas cordas de mesma medida e presas no teto. Se o ângulo entre as cordas é de 58°, quanto medem os ângulos formados pela corda e pelo teto?

21. (SEE-SP) Na figura, o triângulo ABD é isósceles (AD = BD). As medidas x, y, z dos ângulos indicados são, respectivamente:

a) 80°, 30°, 40°

b) 80°, 70°, 10°

c) 100°, 30°, 40°

d) 100°, 70°, 10°

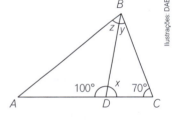

22. Na figura abaixo, o triângulo ABC é equilátero e o triângulo ACD é isósceles (AC = CD).

Qual é a medida do ângulo x?

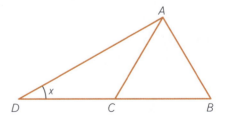

23. (Mack-SP) Na figura, BD = AD = DC e BM = MD. Então a mede:

a) 45°

b) 30°

c) 15°

d) 20°

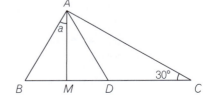

TRIÂNGULOS: CONGRUÊNCIA E PONTOS NOTÁVEIS **219**

5. Maior lado e maior ângulo de um triângulo

> Num triângulo que tem dois lados com medidas diferentes, ao maior lado se opõe o maior ângulo.

Vamos demonstrar essa propriedade.

Traçamos um triângulo ABC, onde $AB \neq AC$ e $AC > AB$.

As medidas dos ângulos internos do triângulo foram nomeadas por a, b e c, sendo b a medida do ângulo oposto ao maior lado ($\overline{AC}$).

Queremos mostrar que $b > c$.

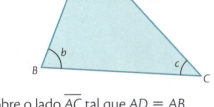

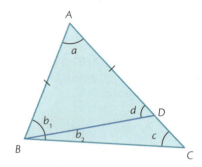

Para isso, marcamos o ponto D sobre o lado $\overline{AC}$ tal que $AD = AB$.

O ângulo de vértice B foi dividido em dois ângulos de medidas b_1 e b_2 como mostra a figura ao lado.

Como o triângulo ABD é isósceles de base $\overline{BD}$, temos que $b_1 = d$.

Também é verdade que $d > c$, pois $d = c + b_2$ (propriedade do ângulo externo).

Substituindo d por b_1 na desigualdade $d > c$, temos que $b_1 > c$.

Ora, $b > b_1$, pois o segmento BD dividiu o ângulo de medida b.

Se $b > b_1$ e $b_1 > c$, concluímos que $b > c$, como queríamos demonstrar.

A recíproca dessa propriedade também é verdadeira: Num triângulo que tem dois ângulos com medidas diferentes, ao maior ângulo opõe-se o maior lado.

No triângulo ao lado, temos $PQ > QR$.

Pela propriedade que demonstramos podemos afirmar que $r > q$.

Veja o esquema ao lado.

Quem mora mais longe da escola: Carlos ou Mário?

Justifique sua resposta no caderno.

220

EXERCÍCIOS

24. O que está errado na figura?

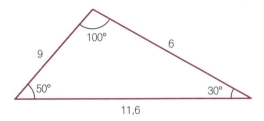

25. (CAp-UFRJ) Considere a figura a seguir:

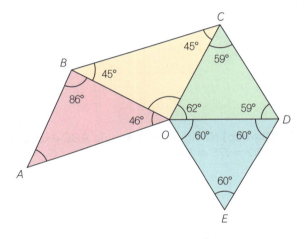

a) Calcule a medida do ângulo $B\hat{A}O$.
b) Identifique qual dos triângulos é um triângulo retângulo.
c) No triângulo *CDO*, identifique o lado de maior comprimento.

26. Robson e Mateus observam uma bola da linha lateral do campo. A que distância de Robson a bola está? Justifique.

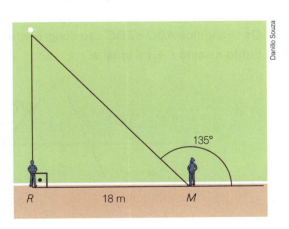

27. Quais triângulos admitem eixos de simetria?

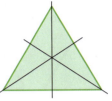

◆ O triângulo equilátero tem 3 eixos de simetria.

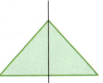

◆ O triângulo isósceles tem 1 eixo de simetria.

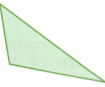

◆ Há triângulos que não têm eixos de simetria.

Responda:
Como se classifica, quanto aos lados, um triângulo que não tem nenhum eixo de simetria?

28. Observe a figura a seguir.

a) Copie e complete a figura, sabendo que a reta é eixo de simetria.
b) Qual é o perímetro do polígono obtido?
c) Classifique o polígono obtido quanto aos lados.

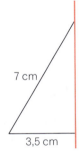

29. Na figura, a reta *s* é um eixo de simetria do triângulo.

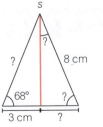

Determine as demais medidas da figura.

REVISANDO

30. Com palitos iguais constrói-se uma sucessão de figuras planas, conforme é mostrado na ilustração abaixo:

figura 1　　figura 2　　figura 3

Qual é o número de triângulos congruentes ao da figura 1 existentes em uma figura formada com 15 palitos?

31. Divida um triângulo equilátero em:

a) duas partes congruentes;

b) três partes congruentes.

32. Os triângulos ABC, ADE e EFG são equiláteros. Os pontos D e G são os pontos médios de $\overline{AC}$ e $\overline{AE}$, respectivamente.

Se AB = 8 cm, qual é o perímetro da figura colorida?

a) 24 cm

b) 26 cm

c) 30 cm

d) 36 cm

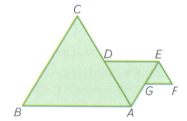

33. Entre as casas de Teco e de Leco foi instalado um ponto de ônibus. Qual desses dois garotos terá de andar mais para apanhar o ônibus? Justifique.

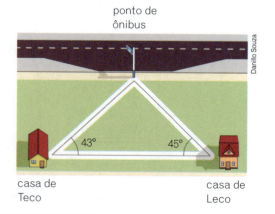

34. Comente a afirmação:

> Um triângulo retângulo nunca tem eixos de simetria.

35. Na figura, a reta assinalada é um eixo de simetria do triângulo. Obtenha a medida dos ângulos indicados com letras.

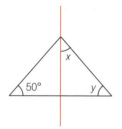

36. (Saresp) Na figura, o triângulo ABC é isósceles e BD = DE = EC.

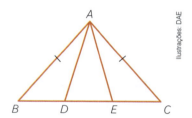

Nestas condições, os triângulos:

a) ABD e ADE são congruentes.

b) ABD e AEC são congruentes.

c) ADE e AEC são congruentes.

d) ABD e ABC são congruentes.

37. Os triângulos ABC e EDC são congruentes. Então a soma x + y é igual a:

a) 10

b) 11

c) 13

d) 15

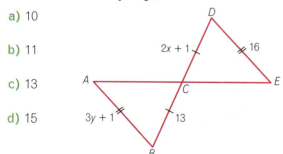

38. O triângulo RST é isósceles, sendo RS = RT. Calcule o valor de x.

a)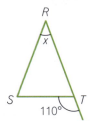

b)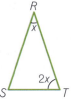

c)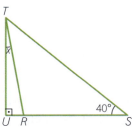

39. Na figura temos AB = AC e AD = DC. Quanto mede o ângulo BÂD?

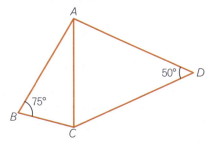

40. Na figura, $\overline{AB}$ é bissetriz do ângulo do vértice A. Qual é a medida, em graus, de x?

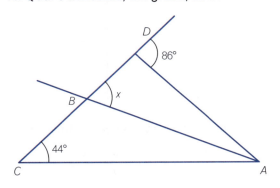

DESAFIOS — NO CADERNO

41. (Saresp) O vértice A de uma folha de papel retangular será dobrado sobre o lado $\overline{BC}$ de forma que as medidas BE e BA' sejam iguais, como mostra a figura.

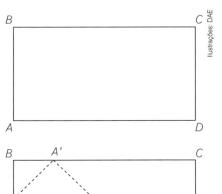

Nas condições dadas, a medida do ângulo que é um dos ângulos internos do triângulo BA'E é:

a) 45°   c) 100°
b) 60°   d) 120°

42. (Mack-SP) Na figura: BC = CA = AD = DE; o ângulo CÂD mede:

a) 10°
b) 20°
c) 30°
d) 40°

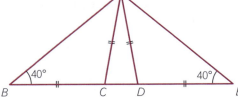

43. Uma folha triangular de papel foi dobrada conforme a figura. Calcule o valor de x.

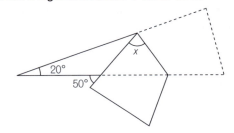

AUTOAVALIAÇÃO

NO CADERNO

Anote no caderno o número do exercício e a letra correspondente à resposta correta.

44. O triângulo AMN é equilátero.

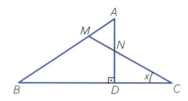

O valor de x é:

a) 30°   b) 45°   c) 60°   d) 70°

45. Na figura, PQ = RQ. O valor de x é:

a) 15°
b) 20°
c) 25°
d) 30°

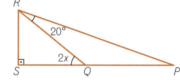

46. Na figura, AB = BC e AC = AD. Qual é o valor de x?

a) 30°
b) 40°
c) 45°
d) 55°

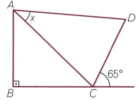

47. Na figura, PA = PB = BC. Qual é a medida de APĈ?

a) 36°
b) 42°
c) 54°
d) 60°

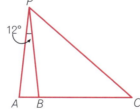

48. Na figura, AB = AC; O é o ponto de encontro das bissetrizes do triângulo ABC e BÂC mede 40°. A medida de BÔC é:

a) 70°
b) 100°
c) 140°
d) 110°

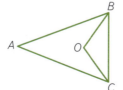

49. (Saresp) A estrela da figura abaixo tem seis pontas. A soma dos ângulos A, B, C, D, E e F, das pontas dessa estrela mede:

a) 180°
b) 360°
c) mais do que 360°
d) menos do que 180°

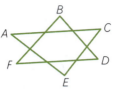

50. (UFF-RJ) Um pedaço de papel tem a forma do triângulo equilátero PQR, com 7 cm de lado, sendo M o ponto médio do lado PR. Dobra-se o papel de modo que os pontos Q e M coincidam, conforme ilustrado abaixo. O perímetro do trapézio PSTR, em cm, é igual a:

a) 9
b) 17,5
c) 24,5
d) 28
e) 49

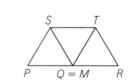

51. Os triângulos ABC e DEC são congruentes. O perímetro da figura ABDE mede:

a) 17
b) 18
c) 19
d) 21

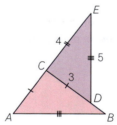

52. (Saresp) Na figura abaixo, os dois triângulos são congruentes e os ângulos A e E, internos a cada um desses triângulos, têm a mesma medida.

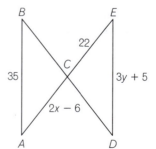

Dessa forma, x e y são, respectivamente:

a) 8 e 13
b) 10 e 12
c) 14 e 10
d) 20 e 6

UNIDADE 13 - Quadriláteros e outros polígonos

1. Nomenclatura - polígonos convexos

Polígonos são figuras planas com contorno fechado, formado somente por segmentos de retas.

Dizemos que um polígono é convexo quando todo segmento de reta com extremidades em dois de seus pontos fica contido no polígono. Estes são exemplos de polígonos convexos.

Nomeamos os polígonos de acordo com o número de lados que apresentam. Relembre alguns nomes:
- 3 lados: triângulo
- 4 lados: quadrilátero
- 5 lados: pentágono
- 6 lados: hexágono
- 7 lados: heptágono
- 8 lados: octógono

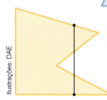

Já o polígono ao lado não é convexo. Há segmentos com extremidades em pontos do polígono que não ficam contidos nele.

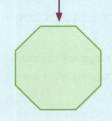

Trabalharemos somente com polígonos convexos, que serão chamados simplesmente de polígonos daqui para a frente.

2. Elementos dos quadriláteros

Como todo polígono, um quadrilátero apresenta vértices, lados e ângulos.

O segmento que une dois vértices não consecutivos de um polígono se chama **diagonal do polígono**. Os quadriláteros têm duas diagonais. Os elementos do quadrilátero abaixo são:

- vértices: A, B, C, D (são pontos)
- lados: $\overline{AB}, \overline{BC}, \overline{CD}, \overline{DA}$ (são segmentos de reta)
- ângulos internos: $\hat{A}, \hat{B}, \hat{C}, \hat{D}$

O perímetro de um quadrilátero é a soma das medidas de seus lados.

Perímetro = AB + BC + CD + DA

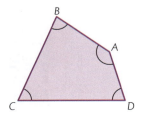

3. Classificação dos quadriláteros

Há quadriláteros que, por terem características especiais, recebem nomes especiais. Relembre:

Trapézios: apresentam um par de lados paralelos. Esses lados são chamados de bases do trapézio.

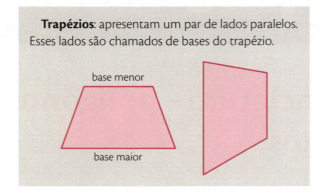

Paralelogramos: apresentam dois pares de lados opostos paralelos.

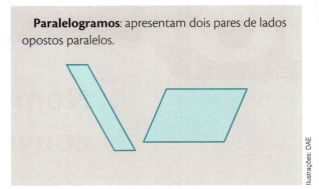

Classificamos os trapézios em:

- ◆ **Trapézios retângulos**: têm dois ângulos retos.
- ◆ **Trapézios isósceles**: têm um único par de lados opostos congruentes.
- ◆ Trapézios que não são isósceles e nem retângulos são chamados de **trapézios escalenos**.

Entre os paralelogramos, há alguns que recebem nomes específicos.

Retângulos: são paralelogramos que apresentam 4 ângulos retos.

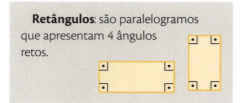

Quadrados: são paralelogramos que apresentam 4 ângulos retos e 4 lados congruentes.

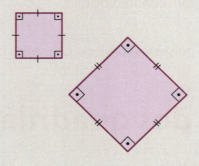

Losangos: são paralelogramos com 4 lados congruentes.

O quadrado é paralelogramo, é retângulo e é losango!

Trapézios são quadriláteros que têm um par de lados paralelos, certo? Então podemos considerar que paralelogramos são trapézios especiais...

REFLETINDO

Você concorda com Vanessa? Troque ideias com seus colegas e o professor.

EXERCÍCIOS

1. Qual das figuras geométricas seguintes não é um polígono?

   a) triângulo
   b) quadrilátero
   c) pentágono
   d) circunferência

2. Indique os polígonos convexos e os não convexos.

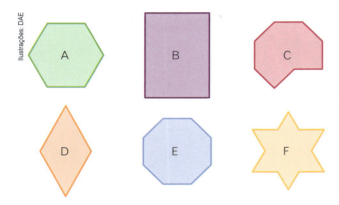

3. O número de lados de um quadrado multiplicado pelo número de vértices de outro quadrado é:

   a) oito.
   b) doze.
   c) dezesseis.
   d) trinta e dois.

4. (Saresp) Os desenhos abaixo representam figuras planas que têm em comum a propriedade de terem:

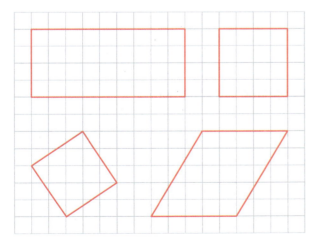

   a) pelo menos um ângulo reto.
   b) todos os lados de mesma medida.
   c) lados opostos paralelos dois a dois.
   d) lados consecutivos de mesma medida.

5. Que triângulos são obtidos quando traçamos uma diagonal de um quadrado?

   a) Dois triângulos acutângulos isósceles.
   b) Dois triângulos acutângulos equiláteros.
   c) Dois triângulos retângulos escalenos.
   d) Dois triângulos retângulos isósceles.

6. Observe as figuras a seguir.

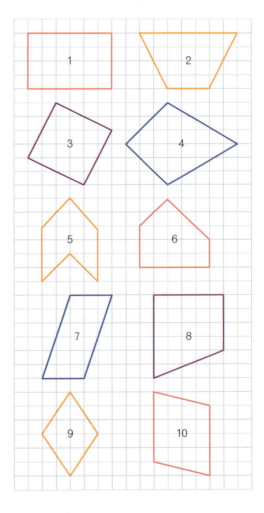

Indique todos os:

a) quadriláteros;
b) trapézios;
c) paralelogramos;
d) losangos;
e) retângulos;
f) quadrados.

4. Propriedades dos paralelogramos

Duas propriedades dos paralelogramos você já conhece: os ângulos opostos de um paralelogramo são congruentes e os ângulos de um mesmo lado são suplementares.

Essas propriedades permitem descobrirmos as medidas dos 4 ângulos de um paralelogramo conhecendo somente um deles.

Dado o ângulo de 40°, temos que:
$d = 40°$ (ângulo oposto ao de 40°)
$a = 140°$ (140° é o suplemento de 40°)
$c = 140°$ (ângulo oposto a $\hat{A}$ ou suplemento de 40°)

Vamos descobrir outras propriedades?

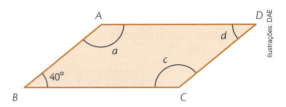

Lados opostos congruentes

Traçamos a diagonal $\overline{AC}$ do paralelogramo ABCD.
Como $\overline{AB} \parallel \overline{CD}$ e $\overline{AD} \parallel \overline{BC}$, temos:
$x = y$ (ângulos alternos internos)
$z = w$ (ângulos alternos internos)

Observe o desenho dos triângulos ABC e CDA.

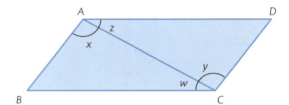

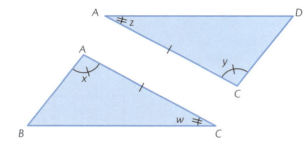

$\left. \begin{array}{l} x = y \ (A) \\ \overline{AC} \text{ é lado comum (L)} \\ z = w \ (A) \end{array} \right\}$ $\triangle ABC \equiv \triangle CDA$ pelo caso ALA

Os demais pares de elementos correspondentes são congruentes, ou seja:
$AB = CD$ e $BC = DA$

Os lados opostos de um paralelogramo são congruentes.

Propriedade das diagonais

Traçamos as diagonais do paralelogramo ABCD, que se cortam em um ponto M.
Como os lados opostos são paralelos, temos $x = y$ e $z = w$.

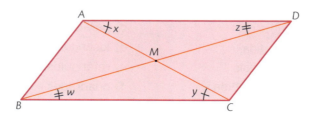

Os triângulos AMD e CMB são congruentes pelo caso ALA:

$x = y$ (A)

$BC = DA$ (lados opostos do paralelogramo) (L)

$z = w$ (A)

Os demais pares de elementos correspondentes são congruentes:

$AM = MC$, isso significa que M é ponto médio da diagonal AC;

$BM = MD$ isso significa que M é ponto médio da diagonal $\overline{BD}$.

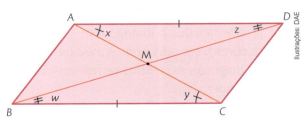

As diagonais de um paralelogramo se cortam em seus pontos médios.

Valem as recíprocas das propriedades que vimos:
- Todo quadrilátero que tem ângulos opostos congruentes dois a dois é paralelogramo.
- Todo quadrilátero que tem lados opostos congruentes dois a dois é um paralelogramo.
- Todo quadrilátero cujas diagonais se cortam em seus pontos médios é um paralelogramo.

Como o retângulo, o quadrado e o losango são paralelogramos, as propriedades que aprendemos se aplicam a essas figuras, certo?

Propriedade das diagonais do retângulo

Traçamos as diagonais $\overline{AC}$ e $\overline{BD}$ do retângulo ABCD. Vamos analisar os triângulos ABC e DCB.

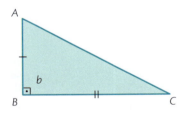 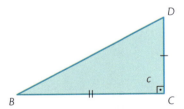

Sabemos que os lados opostos do retângulo são congruentes e que ele apresenta 4 ângulos retos.

$AB = DC$ (lados opostos do retângulo) (L)
$b = c$ (ângulos retos) (A)
$\overline{BC}$ é lado comum aos dois triângulos (L)

$\triangle ABC \equiv \triangle DCB$ pelo caso LAL

Dessa congruência, vem que $AC = BD$.

Aqui também é válida a recíproca: todo paralelogramo que tem diagonais congruentes é retângulo.

As diagonais de um retângulo são congruentes.

QUADRILÁTEROS E OUTROS POLÍGONOS 229

Propriedade das diagonais do losango

Já sabemos que o losango tem 4 lados congruentes e que suas diagonais se cortam em seus pontos médios.

As diagonais $\overline{AC}$ e $\overline{BD}$ determinam triângulos.

Veja que:

$AB = DA$ (lados do losango) (L)
$BM = MD$ (M é ponto médio de $\overline{BD}$) (L)
$\overline{AM}$ é lado comum (L)

$\triangle ABM \equiv \triangle ADM$ pelo caso LLL

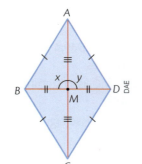

Os demais pares de elementos são congruentes, ou seja, $x = y$.

Como $x + y = 180°$, concluímos que $x = y = 90°$.

As diagonais de um losango são perpendiculares.

Também vale a propriedade recíproca: se um paralelogramo tem diagonais perpendiculares, ele é um losango.

Vamos resumir em um quadro as propriedades vistas?

Paralelogramos	Retângulos	Losangos	Quadrados
◆ Têm lados opostos e ângulos opostos congruentes. ◆ Ângulos de um mesmo lado são suplementares. ◆ As diagonais se cortam em seus pontos médios.	◆ Têm as propriedades dos paralelogramos. ◆ Suas diagonais são congruentes.	◆ Têm as propriedades dos paralelogramos. ◆ Suas diagonais são perpendiculares.	◆ Têm todas as propriedades dos quadros anteriores.

Como já dissemos, o quadrado é paralelogramo, é retângulo e é losango, por isso para ele valem todas as propriedades vistas.

REFLETINDO

Cláudio e Ana brincam de adivinhar o nome de cada paralelogramo a partir de suas propriedades. Adivinhe você também!

Tem diagonais congruentes.

Suas diagonais são perpendiculares.

5. Propriedades dos trapézios isósceles

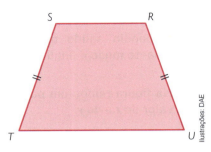

O trapézio RSTU ilustrado é isósceles, pois ST = UR.
Vamos descobrir uma propriedade que esse tipo de trapézio tem?
Mais uma vez, vamos utilizar conhecimentos anteriores.

Traçamos um segmento RP paralelo ao lado $\overline{ST}$, determinando o paralelogramo RSTP e o triângulo isósceles RPU.

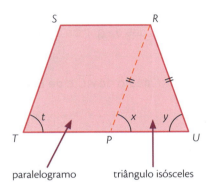

paralelogramo   triângulo isósceles

Do paralelismo, vem que $t = x$
($\hat{t}$ e $\hat{x}$ são ângulos correspondentes).

Também podemos afirmar que $x = y$, pois são as medidas dos ângulos da base de um triângulo isósceles.

Se $t = x$ e $x = y$, então $t = y$. Mostramos que:

Os ângulos da base de um trapézio isósceles são congruentes.

INTERAGINDO

Registrem no caderno.

1. Sabendo que no trapézio DEFG ao lado temos EF = GD, determinem as medidas indicadas por x e y.

2. Vocês provarão mais uma propriedade. Traçamos as diagonais de um trapézio isósceles ABCD. Utilizem os triângulos ABC e DCB para mostrar que as diagonais de um trapézio isósceles são congruentes. Mostrem depois aos outros colegas e ao professor como vocês pensaram.

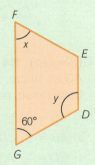

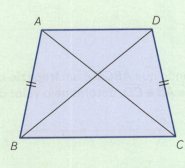

3. Copiem no caderno os nomes dos quadriláteros que possuem diagonais congruentes.
   - losango;
   - quadrado;
   - retângulo;
   - trapézio isósceles;
   - trapézio retângulo.

QUADRILÁTEROS E OUTROS POLÍGONOS **231**

EXERCÍCIOS

7. O ângulo agudo de um losango mede 46°. Quanto mede o ângulo obtuso?

8. Na figura temos um paralelogramo. Calcule o valor de x e de y.

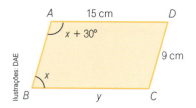

9. Se o perímetro de um paralelogramo é 14 cm, quanto é a soma das medidas de dois lados consecutivos?

10. Na figura temos um paralelogramo com 20 cm de perímetro. Determine x.

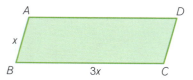

11. (Saresp) Na figura abaixo, $AD = 20$ cm, $AO = 10$ cm, $BC = 30$ cm e $BO = 15$ cm. Com base nisso, podemos afirmar que:

a) $AB = CD$
b) $AB = 2 \cdot CD$
c) $CD = 2 \cdot AB$
d) $2 \cdot AB = 3 \cdot CD$

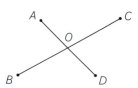

12. Sendo ABCD um quadrado, calcule os ângulos de medidas x e y.

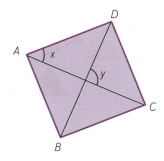

13. Observe o retângulo.

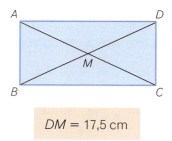

$DM = 17,5$ cm

a) Quanto mede o segmento MA?
b) Quais são as medidas das diagonais do retângulo?

14. Na figura, M é o ponto médio de $\overline{AC}$ e de $\overline{BD}$.

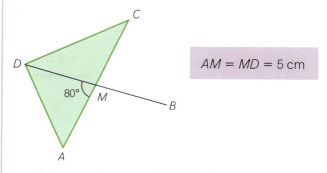

$AM = MD = 5$ cm

a) Determine as medidas dos ângulos dos triângulos AMD e DMC.
b) Classifique o quadrilátero ABCD.

15. Sabendo que ABCD é um trapézio isósceles de bases $\overline{AB}$ e $\overline{CD}$, determine o valor de x.

16. Sabendo que ABCD é um trapézio isósceles de bases $\overline{AB}$ e $\overline{CD}$, determine o valor de x.

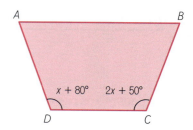

6. Ângulos de um polígono

Na arte encontramos várias obras que apresentam polígonos. O quadro da ilustração é de Paul Klee, pintor suíço naturalizado alemão. Observe como ele utiliza os quadriláteros! Vamos aprender mais sobre polígonos.

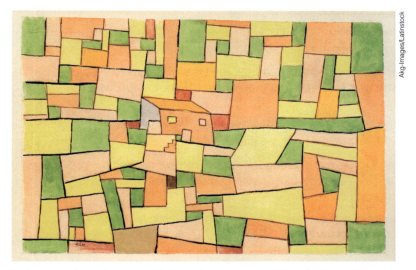

Paul Klee. *Landhaus Thomas R.*, 1927. Aquarela, tinta e lápis sobre papel, 31,1 cm × 46,7 cm.

Utilizando a propriedade da soma das medidas dos ângulos internos de um triângulo, podemos descobrir como calcular a soma das medidas dos ângulos internos de outros polígonos. Acompanhe:

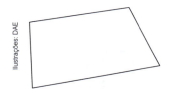
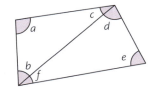

Desenhamos um quadrilátero qualquer.

Traçando uma de suas diagonais, o quadrilátero fica decomposto em dois triângulos:
$a + b + c = 180°$ e $d + e + f = 180°$

A soma das medidas dos ângulos internos do quadrilátero é dada por:

$$a + b + f + e + d + c = 180° + 180° = 360°$$

180°   180°

Vamos estender a ideia da decomposição em triângulos a outros polígonos convexos.

Desenhamos um pentágono qualquer e traçamos diagonais a partir de um dos vértices, decompondo o polígono em três triângulos.

A soma das medidas dos ângulos internos do pentágono será:
$$180° + 180° + 180° = 3 \cdot 180° = 540°$$

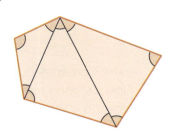

Pentágono é o polígono de 5 lados.

QUADRILÁTEROS E OUTROS POLÍGONOS 233

INTERAGINDO

Reúna-se com mais dois colegas para fazer as atividades a seguir.

1. Desenhe no seu caderno usando régua, um hexágono qualquer. Traçando diagonais a partir de um dos vértices, decomponha-o em triângulos como fizemos com o pentágono.
   a) Quantos triângulos você obteve?
   b) Qual é a soma dos ângulos internos do hexágono?
   c) Suas respostas conferem com as dos colegas?

2. Desenhamos ao lado um heptágono qualquer. Usamos as diagonais que partem do mesmo vértice para decompô-lo em triângulos. Obtivemos 5 triângulos.
   a) Qual é a soma das medidas dos ângulos internos do heptágono?
   b) Sua resposta confere com a dos colegas?

3. Um polígono de 10 lados é um **decágono**. Sem precisar desenhar um decágono, você e seus colegas sabem como calcular a soma das medidas de seus ângulos internos?

4. Expliquem oralmente qual é a relação entre o número de lados do polígono e o número de triângulos.

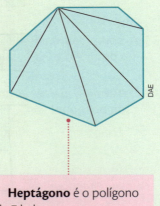

Heptágono é o polígono de 7 lados.

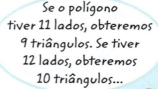

Se o polígono tiver 11 lados, obteremos 9 triângulos. Se tiver 12 lados, obteremos 10 triângulos...

Se o polígono tiver n lados obteremos (n − 2) triângulos...

Depois multiplica-se o número de triângulos obtidos por 180°.

A partir dessas ideias, podemos escrever uma fórmula para determinar a soma das medidas dos ângulos internos de um polígono.

Representando o número de lados do polígono por n e a soma das medidas dos ângulos internos por S_n, temos:

$$S_n = (n - 2) \cdot 180°$$

S_n e n são as variáveis dessa fórmula. Elas dependem uma da outra — são **interdependentes**.

Vamos experimentar?
Um octógono tem 8 lados.
Fazendo $n = 8$ na fórmula acima, temos:

$$S_8 = (8 - 2) \cdot 180°$$
$$S_8 = 6 \cdot 180°$$
$$S_8 = 1\,080°$$

A soma das medidas dos ângulos internos de um octógono é 1 080°.

EXERCÍCIOS

17. Calcule a soma das medidas dos ângulos internos de:

a) um dodecágono;
b) um polígono de 11 lados;
c) um polígono de 15 lados;
d) um polígono de 20 lados.

18. A soma das medidas dos ângulos internos de um polígono é 900°. Qual é o polígono?

19. Determine todas as medidas dos ângulos de cada polígono.

a) Triângulo — um ângulo de 50° e outro de 60°.
b) Quadrilátero — dois ângulos de 80° e outro de 70°.
c) Pentágono — dois ângulos de 105° e os outros três congruentes.
d) Hexágono — seis ângulos congruentes.

20.

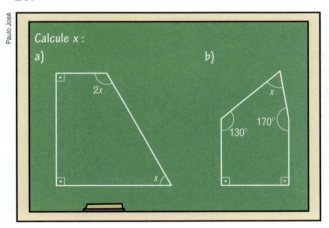

21. Calcule a medida dos ângulos indicados com letras.

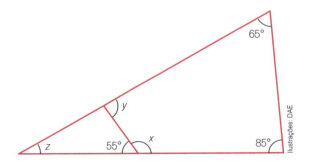

22. Determine a medida dos ângulos indicados pelas letras.

a)

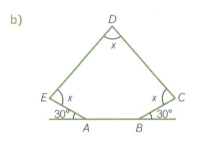

b)

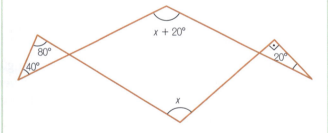

23. Calcule o valor de x na figura.

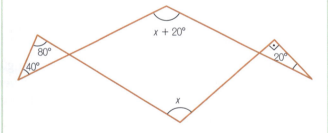

24. Calcular os valores de x e de y na figura, sabendo que $x - y = 30°$.

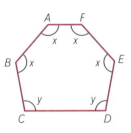

25. (Fuvest-SP) No retângulo a seguir, o valor, em graus, de $\alpha + \beta$ é:

a) 50
b) 90
c) 120
d) 130
e) 220

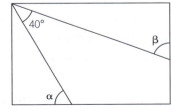

Ângulos dos polígonos regulares

Um polígono é regular se todos os seus lados são congruentes e todos os seus ângulos internos são congruentes.

 O triângulo equilátero é regular, pois tem 3 lados congruentes e 3 ângulos internos congruentes.

 O quadrado também é um polígono regular. Há pentágonos regulares, hexágonos regulares, e assim por diante.

 Este pentágono é regular.

 Este hexágono não é regular.

Sabemos que a soma das medidas dos ângulos internos de um pentágono é:
$S_5 = (5 - 2) \cdot 180° = 3 \cdot 180° = 540°$

Se o pentágono for regular, seus ângulos internos serão congruentes, portanto cada ângulo do pentágono regular mede 540° : 5 = 108°.

Soma das medidas dos ângulos externos de um polígono convexo

Marcamos, na ilustração de um pentágono, ângulos externos.

Observe que o vértice do ângulo externo é vértice do polígono. O prolongamento de um lado do polígono gera o outro lado do ângulo externo.

Chamando a medida de um ângulo interno de i, e a do externo de e, podemos ver que $i + e = 180°$.

Já descobrimos como calcular a soma das medidas dos ângulos internos de um polígono. Como será, então, que se calcula a soma das medidas dos ângulos externos?

Imaginemos um polígono de n lados. A medida de cada ângulo interno será indicada por $i_1, i_2, i_3, ..., i_n$ e a medida de cada ângulo externo por $e_1, e_2, e_3, ..., e_n$:

$\underbrace{i_1 + i_2 + i_3 + ... + i_n}_{\text{soma das medidas dos ângulos internos } S_i} + \underbrace{e_1 + e_2 + e_3 + ... e_n}_{\text{soma das medidas dos ângulos externos } S_e} = n \cdot 180°$

$(n - 2) \cdot 180° + S_e = n \cdot 180°$ Aplicando a propriedade distributiva:
$n \cdot 180° - 360° + S_e = n \cdot 180°$ Subtraindo ($n \cdot 180°$) de ambos os membros:
$-360° + S_e = 0 \rightarrow S_e = 360°$

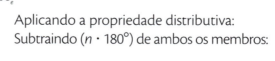

A soma das medidas dos ângulos externos de um polígono é sempre igual a 360°.

EXERCÍCIOS

26. Um polígono é regular se tem todos os lados congruentes entre si e todos os ângulos congruentes entre si. Responda ao que se pede.

a) Quais são os triângulos regulares?

b) Quais são os quadriláteros regulares?

c) Um polígono pode ter os ângulos congruentes e não ser regular? Caso a resposta seja afirmativa, dê um exemplo.

d) Um polígono pode ter os lados congruentes e não ser regular? Caso a resposta seja afirmativa, dê um exemplo.

27. A figura é um hexágono regular.

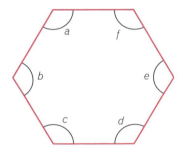

a) Quanto vale a soma das medidas dos ângulos internos do hexágono?

b) Qual é a medida do ângulo a?

28. O mosaico a seguir, desenhado em papel quadriculado, é formado por quadrados e octógonos.

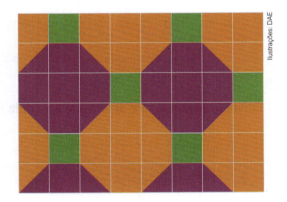

a) Quanto mede cada ângulo do octógono?

b) Estes octógonos são regulares? Por quê?

29. Copie e complete o quadro.

Polígono regular	Nº de ângulos internos	Medida de cada ângulo interno
triângulo		
quadrado		
pentágono		
octógono		
eneágono		
decágono		

30. Responda.

a) Qual polígono tem maior ângulo interno: um hexágono regular ou um octógono regular?

b) Quanto maior o número de lados, o que acontece com o ângulo interno?

31. Na figura, os três ângulos indicados têm a mesma medida. Calcule mentalmente o valor de x.

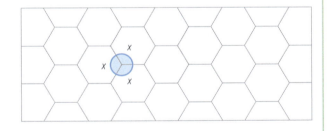

32. Na figura, os três polígonos são regulares. Calcule mentalmente o valor de a.

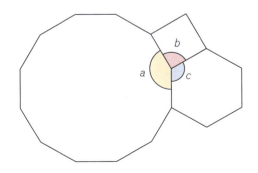

REVISANDO

33. Quais das afirmações a seguir são verdadeiras?

a) Todos os quadriláteros são trapézios.
b) Todos os quadrados são losangos.
c) Todos os retângulos são quadrados.
d) Todos os quadrados são retângulos.

34. O retângulo e o triângulo equilátero da figura têm igual perímetro. Calcule o perímetro da figura colorida.

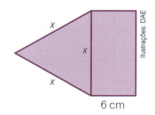

35. Quantos eixos de simetria tem esta bandeira?

Itália

36. Na figura estão representadas as diagonais de cinco quadriláteros.

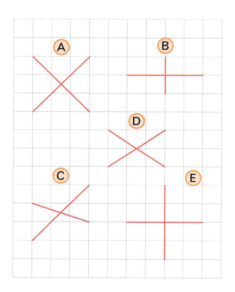

Quais são os quadriláteros?

37. (Saresp)

Polígono	Número de lados	Número de diagonais em um vértice
quadrilátero	4	1
pentágono	5	2
hexágono	6	3
heptágono	7	4
octógono	8	5

Se um polígono tem 12 lados, então o número de diagonais em um vértice será:

a) 6 diagonais.
b) 7 diagonais.
c) 9 diagonais.
d) 15 diagonais.

38. O número de diagonais de um octógono é:

a) 10
b) 18
c) 20
d) 24

39. Observe as imagens e responda às questões.

a) Qual é o polígono regular presente na antiga moeda de R$ 0,25?
b) Qual é a soma das medidas dos ângulos internos desse polígono regular?

40. Observe o retângulo e determine a medida x.

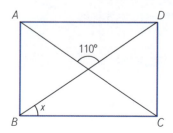

238

41. Um serralheiro desenhou um quadrilátero com todos os lados do mesmo comprimento, mas os ângulos não eram retos. Que figura esse serralheiro desenhou?

a) Quadrado.
b) Losango.
c) Trapézio.
d) Retângulo.

42. Calcule o valor de x nos quadriláteros.

a)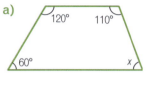
b)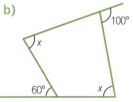

43. Na figura, $\overline{AE}$ é paralelo a $\overline{BC}$. Calcule o valor de x.

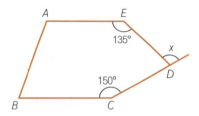

44. A figura seguinte é composta de um quadrado e dois triângulos equiláteros. Qual é, em graus, a medida x?

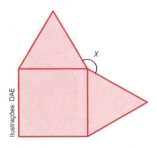

45. No interior de um quadrado ABCD se construiu o triângulo equilátero BCE. A medida do ângulo CÊD é:

a) 90°
b) 105°
c) 110°
d) 120°

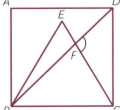

DESAFIOS NO CADERNO

46. Quantos retângulos há nesta figura?

a) 6
b) 8
c) 9
d) 10

47. A diagonal menor de um losango é congruente aos lados do losango. Quanto medem os ângulos desse losango?

48. Na figura, o pentágono é um polígono regular. Determine a medida dos ângulos indicados na figura.

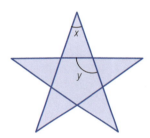

49. Sabendo que um ângulo externo de um polígono regular mede 30°, quantos lados terá esse polígono?

a) 6 lados
b) 12 lados
c) 14 lados
d) 20 lados

50. Na figura temos um quadrado ABCD e um triângulo equilátero BCM. Calcule, em graus, a medida x.

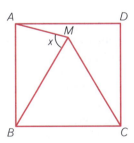

51. Na figura, ABCDEF é um hexágono regular. Então, BÂC, em graus, mede:

a) 15
b) 30
c) 45
d) 60

SEÇÃO LIVRE

52. Quantos eixos de simetria tem um retângulo?

53. Quantos eixos de simetria tem:

a) um quadrado?

b) um losango?

c) um trapézio isósceles?

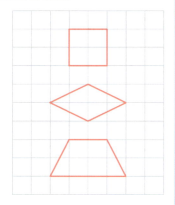

54. Observe os seguintes polígonos regulares:

Para cada um deles, indique o número de lados e o número de eixos de simetria. Que conclusão você pode tirar?

55. (UFPE) Uma bola de futebol é feita com 32 peças de couro. Doze delas são pentágonos regulares e as outras 20 são hexágonos também regulares. Os lados dos pentágonos são congruentes aos dos hexágonos, de forma que podem ser costurados. Cada costura une dois lados de duas dessas peças. Quantas são as costuras feitas na fabricação da bola de futebol?

a) 60

b) 64

c) 90

d) 120

56. Os polígonos são bastante aplicados em várias situações práticas, como, por exemplo, no revestimento de pisos ou paredes, em calçamento de ruas etc. Alguns polígonos regulares pavimentam o plano, outros não.

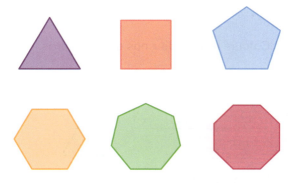

a) Quais destes polígonos pavimentam o plano?

b) No caso dos polígonos que pavimentam o plano, qual é a medida de seus ângulos internos?

c) Será que um decágono regular pavimenta o plano? Por quê?

57. (Encceja-MEC) Um artista criou um mosaico utilizando pentágonos regulares e losangos, dispostos como mostra a figura.

Para recortar as peças do mosaico, o artista precisa conhecer a medida dos ângulos das figuras. Sabendo que cada ângulo interno de um pentágono regular mede 108°, os ângulos internos dos losangos devem medir:

a) 18° e 162°

b) 30° e 150°

c) 36° e 144°

d) 54° e 126°

AUTOAVALIAÇÃO

NO CADERNO

Anote no caderno o número do exercício e a letra correspondente à resposta correta.

58. (Saresp) Para confeccionar sua pipa, Paulo usou 3 varetas, nas posições indicadas na figura.

Como a pipa tem forma hexagonal, se em cada diagonal Paulo colocasse uma vareta, ele teria que dispor de mais:

a) 9 varetas.
b) 6 varetas.
c) 4 varetas.
d) 3 varetas.

59. (UERJ)

> Se um polígono tem todos os lados congruentes, então todos os seus ângulos internos são congruentes.

Para mostrar que essa proposição é **falsa**, pode-se usar como exemplo a figura denominada:

a) losango.
b) trapézio.
c) retângulo.
d) quadrado.

60. (Vunesp) A figura é composta de triângulos retângulos isósceles, todos congruentes.

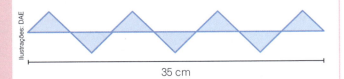

35 cm

O menor quadrado que possa ser formado pela união de quatro desses triângulos terá uma área, em centímetros quadrados, de

a) 16
b) 36
c) 49
d) 25

61. (Saresp) Quando o lado de um quadrado é multiplicado por 3, então seu perímetro fica multiplicado por:

a) 3
b) 6
c) 9
d) 12

62. (Pucc-SP) A figura descreve o movimento de um robô:

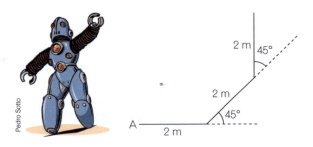

Partindo de A, ele sistematicamente avança 2 m e gira 45° para a esquerda. Quando esse robô retornar ao ponto A, a trajetória percorrida terá sido:

a) um hexágono regular.
b) um octógono regular.
c) um decágono regular.
d) um polígono não regular.

63. (SEE-SP) A figura ao lado parece ter relevo, mas, na verdade, é uma figura plana formada por vários losangos congruentes entre si. Sobre os ângulos internos de cada um desses losangos, é verdade que:

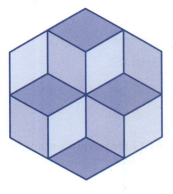

a) os quatro são congruentes.
b) dois medem 45° e dois medem 135°.
c) dois medem 60° e dois medem 120°.
d) dois medem 30° e dois medem 150°.

241

64. (Cefet-PR) Na figura abaixo temos um losango, um paralelogramo, um triângulo isósceles e um triângulo retângulo.

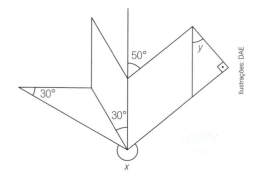

Sabendo disso, podemos afirmar que os valores, em graus, de x e y são, respectivamente:

a) 190° e 60°
b) 60° e 190°
c) 60° e 250°
d) 250° e 40°

65. Quanto vale x no quadrado ABCD?

a) 30°
b) 60°
c) 80°
d) 90°

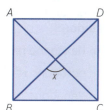

66. A medida de cada ângulo externo do eneágono regular é:

a) 40°
b) 45°
c) 100°
d) 140°

67. Quanto vale x no paralelogramo ABCD?

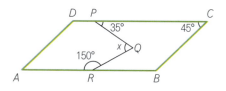

a) 60°
b) 65°
c) 70°
d) 75°

68. (Fuvest-SP) Nesta figura, os ângulos $\hat{a}$, $\hat{b}$, $\hat{c}$ e $\hat{d}$ medem, respectivamente, $\frac{x}{2}$, $2x$, $\frac{3x}{2}$ e x. O ângulo $\hat{e}$ é reto. Qual a medida do ângulo $\hat{f}$?

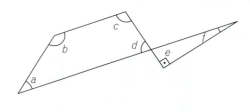

a) 16°   b) 18°   c) 20°   d) 22°

69. Na figura, ABCDEF é um hexágono regular. O valor de x é:

a) 60°
b) 80°
c) 100°
d) 120°

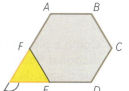

70. Na figura, temos um hexágono regular e um quadrado. Então, o valor de x é:

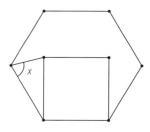

a) 75°   b) 45°   c) 60°   d) 90°

71. Na figura, ABCDE é um pentágono regular e ABF é um triângulo equilátero. A medida do ângulo A$\hat{F}$E é:

a) 60°
b) 62°
c) 64°
d) 66°

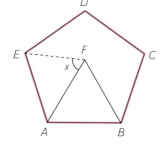

UNIDADE 14

Circunferência e círculo

1. Caracterização

Circunferência e **círculo** são a mesma coisa?

As formas circulares aparecem com frequência nos objetos do cotidiano, na arquitetura, no contexto da tecnologia...

Vamos esclarecer:
Marcamos um ponto O no plano e fixamos uma distância, por exemplo, 1,2 cm.

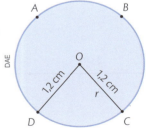

> A linha fechada formada por todos os pontos do plano que estão a uma distância dada de O é uma **circunferência**.

Os pontos A, B, C e D são exemplos de pontos pertencentes a essa circunferência. O ponto O é o seu centro.

> O segmento que une o centro a qualquer ponto da circunferência é o seu **raio**, que será indicado por r.

REFLETINDO

O centro de uma circunferência é um ponto pertencente à própria circunferência?

Nessa circunferência, o raio mede 1,2 cm.

CIRCUNFERÊNCIA E CÍRCULO **243**

Vimos que a circunferência é uma linha.
E o círculo, você sabe o que é?

> Unindo a circunferência e os pontos do seu interior, obtemos um **círculo**.

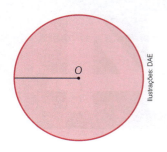

O círculo ocupa uma superfície.
O centro e o raio do círculo coincidem com o centro e o raio de sua circunferência.

Cordas

> Um segmento de reta cujas extremidades são dois pontos distintos da circunferência é uma **corda**.

Na figura, $\overline{AB}$ é um exemplo de corda. Suas extremidades são os pontos A e B, que são pontos da circunferência. $\overline{CD}$ também é uma corda.

> Uma corda que passa pelo centro da circunferência é chamada de **diâmetro** da circunferência.

Traçamos um diâmetro da circunferência abaixo, cujo raio mede 3 cm.

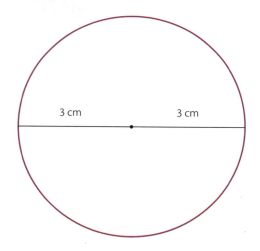

Em qualquer circunferência, a medida do diâmetro (d) é igual ao dobro da medida de seu raio (r).

$$d = 2 \cdot r$$

O compasso é o instrumento ideal para traçar circunferências. Usando a ponta seca, fixamos um ponto do plano, O, que será o centro da circunferência. A abertura do compasso determina a medida do raio r.

Quando traçamos a circunferência, todos os pontos da curva traçada estarão a uma mesma distância r do centro O.

EXERCÍCIOS

1. Comente a afirmação de Paulo:

Desenhei uma circunferência com 5 cm de diâmetro e 3 cm de raio.

2. Considere a circunferência e indique:
   a) o centro;
   b) três raios;
   c) um diâmetro;
   d) duas cordas;
   e) um ponto que não pertença à circunferência.

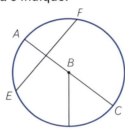

3. Na figura, qual é a medida:

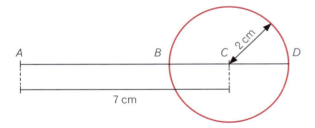

   a) do segmento de reta *BD*?
   b) do segmento de reta *AD*?
   c) do segmento de reta *AB*?

4. Qual é o diâmetro da circunferência maior?

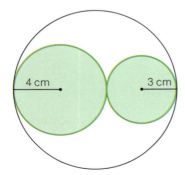

5. Qual é a maior quantidade de pontos em que se podem intersectar uma circunferência e um triângulo?
   a) 3
   b) 4
   c) 5
   d) 6

6. Qual é o raio, em cm, da maior circunferência que se pode desenhar em uma folha de papel com as dimensões de 11 cm de largura e 19,6 cm de comprimento?

7. Observe a figura e calcule *x*:

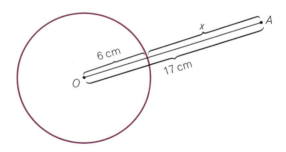

8. Em uma circunferência de raio $2x - 3$ cm e diâmetro de 30 cm, determine o valor de *x*.

9. O perímetro do retângulo a seguir mede 36 cm. Calcule a medida do raio de cada circunferência.

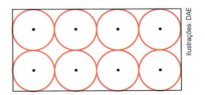

CIRCUNFERÊNCIA E CÍRCULO 245

Circunferências e a construção de triângulos dados seus lados

Você já sabe construir com régua e compasso um triângulo dadas as medidas de seus lados. Você compreenderá melhor a construção usando a definição de circunferência.

Vamos construir um triângulo cujos lados medem 5 cm, 4 cm e 2 cm.

Traçamos o lado de 5 cm, mas você pode começar pelo lado que quiser.

Já temos os vértices A e B, falta determinar o vértice C.

O vértice C está a 2 cm de B, ou seja, o vértice C está na circunferência de centro em B e raio 2 cm.

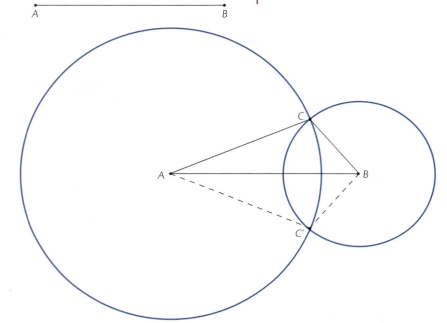

Ao mesmo tempo, o vértice C está a 4 cm de A: está na circunferência de centro em A e raio 4 cm.

Existem dois pontos, C e C', que pertencem às duas circunferências, ou seja, que estão a 2 cm de B e a 4 cm de A.

Obtivemos os triângulos ABC e ABC'. Como eles são **congruentes**, costuma-se desenhar somente um deles.

1. Para realizar esta atividade vocês precisarão de compasso, régua, lápis, tesoura e uma folha de papel sulfite.
   - Marquem no papel um ponto P.
   - Com auxílio do compasso, tracem no papel a circunferência de centro P, com raio de medida 4 cm.
   - Recortem, obtendo um círculo.
   - Dobrem o círculo ao meio.
   - Abram e reforcem a lápis a linha de dobra.
   - Dobrem o círculo em outra direção para obterem outro diâmetro.

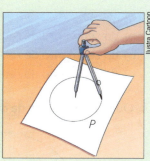

2. Respondam no caderno à questão a seguir.
   - Os diâmetros se intersectam num ponto. Que ponto é esse?

3. Um diâmetro é eixo de simetria do círculo?

4. Quantos eixos de simetria tem um círculo?

Vocês traçaram um diâmetro d do círculo. Um diâmetro divide o círculo em dois semicírculos idênticos.

2. Posição relativa de duas circunferências

Duas circunferências podem ou não ter pontos em comum. Há nomes para cada caso. Veja:

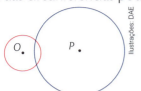
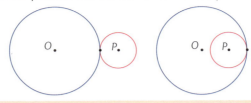

O e P são os centros das circunferências ao lado.

Circunferências secantes: têm dois pontos distintos comuns.

Circunferências tangentes: têm um único ponto em comum.

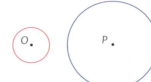

Imaginei circunferências secantes!

Uma interna à outra: não têm ponto comum.

Externas uma à outra: não têm ponto comum.

3. Posição relativa entre reta e circunferência

Uma reta e uma circunferência também podem ou não ter pontos em comum.

Reta tangente à circunferência: têm um único ponto em comum, chamado ponto de tangência.

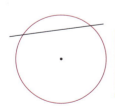

Reta secante à circunferência: têm dois pontos distintos em comum.

Reta externa à circunferência: não têm ponto em comum.

CONECTANDO SABERES

Geometria e Arte têm tudo a ver. Inspire-se nessa obra do artista russo Wassily Kandinsky e crie, com auxílio de compasso e régua, uma composição usando muitos círculos, circunferências e outras figuras geométricas.

Abuse das cores!

Wassily Kandinsky. *Círculos em círculos*, 1923. Aquarela e tinta sobre papel, 46,5 cm × 42,5 cm.

EXERCÍCIOS

10. Dê a posição relativa das circunferências:

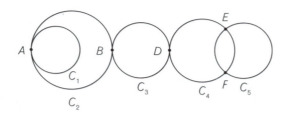

a) C_1 e C_2
b) C_1 e C_3
c) C_3 e C_4
d) C_4 e C_5

11. As três circunferências são tangentes. O raio da menor é 5 cm, $AC = 17$ cm e $BC = 21$ cm. Qual é a medida do raio das outras circunferências?

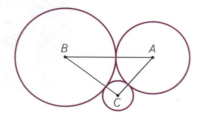

12. Na figura, identifique as retas em relação à circunferência:

a) secantes;
b) tangentes;
c) externas.

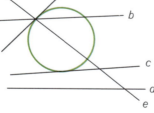

13. O raio da toalha circular de tecido é 150 mm. Qual é, em cm², a área da bandeja?

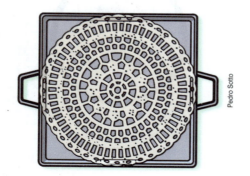

14. Seja $ABCD$ um quadrado.

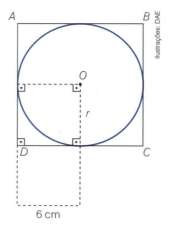

Nessas condições, determine:

a) a medida do lado do quadrado;
b) o perímetro desse quadrado;
c) a área do quadrado.

15. (Obmep) Na figura, as circunferências de centros A e B são tangentes aos lados do retângulo e têm diâmetros iguais a 4 cm. A distância entre os pontos R e S é 1 cm. Qual é o perímetro do retângulo?

a) 18 cm
b) 20 cm
c) 22 cm
d) 24 cm

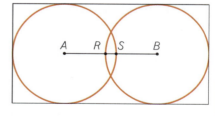

16. A figura é formada por quatro círculos de raio 3 cm.

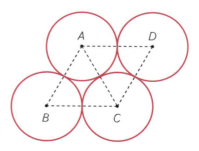

a) O que se pode dizer acerca dos triângulos ABC e ACD? Por quê?
b) Classifique o quadrilátero $ABCD$.

4. Propriedade da mediatriz de uma corda

Para descobrirmos essa propriedade, vamos primeiro falar de uma propriedade importante da mediatriz de um segmento.

Você lembra: **mediatriz de um segmento** é a reta que é perpendicular a esse segmento e que passa pelo ponto médio.

Traçamos um segmento AB e sua mediatriz t.

Marcamos um ponto qualquer P sobre a mediatriz. Traçamos $\overline{PA}$ e $\overline{PB}$. Vamos mostrar, usando a congruência de triângulos, que $PA = PB$, ou seja, que todo ponto da mediatriz de um segmento está a uma mesma distância dos extremos desse segmento.

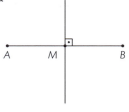

$AM = MB$ (M é ponto médio de $\overline{AB}$)
$x = y = 90°$ (a mediatriz t é perpendicular a $\overline{AB}$)
$\overline{MP}$ é lado comum
$\bigg\}$ $\triangle PAM \equiv \triangle PBM$ pelo caso LAL

Daí concluímos que $PA = PB$, ou seja, P está à mesma distância de A e de B.

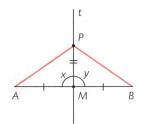

A recíproca é verdadeira: todo ponto que está a uma mesma distância das extremidades de um segmento pertence à mediatriz desse segmento. Vamos mostrar?

Marcamos abaixo um ponto P supondo $PA = PB$. (P está a uma mesma distância de A e de B.)

Marcamos M, ponto médio de segmento AB.

O triângulo PAB é isósceles, de base $\overline{AB}$. Ora, no triângulo isósceles, mediana e altura relativas à base coincidem, portanto o segmento PM é a mediana e é a altura relativa à base $\overline{AB}$.

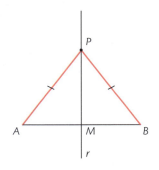

A reta r, que contém o segmento PM, é perpendicular a $\overline{AB}$ e passa pelo seu ponto médio, ou seja, P pertence à mediatriz de $\overline{AB}$, como queríamos mostrar.

O que isso tem a ver com cordas? Veja:

Traçamos a mediatriz de uma corda $\overline{AB}$ ($\overline{AB}$ não é um diâmetro).
Vimos que todos os pontos que estão à mesma distância de A e de B pertencem à mediatriz de $\overline{AB}$.

O centro da circunferência está a uma mesma distância de A e de B. (Essa distância é o raio da circunferência, certo?)

Então, o centro da circunferência está na mediatriz de $\overline{AB}$.

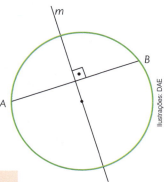

> **A mediatriz de uma corda passa pelo centro da circunferência onde está a corda.**

Essa propriedade é útil, por exemplo, quando temos uma circunferência e não sabemos a localização de seu centro.

Se traçarmos duas cordas que não sejam paralelas e a mediatriz de cada uma delas, o ponto de encontro dessas mediatrizes é o centro da circunferência.

Em sua casa você pode experimentar determinar o centro desconhecido de uma circunferência, usando os procedimentos a seguir:

1. Coloque um prato virado para baixo sobre uma cartolina e desenhe seu contorno.

2. Retire o prato. Você traçou uma circunferência e não sabe onde está o centro dela.

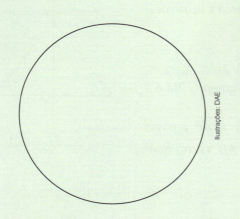

3. Usando compasso e régua, trace uma corda e construa sua mediatriz. Retome como fazer a construção na página 178.

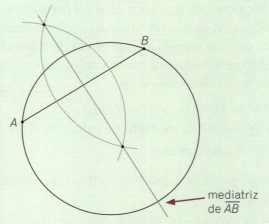

4. Trace outra corda não paralela à corda já traçada, e construa a mediatriz dela com régua e compasso.

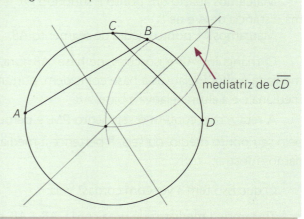

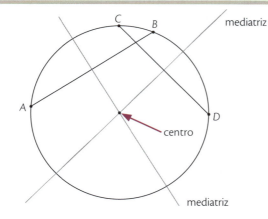

O ponto de encontro das mediatrizes das cordas determina o centro da circunferência.

250

Construindo um conhecimento novo a partir de um fato conhecido

Veja o desafio que o professor apresentou a seus alunos:

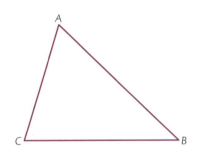

Construam um triângulo ABC. Vocês devem descobrir como traçar a circunferência que passa pelos três vértices desse triângulo.

Márcia usou a imaginação: visualizou o triângulo dentro de uma circunferência e percebeu que se os vértices são pontos da circunferência...

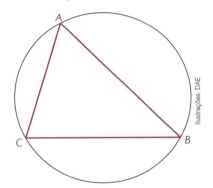

... os lados do triângulo serão cordas da circunferência que queremos traçar!

Aí ela se lembrou da propriedade que acabamos de descobrir: o ponto de encontro das mediatrizes das cordas de uma circunferência coincide com o seu centro.

Basta traçar as mediatrizes dos lados do triângulo. O ponto de encontro delas será o centro da circunferência! Duas mediatrizes já serão suficientes.

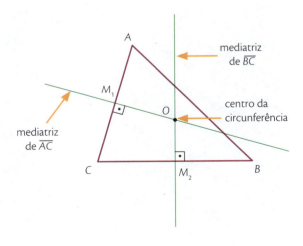

CIRCUNFERÊNCIA E CÍRCULO 251

Determinado o centro O, Márcia traçou com o compasso a circunferência que passa pelos três vértices do triângulo ABC, usando como raio a distância de O a qualquer um dos vértices.

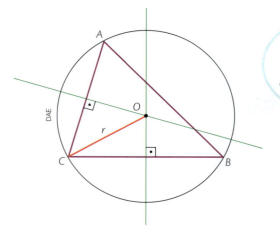

A Matemática parece uma rede: um conhecimento se liga a outro, que se liga a outro... e assim por diante.

Dizemos que a circunferência traçada é **circunscrita** ao triângulo ABC.

INTERAGINDO

Registrem no caderno.

1. O centro O da circunferência circunscrita a um triângulo está à mesma distância dos vértices do triângulo? Expliquem.

2. Desenhem um triângulo no caderno e, aproveitando as ideias de Márcia, tracem a circunferência circunscrita a ele.

   Vocês precisarão do material de desenho.

3. Para levar água às plantações no seu sítio, Marcos precisa cavar um poço que fique à mesma distância dos pontos de irrigação A, B e C.

   Usem as informações do esquema feito por Marcos e determinem o ponto onde ele deve fazer o poço.

   Utilizem a escala 1 cm = 100 m.

Distâncias:
- de A até B = 450 m
- de A até C = 300 m
- de B até C = 500 m

EXERCÍCIOS

17. Observe a figura e responda ao que se pede.

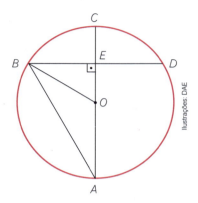

a) Quais segmentos representam os raios?
b) Quais segmentos representam os diâmetros?
c) Quais segmentos representam as cordas?
d) Qual segmento tem a mesma medida que $\overline{BE}$?

18. Mara desenhou 3 circunferências. Na primeira marcou 2 pontos, na segunda marcou 3 pontos e na terceira marcou 4 pontos. Em cada circunferência uniu todos os pontos por meio de cordas.

a) Desenhe mais três circunferências e faça o mesmo para o caso de 5, 6 e 7 pontos.

b) Conte o número de cordas traçadas em cada caso, a seguir copie e complete o quadro.

Número de pontos	2	3	4	5	6	7
Número de cordas	1	3	6			

c) Reúna-se com os colegas e descubra a regra de formação dessa sequência.

19. Sabendo que r é perpendicular a $\overline{AB}$, determine o valor de x.

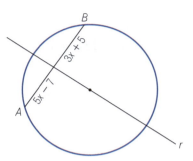

20. Sabendo que $\overline{CM} \equiv \overline{MD}$ e $\overline{AB}$ é um diâmetro, determine o valor de x.

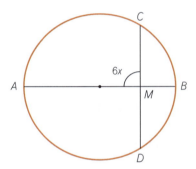

21. Dois irmãos moram numa chácara. Começaram plantando uma roseira na metade da distância entre as duas casas.

Depois determinaram outros pontos a iguais distâncias das casas e nesses pontos também plantaram roseiras. Desenhe no caderno com régua e compasso onde se situam todos os pontos que têm esta propriedade.

5. Arco e ângulo central

Arco de circunferência

André está pintando circunferências vermelhas num painel publicitário.
Repare que ele pintou somente um trecho da circunferência.
Ele pintou um **arco de circunferência**.

O trecho que ainda não foi pintado também é um arco de circunferência.

Quando marcamos dois pontos distintos sobre a circunferência, determinamos dois arcos.

Os pontos A e B são as extremidades dos arcos.

Notação: $\overset{\frown}{AB}$

Convencionou-se que, ao indicar $\overset{\frown}{AB}$, estamos nos referindo ao arco menor.

Arco do Triunfo, Paris.

Arcos do Túnel Daher Elias Cutait, antigo Túnel Nove de Julho. São Paulo, 2011.

Procure mais exemplos de utilização de arcos de circunferência com seus colegas!

Ângulo central

E ângulo central? O que é? Será que tem algo a ver com o centro da circunferência?

É isso mesmo! Ângulo central é qualquer ângulo com vértice no centro da circunferência. Vamos ver exemplos a seguir.

Os lados de um **ângulo central** determinam um arco na circunferência. Na figura, o ângulo central $A\hat{O}B$ determina o arco $\overset{\frown}{AB}$.

A **medida angular** do arco $\overset{\frown}{AB}$ é igual à medida do ângulo central que o determina.

Ainda na figura, a medida angular de $\overset{\frown}{AB}$ é 45°.

Escrevemos med$(\overset{\frown}{AB})$ = 45°.

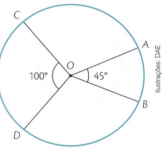

$A\hat{O}B$ e $C\hat{O}D$ são ângulos centrais.

Na figura ao lado, as três circunferências traçadas têm centro no ponto O. Elas são **circunferências concêntricas**.

Observe que os arcos $\overset{\frown}{AB}$, $\overset{\frown}{CD}$ e $\overset{\frown}{EF}$, determinados nas circunferências por um mesmo ângulo central, têm mesma medida angular, embora os comprimentos dos arcos sejam diferentes.

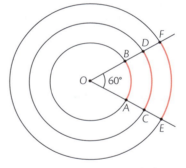

med$(\overset{\frown}{AB})$ = med$(\overset{\frown}{CD})$ = med$(\overset{\frown}{EF})$ = 60°

As fotografias podem ajudá-lo a compreender melhor essa ideia.

Comprimento de um arco de circunferência é a medida de um segmento de reta de comprimento igual ao do arco. É a medida do arco **retificado**.

EXERCÍCIOS

22. Os ponteiros de um relógio formam ângulos centrais. Determine a medida do menor desses ângulos sem usar o transferidor.

a)

c)

b)

d)

23. (Vunesp) Um *pizzaiolo* consegue fazer uma *pizza* de 40 cm de diâmetro perfeitamente circular e dividi-la em 8 partes iguais. Pode-se afirmar que, ao comer 3 pedaços, uma pessoa ingere o correspondente a um ângulo central de:

a) 75°
b) 105°
c) 125°
d) 135°

24. Determine o valor de x.

a)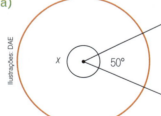

b)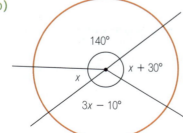

25. Qual é a medida do menor ângulo formado pelos ponteiros de um relógio às 2h30min? E ao meio-dia e meia?

26. Observe a figura e determine a medida angular do arco solicitado.

a) $\widehat{AB}$
b) $\widehat{BC}$
c) $\widehat{AD}$
d) $\widehat{CD}$
e) $\widehat{AC}$
f) $\widehat{BD}$

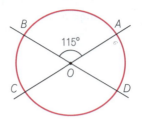

27. A figura representa uma bandeja circular. Na parte correspondente à colorida, o pai de Vivian consegue colocar, ordenadamente, 25 brigadeiros.

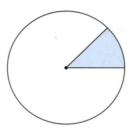

Qual é a estimativa para o número de brigadeiros que cabem em toda a bandeja?

28. Determine o valor de x.

a)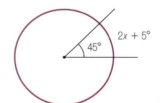

b)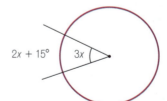

c)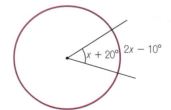

6. Comprimento de um arco

Quando dividimos o comprimento C de uma circunferência pela medida de seu diâmetro d, obtemos um número irracional indicado pela letra π (pi):

$$\frac{C}{d} = \pi, \text{ em que } \pi \cong 3{,}14$$

Veja um exemplo. O comprimento de uma circunferência de raio 5 cm é:

$$C = 2 \cdot 5 \cdot 3{,}14 = 31{,}4 \text{ cm}$$

Como um arco é um trecho da circunferência, é possível determinar a medida do seu comprimento em centímetros, metros etc.

Um ângulo central determina um arco na circunferência. Há relação entre a medida do ângulo central e o comprimento do arco.

Numa mesma circunferência:
- se dobramos a medida do ângulo central, o comprimento do arco correspondente também dobra;
- se triplicamos a medida do ângulo central, o mesmo acontece com o comprimento do arco correspondente, e assim por diante.

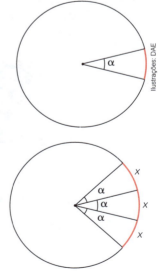

A medida do ângulo central e o comprimento do arco correspondente a ele são **proporcionais**.

CIRCUNFERÊNCIA E CÍRCULO

Vamos usar a proporcionalidade para determinar comprimentos de arcos. Observe novamente a rede matemática sendo construída!

O raio da circunferência ao lado mede 2,5 cm.

O comprimento dessa circunferência é de:

$$C = 2 \cdot 3{,}14 \cdot 2{,}5 = 15{,}7 \text{ cm}$$

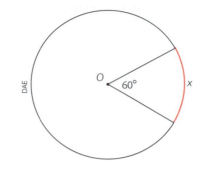

Qual é o comprimento do arco *x* correspondente a um ângulo central de medida 60° nessa circunferência?

Ao ângulo central de uma volta (360°), corresponde o comprimento da circunferência inteira: 15,7 cm.

Ao ângulo central de 60°, corresponde o arco de comprimento *x*.

360° ⟶ 15,7
60° ⟶ *x*

Como há proporcionalidade direta,

$$\frac{\cancel{360}^{6}}{\cancel{60}} = \frac{15{,}7}{x}$$

$$6x = 15{,}7$$

$$x = \frac{15{,}7}{6} \cong 2{,}6 \text{ cm}$$

O arco marcado tem medida angular de 60° e comprimento de aproximadamente 2,6 cm.

O arco $\widehat{AB}$ tem aproximadamente 2,6 cm de comprimento.

Pense e responda.

Oito amigos vão dividir, igualmente, entre si uma *pizza*.

a) Qual é o ângulo central correspondente a cada fatia?

b) Qual é, em graus, a medida do arco correspondente?

c) Qual é o comprimento desse arco, sabendo que a *pizza* tem 40 cm de diâmetro?

d) Um arco tem comprimento igual a $\frac{1}{6}$ do comprimento da circunferência a que pertence. Quanto mede o ângulo central correspondente a este arco?

EXERCÍCIOS

29. Considere uma circunferência de 3,5 cm de raio e calcule a medida:

a) do seu diâmetro;

b) do seu comprimento.

30. Utilize a régua e determine o comprimento da circunferência das seguintes moedas (em cm):

As moedas estão representadas em tamanho real.

31. Patrícia tem um frasco de forma cilíndrica e quer enfeitá-lo colocando uma fita adesiva em sua volta. O diâmetro do frasco mede 8 cm. Quanto medirá a fita adesiva?

32. Em volta de um canteiro circular com 3 m de raio, um jardineiro quer plantar roseiras. As plantas serão dispostas todas à mesma distância do centro com espaços de 12 cm entre si. Quantas roseiras ele deve encomendar?

33. Determine, em cm, o comprimento da linha vermelha, sabendo que cada quadradinho tem 0,5 cm de lado.

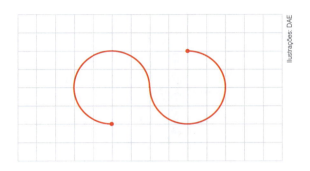

34. Determine o comprimento de um arco de 45° em uma circunferência de 6 cm de raio.

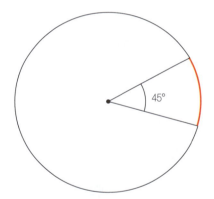

35. O ponteiro dos minutos de um relógio tem comprimento de 15 cm. Qual é a distância que a extremidade do ponteiro percorre num intervalo de 20 minutos?

SEÇÃO LIVRE

36. A figura mostra a vista superior de uma caixa de refrigerantes.

É possível que nessa caixa existam 12 latas de refrigerante?

37. (OM/Rio Preto-SP) Na figura abaixo, a correia move as seis rodas na direção das flechas. Quantas rodas são giradas no sentido horário?

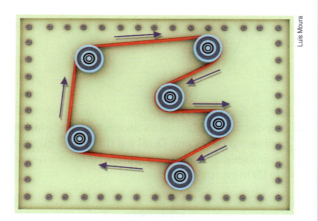

38. Numa caixa foram embaladas 3 bolas esféricas. Supondo que as bolas têm raio de 2,8 cm e tangenciam as paredes internas da embalagem, calcule a altura da embalagem.

39. Duas polias são presas por uma correia, como mostra a figura abaixo. O raio de cada polia mede 10 cm e a distância entre elas é de 30 cm. O comprimento da correia é de:

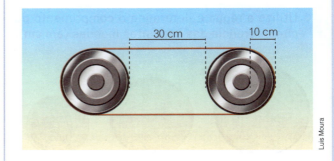

a) 131,4 cm
b) 162,8 cm
c) 122,8 cm
d) 142,8 cm

40. Dois corredores estão treinando em duas pistas circulares e concêntricas (mesmo centro) tendo a pista interna um raio de 30 m e a pista externa um raio de 100 m. Se o corredor que está na pista externa der 3 voltas completas, quantas voltas deverá dar o corredor da pista interna para que ambos tenham percorrido o mesmo espaço?

a) 8 voltas
b) 9 voltas
c) 10 voltas
d) 12 voltas

7. Construindo polígonos regulares

José faz caixas de presente artesanais.

Muitas delas têm como base um polígono regular. Ele traça polígonos regulares dividindo a circunferência em partes iguais.

Como exemplo, veja como construir um pentágono regular.

Traçamos uma circunferência.

O ângulo central de uma volta mede 360°.

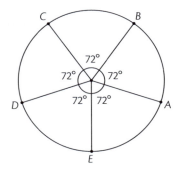

$$360° : 5 = 72°$$

Usando transferidor, traçamos 5 ângulos centrais de 72° cada um. Os ângulos dividiram a circunferência em 5 partes iguais.

Os pontos que ficam determinados sobre a circunferência são os vértices do pentágono regular.

Traçamos um pentágono regular inscrito na circunferência.

Os vértices do polígono são pontos da circunferência.

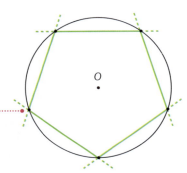

EXERCÍCIOS

NO CADERNO

41. Calcule a medida do ângulo central correspondente ao lado de um polígono regular com:

a) 10 lados;
b) 12 lados;
c) 20 lados;
d) 40 lados.

42. Na figura, ABCDE é um pentágono regular. Dê as medidas, em graus, do:

a) ângulo $A\hat{O}B$;
b) arco $\overset{\frown}{AC}$;
c) arco $\overset{\frown}{AD}$.

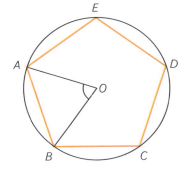

43. Na figura, um quadrado e um octógono regular estão inscritos numa circunferência.

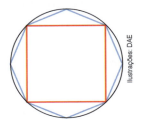

a) Qual dos polígonos tem maior perímetro?
b) O perímetro de um polígono regular inscrito de 16 lados é maior ou menor do que o perímetro do octógono?
c) Quando o número de lados aumenta, o perímetro do polígono regular inscrito aumenta ou diminui?

8. Ângulo inscrito

Paula e Cláudio estão em pontos distintos dessa praça circular, observando o mesmo jardim.

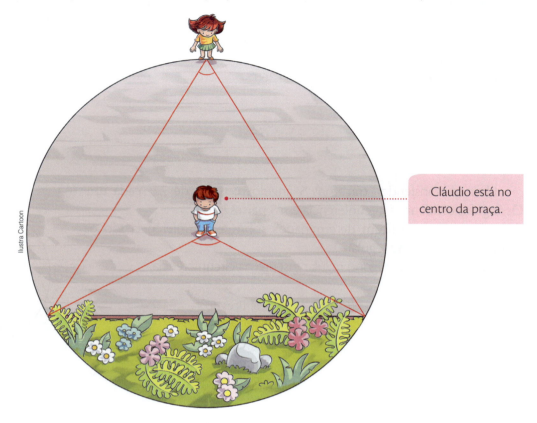

Cláudio está no centro da praça.

Apenas observando o desenho, percebemos que quem tem maior ângulo de visão é Cláudio. Veja o modelo matemático para essa situação:

- $A\hat{B}C$ é um ângulo inscrito: o vértice é um ponto da circunferência e seus lados são secantes a ela.
- $A\hat{O}C$ é o ângulo central correspondente ao ângulo inscrito $A\hat{B}C$ — ambos determinam o mesmo arco.

Use seu transferidor e registre no caderno a medida dos ângulos $A\hat{O}C$ e $A\hat{B}C$. O que você observou?

Numa mesma circunferência, a medida do ângulo inscrito é igual à metade da medida do ângulo central correspondente a ele.

Na praça, o ângulo de visão de Paula (ângulo inscrito) tem a metade da medida do ângulo de visão de Cláudio (ângulo central).

Mas não podemos usar essa informação antes de mostrar matematicamente que ela é válida. Para isso, mais uma vez vamos precisar de conhecimentos anteriores que já foram provados.

Nosso objetivo é mostrar que a medida do ângulo inscrito (*i*) é igual à metade da medida do ângulo central (*c*) correspondente a ele. Precisaremos examinar três casos, pois o centro da circunferência pode ocupar 3 posições diferentes em relação ao ângulo inscrito.

1º caso: o centro da circunferência está **sobre um dos lados** do ângulo inscrito.

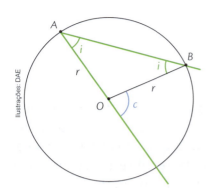

O triângulo OAB é isósceles, de base $\overline{AB}$. Os ângulos da base são congruentes. O ângulo $\hat{c}$ é ângulo externo ao triângulo.

$c = i + i$

$c = 2i$ ou $i = \dfrac{c}{2}$

> Você se lembra da propriedade do ângulo externo? A medida do ângulo externo é igual à soma das medidas dos ângulos internos não adjacentes a ele.

2º caso: o centro da circunferência está **no interior** do ângulo inscrito. Traçamos a semirreta IO, determinando os ângulos $\hat{i}_1$, $\hat{i}_2$ e $\hat{c}_1$, $\hat{c}_2$.

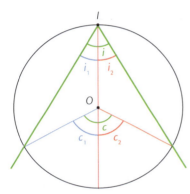

Pelo primeiro caso, temos:

$i_1 = \dfrac{c_1}{2}$ e $i_2 = \dfrac{c_2}{2}$

Como $i = i_1 + i_2$, temos:

$i = \dfrac{c_1}{2} + \dfrac{c_2}{2} = \dfrac{c_1 + c_2}{2} = \dfrac{c}{2}$

Também nesse caso, chegamos à conclusão de que: $i = \dfrac{c}{2}$

3º caso: o centro da circunferência está **no exterior** do ângulo inscrito. A ideia é recair no 1º caso. Traçamos a semirreta IO, determinando os ângulos $\hat{i}_1$, $\hat{i}_2$ e $\hat{c}_1$, $\hat{c}_2$.

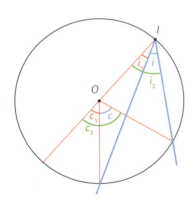

Pelo 1º caso, temos:

$i_1 = \dfrac{c_1}{2}$ e $i_2 = \dfrac{c_2}{2}$

Como $i = i_2 - i_1$, vem que:

$i = \dfrac{c_2 - c_1}{2} = \dfrac{c}{2}$

> Você percebeu? Provamos a validade do primeiro caso e recorremos a esse mesmo caso para mostrar a validade dos demais.

Conclusão: a medida do ângulo inscrito é igual à metade da medida do ângulo central correspondente a ele.

Mais uma descoberta importante

Observe a figura:

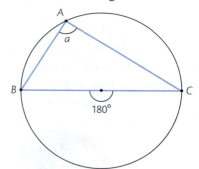

Os vértices do triângulo ABC são pontos da circunferência. O lado BC é um diâmetro da circunferência. Dizemos que ABC está inscrito na semicircunferência. Pela propriedade do ângulo inscrito, temos que: $a = 90°$, pois o ângulo central correspondente a esse ângulo inscrito é raso. Isso vale para todos os triângulos inscritos nessa situação:

Todo triângulo inscrito numa semicircunferência é retângulo.

Na figura ao lado, $\overline{CD}$ é um diâmetro e $P\hat{O}Q$ mede 60°. Nesse caso...

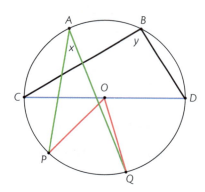

$x = 30°$, pois $60° : 2 = 30°$
$y = 90°$, pois o triângulo BCD está inscrito numa semicircunferência

REFLETINDO

Registre no caderno.

1. Trace uma circunferência de centro O e raio 4 cm. Utilize-a para obter um triângulo retângulo.

2. Daniel disse que, na figura ao lado, temos $x = y$. Ele está correto?

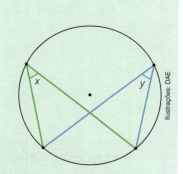

EXERCÍCIOS

44. Observe a figura e determine x.

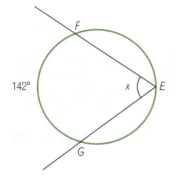

med($\widehat{FG}$) = 142°

45. Observe a figura e responda.

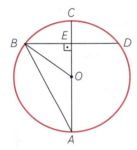

a) Dos ângulos a seguir, qual deles tem a metade da medida de $B\hat{O}C$?

- $E\hat{B}O$
- $C\hat{E}D$
- $C\hat{A}B$
- $O\hat{B}A$

b) Que arco é congruente ao arco $\widehat{BC}$?

- $\widehat{AB}$
- $\widehat{AD}$
- $\widehat{BD}$
- $\widehat{CD}$

46. Determine as medidas dos arcos $\widehat{AC}$ e $\widehat{BD}$, em graus.

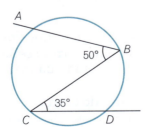

47. Determine x nos dois casos.

a) 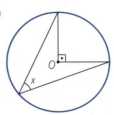   b)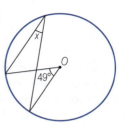

48. Observe a figura e determine x.

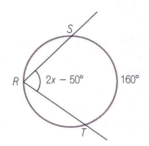

med($\widehat{ST}$) = 160°

49. Qual é o valor de x?

50. Observe a figura:

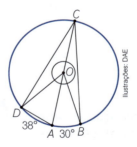

a) Qual é a medida de $B\hat{C}A$?
b) Qual é a medida de $A\hat{C}D$?
c) Qual é a medida de $A\hat{D}C$?
d) Qual é a medida de $D\hat{A}C$?
e) Qual é a medida do arco $\widehat{BC}$?
f) O triângulo BOC tem dois ângulos internos de medida 15°? Explique.

VALE A PENA LER

A matemática e o caipira

Esta história tem dois personagens: o caipira e o advogado, e ela me foi contada por um amigo do advogado. Passa-se há sete ou oito anos, nas proximidades de São Paulo.

Vai lá um dia em que nosso amigo advogado resolve comprar um sítio, de poucos alqueires, com a intenção de construir uma casa e nela passar os seus fins de semana. Como não havia nascente no sítio, resolveu mandar cavar um poço, quando ficou sabendo que seu vizinho, um caipira, que ali morava há muito tempo, tinha em sua propriedade uma nascente com água boa e farta. Procurou o vizinho e fez uma proposta:

— Eu instalo um cano de uma polegada de diâmetro na sua nascente, conduzo a água para o meu sítio e lhe pago x reais por mês.

A proposta foi aceita na hora.

Passa-se o tempo e o advogado resolve implantar no sítio uma criação racional de porcos e, para isso, iria precisar de mais água. Voltou a procurar o caipira e lhe propôs trocar o cano de uma polegada por um outro de duas polegadas de diâmetro e pagar $2x$ reais por mês a ele.

O caipira escutou a proposta, não deu resposta imediata, pensou, e passados alguns minutos respondeu que **não** aceitava a proposta.

— Mas como? – perguntou o advogado. — Tem água sobrando, por que não me vende mais e assim também ganha mais?

— É que num tá certo — retrucou o caipira e explicou com um gesto.

— A água que vosmecê me paga passa por aqui:

 — Pois é, quem me paga a água que passa por aqui?

— E vosmecê qué me pagá o dobro.

 — E a que passa por aqui?

— Acontece que o cano que você vai ponhá é assim:

Com a nossa linguagem, a questão fica assim: um círculo de diâmetro 1 cabe 2 vezes num círculo de diâmetro 2, e ainda fica sobrando espaço:

Ou ainda: se o diâmetro de um círculo dobra, sua área não dobra. Ela "mais que dobra".

O que o caipira não tinha condições de perceber era que o pagamento correto seria $4x$ (quando duas figuras são semelhantes, a razão entre suas áreas é igual ao quadrado da razão entre seus comprimentos correspondentes).

Mas, para perceber que $2x$ é pouco, basta visualizar um cano dentro do outro.

Luiz Márcio Pereira Imenes e José Jakubovic. In: *Revista do professor de Matemática*. Sociedade Brasileira de Matemática, n. 1, 1982.

REVISANDO

51. Um professor de Química deseja construir uma estante para que caibam exatamente 8 frascos de reagentes. Cada frasco tem 3,125 cm de raio. Qual deve ser o comprimento da estante?

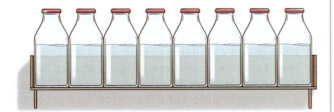

52. (Saeb-MEC) Exatamente no centro de uma mesa redonda com 1 m de raio, foi colocado um prato de 30 cm de diâmetro, com doces e salgados para uma festa de final de ano. A distância entre a borda desse prato e a pessoa que se serve dos doces e salgados é:

a) 20 cm
b) 85 cm
c) 70 cm
d) 115 cm

53. A borda de uma piscina circular mede, aproximadamente, 28,5 metros. Qual é o comprimento máximo que um nadador pode percorrer, à superfície da água, em linha reta?

54. Dona Lúcia deseja fazer acabamento ao redor dos guardanapos utilizando uma fita colorida.

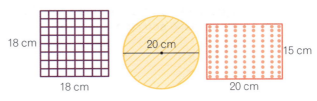

Em qual deles ela gastará menos fita?

55. Quantos metros de arame são necessários para fazer uma cerca de 3 fios em volta do terreno indicado pela figura abaixo?

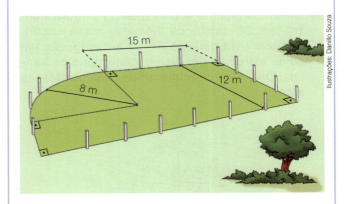

56. Determine x.

a)
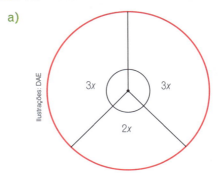

b)
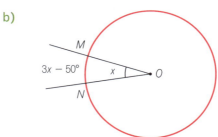

DESAFIOS NO CADERNO

57. Considere que a malha quadriculada a seguir é composta por quadradinhos com 1 cm de lado. A linha vermelha é formada por semicircunferências cujos centros estão assinalados. Qual é, em centímetros, o seu comprimento?

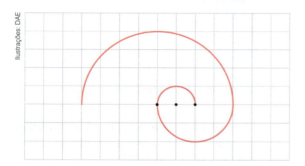

58. Uma roda gigante, representada na figura abaixo, tem 24 metros de diâmetro e sua circunferência está dividida em 12 arcos iguais, em cujas extremidades ficam localizados os bancos. Qual é o comprimento de cada um desses arcos?

59. Determine a medida dos ângulos indicados pelas letras.

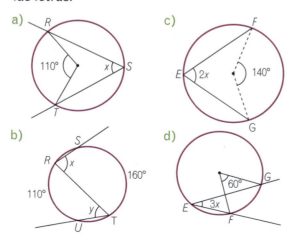

60. Calcule x.

a)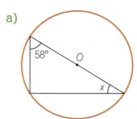

b)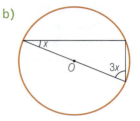

61. Uma praça circular tem raio igual a 20 m. Ela tem 3 jardins, conforme a figura abaixo, e cada jardim tem um ângulo central de 60°. Qual é o comprimento total da cerca que protege os jardins?

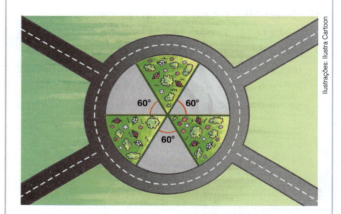

62. Qual é o perímetro da figura colorida, sabendo que o diâmetro da circunferência mede 6 cm e que os retângulos pequenos têm as mesmas dimensões?

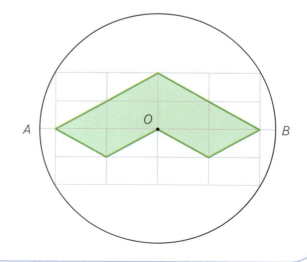

AUTOAVALIAÇÃO

NO CADERNO

Anote no caderno o número do exercício e a letra correspondente à resposta correta.

63. Na figura, os segmentos MN e RS e as retas a e b recebem, respectivamente, os seguintes nomes:

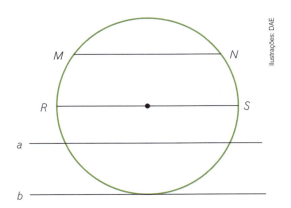

a) raio, corda, tangente e secante.
b) raio, diâmetro, secante e tangente.
c) corda, diâmetro, tangente e secante.
d) corda, diâmetro, secante e tangente.

64. Traçando duas circunferências de mesmo centro e de raios diferentes, quantos pontos comuns elas terão?

a) Nenhum.
b) Apenas um.
c) Dois.
d) Mais de dois.

65. (Saresp) O diâmetro das rodas de um caminhão é de 80 cm. Supondo $\pi = 3$, calcule a distância que o caminhão percorre a cada volta da roda, sem derrapar.

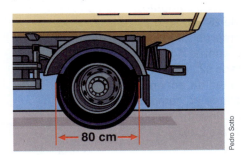

a) 2,4 m
b) 3,0 m
c) 4,0 m
d) 4,8 m

66. (Ceeteps-SP) Imaginemos cinco crianças abraçando o tronco de uma árvore de uma espécie ameaçada de extinção. Sabendo-se que cada criança consegue abraçar 1,25 m da árvore, o diâmetro da árvore, em metros, será aproximadamente de:

a) 1
b) 2
c) 3
d) 4

67. (Ceeteps-SP) Para controlar o tráfego de naves foram instalados 16 postos de fiscalização numa circunferência sobre os anéis de Saturno, separados com distâncias iguais. Sabendo-se que o centro dessa circunferência coincide com o centro de Saturno, o ângulo α da figura mede:

Representação do planeta Saturno.
As cores e as dimensões não são reais.

a) 22° 10'
b) 22° 20'
c) 22° 30'
d) 22° 50'

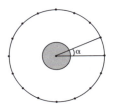

269

68. Qual é o comprimento do fio vermelho?

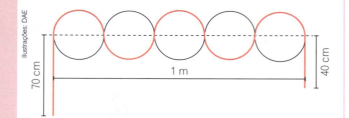

a) 2,04 m
b) 2,27 m
c) 2,67 m
d) 5,34 m

69. (Fesp-RJ) Uma reta é secante à circunferência. Se tal reta passa pelo centro da circunferência e corta a circunferência no menor arco, designado por $\overset{\frown}{BC}$, então a reta também cortará a circunferência no menor arco designado por:

a) $\overset{\frown}{AB}$

b) $\overset{\frown}{CD}$

c) $\overset{\frown}{DE}$

d) $\overset{\frown}{EA}$

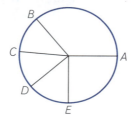

70. Um bolo circular foi repartido igualmente entre 25 pessoas. Quanto mede o ângulo de cada fatia?

a) 14°
b) 24°
c) 7° 12'
d) 14° 24'

71. (Fesp-RJ) Sabendo-se que o ponto B divide o arco designado por $\overset{\frown}{AD}$ exatamente ao meio e que C se encontra no centro da circunferência, pode-se afirmar que a mede:

a) 40°
b) 35°
c) 30°
d) 20°

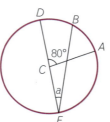

72. As medidas a, b, c dos ângulos centrais indicados são dadas pelas expressões $a = 5x - 10°$, $b = 4x + 30°$ e $c = x + 80°$. As medidas de a, b e c são, respectivamente:

a) 130°, 124° e 106°.
b) 120°, 134° e 106°.
c) 180°, 134° e 106°.
d) 120°, 180° e 60°.

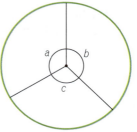

73. (Cesgranrio-RJ) Em um círculo, de centro O, está inscrito o ângulo α. Se o arco $\overset{\frown}{AMB}$ mede 130°, o ângulo α mede:

a) 25°
b) 30°
c) 40°
d) 45°

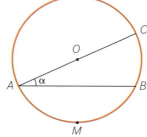

74. O valor de x na figura é:

a) 70°
b) 80°
c) 100°
d) 160°

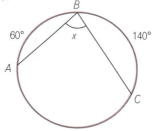

75. (NCE-RJ) Na figura ao lado, o ângulo x excede o ângulo y de 26° e o arco Z, compreendido entre os pontos A e C, mede 92°.
A medida, em graus, do arco W, compreendido entre os pontos B e C, é:

a) 108
b) 160
c) 180
d) 200

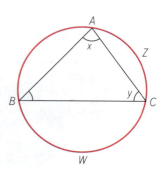

UNIDADE 15

Possibilidades e estatística

1. Contando possibilidades

Contamos objetos, pessoas... Processos de contagem são necessários em inúmeras atividades humanas. Agora, vamos contar possibilidades.

1. Um colégio oferece aos alunos cursos complementares no primeiro e no segundo semestres.

   No primeiro semestre o aluno pode optar por um dos seguintes cursos:

   ◆ Iniciação Musical ou História da Arte.

   No segundo semestre as opções são três:

   ◆ Teatro, Dança ou Artes Plásticas.

O aluno pode escolher somente um curso por semestre.

Quantas e quais são as opções de escolha para o aluno no ano?

Eu posso escolher História da Arte e Teatro!

Ou Iniciação Musical e Teatro!

Há formas organizadas de registrar todas as possibilidades de escolha.

Podemos utilizar:

◆ uma tabela:

	Teatro (T)	Dança (D)	Artes Plásticas (P)
Iniciação Musical (M)	M - T	M - D	M - P
História da Arte (A)	A - T	A - D	A - P

◆ ou um diagrama:

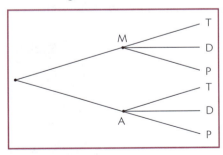

Este tipo de diagrama é chamado de **diagrama de árvore**.

POSSIBILIDADES E ESTATÍSTICA 271

O aluno tem no total 6 possibilidades de escolha. Observe:

- Número de possibilidades para o 1º semestre: 2
- Número de possibilidades para o 2º semestre: 3

$2 \cdot 3 = 6$

2. Quantos números de dois algarismos podemos escrever utilizando somente os algarismos 6, 7 e 8?
Visualize as possibilidades no diagrama:

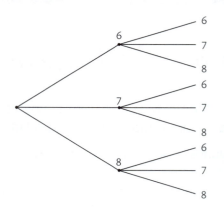
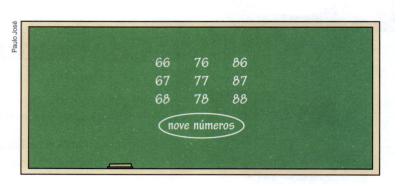

- Número de possibilidades para o primeiro algarismo: 3
- Número de possibilidades para o segundo algarismo: 3

$3 \cdot 3 = 9$

REFLETINDO

Calcule mentalmente:
Quantos números de três algarismos podemos formar com os algarismos 6, 7 e 8?

Puxa, é sempre tão fácil assim calcular o número de possibilidades?

Não. Cada problema deve ser analisado. Acompanhe a seguir uma variação do problema 2.

◆ Quantos números de dois algarismos *diferentes* podemos formar utilizando somente os algarismos 6, 7 e 8?

Como não podemos repetir algarismos, o diagrama de árvore fica assim:

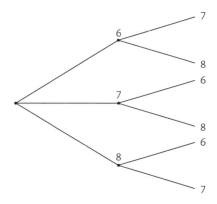

Podemos pensar assim:
Para o primeiro algarismo temos três possibilidades.
Como não há repetição, uma vez escolhido o primeiro algarismo, restam duas possibilidades para o segundo algarismo.

$$3 \cdot 2 = 6$$

Formamos seis números:
67, 68, 76, 78, 86 e 87

3. O vôlei de praia é disputado entre duplas. Numa classe do 8º ano há quatro alunas que praticam esse esporte: Rita, Paula, Andréa e Joana. Quantas duplas diferentes o professor de Educação Física pode formar?

Se usássemos o mesmo raciocínio do problema anterior teríamos:
- número de possibilidades de escolha para a primeira jogadora da dupla: 4
- número de possibilidades de escolha para a segunda jogadora da dupla: 3

$$4 \cdot 3 = 12$$

No entanto, o professor pode formar somente **seis duplas diferentes**. Observe:

Uma vez escolhida a primeira jogadora, restam três para a segunda escolha.

Rita - Paula	Paula - Rita	Andréa - Rita	Joana - Rita
Rita - Andréa	Paula - Andréa	Andréa - Paula	Joana - Paula
Rita - Joana	Paula - Joana	Andréa - Joana	Joana - Andréa

Rita - Paula
Paula - Rita } São a mesma dupla.

O mesmo acontece com outras duplas. Cada dupla aparece duas vezes. Quando fizemos 4 · 3 = 12, **contamos duas vezes cada dupla**.

Então o professor pode formar, na verdade, 12 : 2 = 6 duplas diferentes.

O diagrama de árvore, neste problema, ficaria assim:

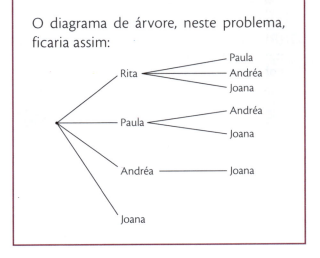

POSSIBILIDADES E ESTATÍSTICA **273**

EXERCÍCIOS

1. Quantos trajes diferentes podemos formar com 2 calças e 3 blusas?

2. Um carro é fabricado com quatro tipos de acabamento: padrão, luxo, superluxo e executivo. O motor pode ser a álcool, gasolina ou diesel. Quantas opções desse carro a fábrica oferece ao comprador?

3. Em um baile há 15 moças e 8 rapazes. Quantos casais podem ser formados?

4. Quantos números de dois algarismos podemos formar, sabendo que o algarismo das dezenas só pode ser 1 ou 2, e o outro algarismo só pode ser 7, 8 ou 9?

5. (PUC-RS) Um rato deve chegar ao compartimento C, passando antes, uma única vez, pelos compartimentos A e B.

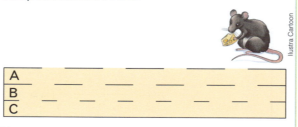

Há 4 portas de entrada em A, 5 em B e 7 em C. De quantos modos distintos ele pode chegar a C?

6. Quantos trajes diferentes podemos formar com 2 calças, 5 camisas e 3 paletós?

7. Os times finalistas de um campeonato paulista foram:

- Palmeiras
- Corinthians
- Santos
- São Paulo

Combine todas as possibilidades de jogos considerando que todos os times se enfrentaram uma única vez.

8. Numa reunião há 3 pessoas.

a) Se cada uma trocar um aperto de mão com todas as outras, quantos apertos de mão serão dados?
b) Se o grupo tivesse 4 pessoas, quantos apertos de mão seriam dados?
c) Se o grupo tivesse 5 pessoas, quantos apertos de mão seriam dados?

9. Cláudio foi a um supermercado comprar latas de refrigerantes e observou as seguintes promoções:

a) Responda de que maneiras Cláudio pode comprar exatamente 20 latas.
b) Indique a maneira mais barata de comprar as 20 latas e calcule quanto ela custa.

2. Os gráficos estatísticos

Os gráficos são muito utilizados na estatística para representar dados, pois permitem uma análise mais rápida e clara de resultados.

Você já trabalhou com gráficos estatísticos nos anos anteriores. Vamos retomar esses conhecimentos e em seguida apresentar um novo tipo de gráfico. Para isso, usaremos um tema importante no mundo atual: produção, destino e reciclagem do lixo.

Gráficos de barras

Você sabia que com um quilo de vidro se faz outro quilo de vidro, com perda zero e sem poluição para o meio ambiente?

O Brasil tem investido na reciclagem desse material nos últimos anos. Veja os dados no gráfico a seguir:

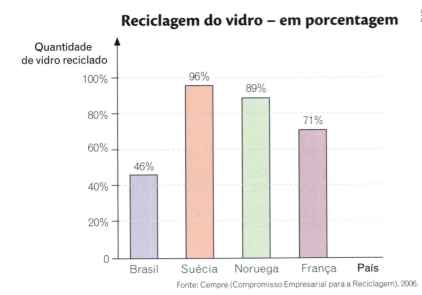

Fonte: Cempre (Compromisso Empresarial para a Reciclagem), 2006.

Esse é um **gráfico de barras**. Ele é bastante eficiente quando se pretende comparar dados entre si.

Registre no caderno.
a) Compare os dados referentes ao Brasil e à Noruega. O que você observa?
b) No gráfico, qual é o país com o maior e com o menor índice de reciclagem do vidro?
c) Calcule a quantidade de vidro reciclada no Brasil, sabendo que no ano representado no gráfico aproximadamente 390 mil toneladas de vidro circularam no mercado.

E você? Contribui para aumentar o índice brasileiro separando as embalagens de vidro para reciclar?

POSSIBILIDADES E ESTATÍSTICA 275

Pictogramas

A representação gráfica por pictogramas utiliza figuras relacionadas à ideia central dos dados que se deseja representar. O objetivo é tornar o gráfico mais sugestivo e atraente. Vamos usar um pictograma para ilustrar a quantidade de lixo produzida por dia em alguns Estados brasileiros.

Fonte: Pesquisa Nacional de Saneamento Básico, IBGE, 2008.

Registre no caderno.

1. Escreva quantas toneladas de lixo cada um desses Estados produz por dia.
2. No Brasil, são produzidas diariamente 185,4 mil toneladas de lixo. Calcule a produção média em kg de lixo por habitante, considerando uma população próxima dos 206 milhões em 2016.
3. Faça um gráfico de barras para representar os mesmos dados do pictograma.

Gráficos de setores

Os gráficos de setores, que usam a forma circular, são os mais indicados para observar a participação das partes no todo. Veja como percebemos com facilidade no gráfico abaixo que mais da metade do lixo produzido no país é orgânico.

1. Para construir um gráfico de setores é preciso traçar o ângulo central correspondente a cada porcentagem.

    Lembrando que 100% corresponde a 360°, calcule no caderno o ângulo central que determina cada setor circular do gráfico.

2. Dissemos que geramos diariamente no Brasil 185,4 mil toneladas de lixo.

    Calcule no caderno quantas toneladas correspondem a plásticos, vidros e metais.

Composição do lixo no Brasil

- outros 15%
- plásticos, vidros e metais 33%
- orgânico 52%

Fonte: Centro de Tecnologia Mineral (Cetem).

Gráficos de segmentos

Você já deve ter visto gráficos como este que aparece a seguir.

Eles recebem o nome de **gráficos de segmentos** e são eficientes para representar, por exemplo, a variação de uma grandeza no decorrer do tempo.

Crescimento da população brasileira

Fonte: Instituto Brasileiro de Geografia e Estatística (IBGE).

Vamos aprender a construir esse tipo de gráfico por meio de um exemplo.

Os alunos de certa escola estão recolhendo latinhas vazias de refrigerante. Elas serão doadas a um hospital que, com sua venda para reciclagem, poderá melhorar o atendimento à população carente da cidade.

A quantidade de latinhas arrecadadas por mês no primeiro semestre letivo está na tabela ao lado.

Mês	Número de latas
fevereiro	200
março	250
abril	480
maio	720
junho	1 000

Podemos representar esses dados por meio de um gráfico de segmentos. Acompanhe.

- Traçamos dois eixos perpendiculares.
- No eixo horizontal marcamos os meses.
- No eixo vertical, o número de latas arrecadadas.

Observe que não marcamos o zero nos eixos.

- Para cada par: mês, número de latas correspondente, marcamos um ponto. A unidade de medida adotada para graduar os eixos não precisa ser a mesma.
- Obtemos o gráfico ligando os pontos com segmentos de reta.

Podemos constatar com facilidade que a campanha vai de vento em popa.

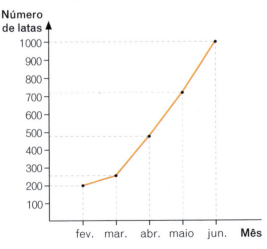

Arrecadação de latinhas de refrigerante

POSSIBILIDADES E ESTATÍSTICA **277**

EXERCÍCIOS

10. O gráfico mostra o número de livros comprados nos últimos anos pela biblioteca de uma cidade.

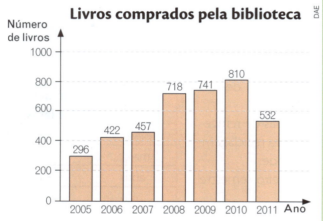

a) Em que ano houve a maior compra de livros?
b) No ano de 2009 foram adquiridos mais livros do que em 2007? Se sua resposta for afirmativa, quantos?
c) Quantos livros foram adquiridos na totalidade?
d) Qual é a média de livros comprados anualmente?
e) Em que anos a compra de livros esteve acima da média?
f) A compra de 2011 ficou quantos livros abaixo da média?
g) Com os dados mostrados no gráfico de barras, construa um gráfico de segmentos. Coloque os anos no eixo horizontal e o número de livros comprados no eixo vertical.

11. Observe o gráfico que indica a quantidade de pessoas que compareceram ao cinema.

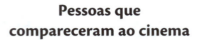

a) Quantas pessoas assistiram a um filme no fim de semana (sábado e domingo)?
b) Sabendo que cada ingresso custou R$ 12,00, qual foi o valor arrecadado pelo cinema nas apresentações de quarta a sexta-feira?
c) Se o gerente decidisse que não apresentaria filme em um dia da semana, qual você acha que deveria ser? Por quê?

12. Observe o gráfico seguinte.

Com base no gráfico, faça um pequeno comentário acerca do resultado financeiro dessa sorveteria.

13. Os alunos de uma escola andaram recolhendo jornais para reciclar.

Observe na tabela onde está registrado o número de jornais recolhidos. Cada representa duas centenas de jornais.

Março	Abril	Maio	Junho	Julho
4	3	3	8	?

a) Em que mês os alunos recolheram menos jornais?
b) Quantos jornais recolheram em abril?
c) Quantos jornais tiveram de recolher no mês de julho para atingir um total de 4 500 jornais?
d) Se cada jornal pesa em média 600 g e a meta em julho foi atingida, quantos quilogramas de papel foram conseguidos?
e) Nicolas, um dos alunos da escola, leu a informação a seguir:

Junte 50 kg de papel e SALVE uma árvore!

Quantas árvores foram salvas pela turma do Nicolas?

14. Vitor vai aproveitar as suas férias para viajar. A previsão de suas despesas ele registrou da seguinte forma:

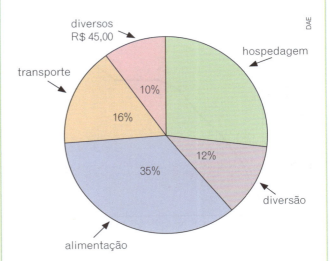

a) Qual é o total das despesas previstas?
b) Qual é o percentual destinado à hospedagem?
c) Que quantia foi destinada à alimentação?

15. O gráfico abaixo representa uma pesquisa sobre preferências de sabores de iogurtes.

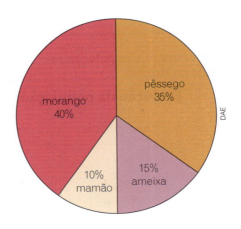

a) Qual foi o iogurte mais apontado?
b) Qual foi o iogurte menos apontado?
c) Quanto mede o ângulo central do setor que representa o iogurte de morango?
d) Quanto mede o ângulo central do setor que representa o iogurte de pêssego?
e) Se foram consultadas 800 pessoas, quantas escolheram iogurte de ameixa?

16. O gráfico abaixo representa a evolução do peso de uma pessoa, desde o nascimento até a maturidade.

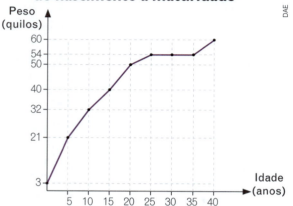

Qual era o peso desse senhor:

a) Qual era o peso desse senhor quando tinha 5 anos?

b) Qual era o peso dele quando nasceu?

c) Em quais idades esse senhor tinha o mesmo peso?

d) Qual foi o aumento do peso dele dos 5 aos 25 anos?

17. O gráfico mostra a população recenseada no Brasil.

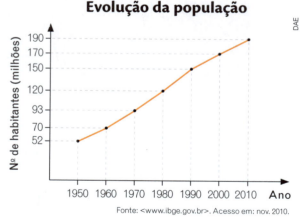

Fonte: <www.ibge.gov.br>. Acesso em: nov. 2010.

Responda.

a) Qual era a população brasileira em 1960?

b) Qual foi o aumento, em milhões, da população brasileira de 1960 a 1970?

18. O gráfico a seguir fornece, a cada hora, a temperatura de um paciente.

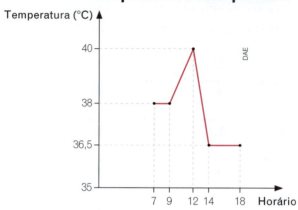

a) Qual era a temperatura do paciente às 9h?

b) Qual era a temperatura do paciente às 14h?

c) A que horas a temperatura atingiu seu ponto mais alto?

d) Entre que horas a temperatura subiu?

e) Entre que horas a temperatura baixou?

19. Carlos saiu de sua casa às 8h e percorreu em uma estrada, até as 12h, um total de 130 km, conforme o gráfico.

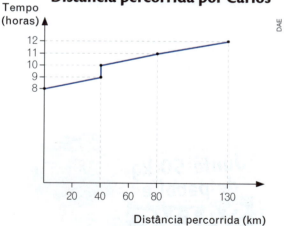

Responda.

a) Quantos quilômetros ele percorreu entre 8h e 9h?

b) Quantos quilômetros percorreu das 10h até as 12h?

REVISANDO

20. Uma moça tem 4 blusas e 7 saias.

a) De quantos modos diferentes ela pode se vestir usando blusa verde?

b) De quantos modos diferentes ela pode se vestir usando blusa branca?

c) Quantos trajes diferentes ela pode formar com 4 blusas e 7 saias?

21. Uma fábrica tem 5 modelos de telefone e fabrica-os em 9 cores. Quantas variedades de telefones podem ser oferecidas?

22. Na figura abaixo A, B e C representam 3 cidades. Entre as cidades A e B há 3 estradas, e entre B e C, há 4. Não há estrada ligando diretamente A e C. De quantas maneiras podemos ir da cidade A até a cidade C, passando por B?

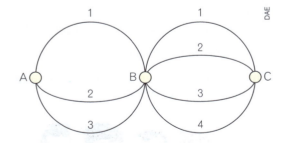

Construa um quadro com todos os trajetos possíveis.

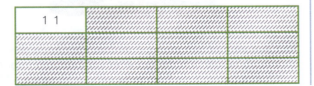

23. Marcado o jantar, um grupo de pessoas encontrou, à entrada do restaurante, o seguinte cardápio.

Saladas	Grelhados	Sobremesas
tomate	contrafilé	sorvete
palmito	peito de frango	salada de frutas
	filé de peixe	

Quantas combinações diferentes as pessoas podem fazer escolhendo uma salada, um grelhado e uma sobremesa?

24. Uma escola ofereceu para os alunos cursos dos seguintes idiomas, dos quais cada aluno deve escolher dois:

Francês   Alemão   Japonês   Espanhol

Responda ao que se pede.

a) Quantas são as escolhas possíveis?
b) Quais são as escolhas possíveis?
c) De todas as escolhas, quais incluem o japonês?
d) De todas as escolhas, quantas não incluem o alemão?
e) Que escolhas incluem o francês, mas não incluem o espanhol?

25. Na figura estão representados:

- o rio que atravessa certa localidade;
- uma ilha situada no leito desse rio;
- as oito pontes que ligam a ilha às margens.

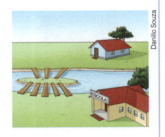

Responda.

a) Quantos caminhos diferentes pode o estudante seguir para fazer o percurso de ida (casa-ilha-escola)?

b) Quantos caminhos diferentes pode o estudante seguir para fazer o percurso de volta (escola-ilha-casa)?

26. Quantos conjuntos de três pontos podemos formar tomando um ponto de cada uma das retas *a*, *b* e *c*?

27. Carolina foi à sorveteria e pediu um sorvete com três sabores.

Sabores disponíveis

abacaxi	goiaba	morango

Faça uma tabela que mostre de quantas maneiras diferentes o sorvete pode ser colocado na casquinha.

28. Quantos números pares de dois algarismos podem ser formados no sistema de numeração decimal?

29. Observe a planta e responda.

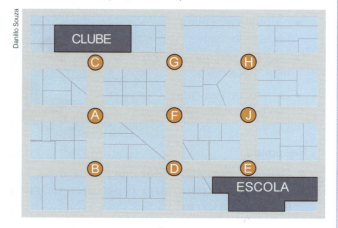

Quantos percursos distintos com quatro quarteirões existem entre o clube e a escola?

30. Três pessoas vão posar para uma fotografia.

De quantas maneiras diferentes elas podem ser dispostas?

31. Lançam-se 3 moedas simultaneamente, podendo sair cara ou coroa. Quantos e quais são os resultados possíveis?

32. (Encceja-MEC) Um grupo de garotos criou um jogo com a seguinte regra: ao jogar o dado, se aparecesse um número maior que 2, ganhava-se um ponto. Sabe-se que a probabilidade de acontecer qualquer um dos seis valores é $\frac{1}{6}$.

Então, qual a chance de, em uma jogada, sair um número maior que 2?

33. Para vencer um jogo de dados, Fernanda deveria, ao lançar um dado, obter um número ímpar. Qual a chance de Fernanda vencer esse jogo?

34. Um garoto tem numa caixa 3 bolas vermelhas e 2 bolas azuis. Retirou 3 bolas da caixa.

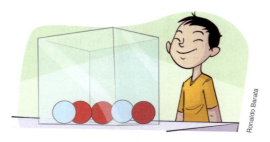

O que se pode afirmar relativamente às bolas que o garoto retirou?

a) Pelo menos uma bola é azul.
b) Uma bola é vermelha e duas são azuis.
c) Uma bola é azul e duas são vermelhas.
d) Pelo menos uma bola é vermelha.

35. O gráfico abaixo, que está *incompleto*, mostra os resultados de uma pesquisa que foi realizada com 150 pessoas sobre programas de televisão com maior audiência.

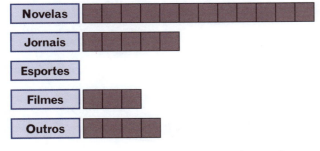

a) Sabendo que 60 pessoas responderam "novelas", quantas responderam jornais?
b) Complete o gráfico desenhando a barra correspondente aos programas esportivos.
c) Calcule a porcentagem de pessoas que responderam "filmes", em relação ao número de entrevistados.

36. (Obmep) Os resultados de uma pesquisa das cores de cabelo de 1200 pessoas são mostrados no gráfico abaixo.

Quantas dessas pessoas possuem o cabelo loiro?

37. (Saresp) Foi perguntado a um total de 100 pessoas em uma cidade se frequentavam cinema e se frequentavam teatro. A tabela abaixo resume o resultado desta pesquisa.

		Cinema	
		sim	não
Teatro	sim	52	8
	não	36	4

Se os dados dessa pesquisa forem transportados para o gráfico abaixo, qual é a coluna que deve representar o número de pessoas que:

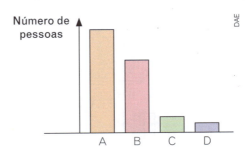

a) frequentam teatro e não frequentam cinema?
b) frequentam cinema e não frequentam teatro?
c) frequentam cinema e teatro?
d) não frequentam nem cinema nem teatro?

38. (CPII-RJ) Os atletas paraolímpicos do Brasil escreveram seus nomes na história do esporte em Atenas! Alcançaram o 14º lugar, 4 posições à frente dos atletas olímpicos, que ficaram em 18º. Observe nos gráficos abaixo o desempenho dos atletas brasileiros nas quatro últimas competições.

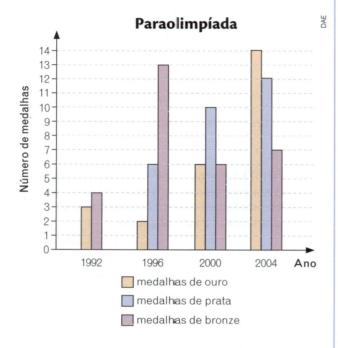

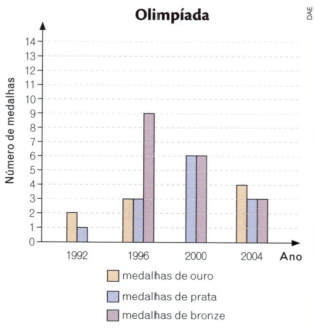

a) Nessas quatro olimpíadas, quantas medalhas de ouro os atletas paraolímpicos tiveram a mais que os olímpicos?

b) Tendo como referência o total de medalhas dos atletas olímpicos em 1996, qual foi o percentual que os paraolímpicos tiveram a mais que os olímpicos nesse ano?

39.

O Brasil não participou das cinco primeiras Olimpíadas. Só passamos a disputar os Jogos em 1920, em Antuérpia (Bélgica). O Brasil foi representado por 29 atletas. Em 1928, o Brasil voltou a não mandar nenhum representante. A partir de 1932, nunca mais deixamos de ir.

Fonte: *Folha de S.Paulo*, 2 ago, 2008.

Veja no gráfico abaixo o desempenho do Brasil em todas as Olimpíadas de 1920 a 2012.

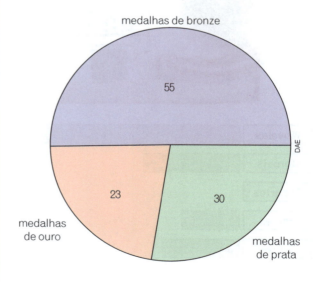

a) A quantidade de medalhas de prata corresponde a que percentual do total de medalhas ganhas pelo Brasil nesse período?

b) A quantidade de medalhas de ouro corresponde a que percentual do total de medalhas ganhas pelo Brasil nesse período?

40. Num município foi pesquisado, durante um ano, o número de casos de certa doença, encontrando-se os dados representados no gráfico abaixo:

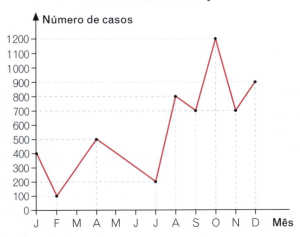

Casos da doença

a) Em que mês foi registrado o maior número de casos? E o menor?
b) Qual foi o número total de casos registrados no 3º trimestre?
c) Entre que meses houve o maior aumento do número de casos?

41. (UFMG) Observe o diagrama:

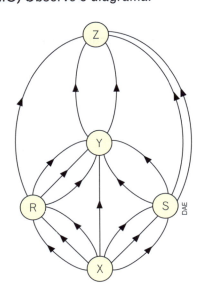

Qual é o número de ligações distintas entre X e Z?

DESAFIOS NO CADERNO

42. Um hotel tem cinco portas. De quantas maneiras distintas um hóspede pode entrar no hotel e sair dele por uma porta distinta da que usou para entrar?

43. O gráfico representa, em milhares de toneladas, a produção no estado de São Paulo de determinado produto agrícola entre os anos 2000 e 2008.

Produção no estado de SP de determinado produto agrícola

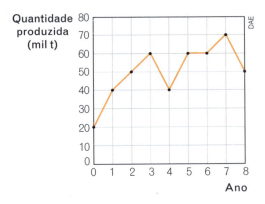

Responda.

a) Anualmente, a produção foi crescente entre 2000 e 2003?
b) Anualmente, a produção foi crescente entre 2002 e 2005?
c) Anualmente, a produção a partir de 2005 foi decrescente?
d) Qual foi a média da produção ao ano?
e) Qual foi o porcentual de acréscimo da produção em 2003 em relação ao ano anterior?

POSSIBILIDADES E ESTATÍSTICA **285**

SEÇÃO LIVRE

Marquinhos montou algumas tabelas com dados sobre o desempenho escolar dele e de seus colegas de classe e uma previsão de horas de estudo para suas avaliações.

Ele pretende utilizar gráficos para representar os dados.

Vamos participar da atividade de Marquinhos?

Reúna-se com um colega. A partir das informações de cada tabela vocês devem:

- escolher o tipo de gráfico que consideram mais adequado para representar os dados, justificando a escolha. Troquem ideias, conversem com as outras duplas;
- construir e comentar o gráfico;
- resolver as questões 1 e 2.

Minhas notas nas avaliações mensais de Matemática	
março	6,0
abril	5,0
maio	6,0
junho	7,0
agosto	8,5
setembro	6,5

Média dos alunos da classe no 3º bimestre	
abaixo de 5,0	10%
de 5,0 a 7,0	60%
acima de 7,0	30%

Preparação para as avaliações bimestrais		
Dia da semana	Tempo de estudo	Componente
segunda-feira	4 horas	Português/Inglês
terça-feira	2 horas	História
quarta-feira	5 horas	Matemática
quinta-feira	2 horas	Geografia
sexta-feira	3 horas	Ciências
sábado	2 horas	Espanhol

1. Calculem a média aritmética das notas de Marquinhos nas avaliações mensais.

2. A média do 3º bimestre será calculada pela fórmula: $M = \dfrac{A + S + 3 \cdot AB}{5}$, em que A é a nota da avaliação mensal de agosto, S é a de setembro e AB é a nota da avaliação bimestral.

   Qual será a média bimestral de Marquinhos em Matemática se ele conseguir nota 7,0 na avaliação bimestral?

Registrem no caderno

1. Com os algarismos 1, 3, 5, 7 e 9:
   a) quantos números de quatro algarismos podemos formar?
   b) quantos números de quatro algarismos diferentes podemos formar?

2. Em 2015 as placas dos veículos no Brasil tinham 3 letras e 4 algarismos. Calculem o número de placas possíveis usando calculadora. Considerem 26 letras do alfabeto.

3. Quantos são os resultados possíveis quando jogamos três moedas honestas? Qual a probabilidade de obter 3 caras?

AUTOAVALIAÇÃO

Anote no caderno o número do exercício e a letra correspondente à resposta correta.

44. Em uma festa existem 6 homens e 5 mulheres. O número de casais diferentes que podem ser formados é:

a) 6   b) 11   c) 15   d) 30

45. Michele organizou um desfile. Para isso, juntou algumas peças de roupas, como mostra a tabela a seguir:

Vestido	Jaqueta
branco	jeans
preto	couro
cinza	

De quantas maneiras diferentes ela pode se vestir utilizando um vestido e uma jaqueta?

a) 2   b) 3   c) 5   d) 6

46. Ao lançar dois dados de cores diferentes, o número total de resultados possíveis é:

a) 6   b) 12   c) 18   d) 36

47. Observe na figura a localização das cidades A, B, C, D, E, F:

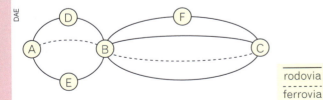

rodovia
ferrovia

De quantas maneiras se pode ir de A até C passando por B?

a) 10   b) 12   c) 7   d) 8

48. Usando os algarismos 7, 8 e 9, sem repetir nenhum, é possível formar:

a) dois números de três algarismos.
b) três números de três algarismos.
c) quatro números de três algarismos.
d) seis números de três algarismos.

49. (Saresp) Os 30 alunos de uma turma vão eleger um representante e um vice (ambos pertencentes à turma). O número de escolhas distintas possível é:

a) 59   c) 870
b) 435   d) 900

50. No campeonato brasileiro de futebol de 2014, participaram 20 equipes. O sistema de disputa, conhecido como pontos corridos, prevê que cada dois times disputem duas partidas entre si. O número de partidas disputadas por cada equipe foi de:

a) 19   c) 38
b) 20   d) 40

51. Uma sorveteria produz 5 tipos de sorvete, 4 tipos de cobertura e 3 tipos de farofa doce. De quantas maneiras você pode compor a sua sobremesa escolhendo um sorvete com um único sabor, um tipo de cobertura e um tipo de farofa doce?

a) 12   c) 60
b) 30   d) 120

52. (Cesgranrio-RJ) Um mágico se apresenta em público vestindo calça e paletó de cores diferentes. Para que ele possa se apresentar em 24 sessões com conjuntos diferentes, o número mínimo de peças (número de paletós mais número de calças) de que ele precisa é:

a) 10

b) 11

c) 12

d) 24

53. (Vunesp) Uma feira de mecânica foi instalada em 2 pavilhões, divididos em 8 setores cada. Compondo cada setor havia 3 estandes e, em cada um deles, trabalharam 5 pessoas, que foram identificadas com um crachá. Assim, foram confeccionados, no mínimo:

a) 120 crachás.   c) 880 crachás.
b) 240 crachás.   d) 1 268 crachás.

54. Numa urna, há 5 bolas azuis e 3 bolas vermelhas, todas iguais.

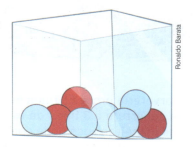

A probabilidade de uma pessoa tirar uma bola vermelha da urna, de olhos fechados, é de:

a) $\dfrac{1}{2}$ b) $\dfrac{1}{8}$ c) $\dfrac{3}{8}$ d) $\dfrac{3}{5}$

55. (Saresp) Foi feita uma pesquisa numa escola sobre a preferência dos alunos entre estudar pela manhã ou tarde. A tabela abaixo mostra o resultado desta pesquisa de acordo com o sexo do entrevistado.

Horário de estudo	Manhã	Tarde
Homens	70	80
Mulheres	70	50

Baseado nessa pesquisa, podemos afirmar que:

a) a maioria prefere estudar à tarde.
b) o total de entrevistados é de 150 alunos.
c) as mulheres e os homens preferem estudar pela manhã.
d) o total de mulheres entrevistadas é de 120.

56. (Saeb) O gráfico abaixo mostra a evolução da preferência dos eleitores pelos candidatos A e B.

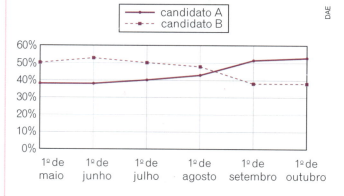

Em que mês o candidato A alcançou, na preferência dos eleitores, o candidato B?

a) Julho.   c) Setembro.
b) Agosto.   d) Outubro.

57. (UEPB) O gráfico de setor abaixo representa o número de vitórias (V), empates (E) e derrotas (D) de um time de futebol em 40 partidas disputadas.

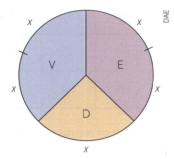

Com base no gráfico, qual foi o número de vitórias, empates e derrotas desse time nos 40 jogos?

a) 16 V, 16 E e 8 D
b) 18 V, 18 E e 4 D
c) 14 V, 14 E e 12 D
d) 16 V, 14 E e 10 D

58. (Saresp) Em uma festa foi feito o levantamento da idade das pessoas, representado no gráfico abaixo.

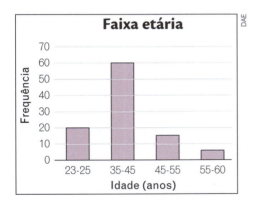

Pode-se afirmar, de forma correta, que o número de pessoas com idade abaixo de 45 anos, é:

a) 20
b) 60
c) 80
d) 95

59. (SEE-RJ) O gráfico abaixo mostra como a temperatura média no estado do Rio de Janeiro variou durante 50 horas seguidas. Registros desse tipo são continuamente obtidos pelo Instituto Nacional de Pesquisas Espaciais.

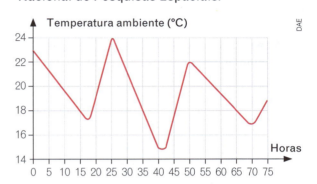

Segundo o gráfico acima, a temperatura mínima registrada nesse período foi de:

a) 14 °C
b) 15 °C
c) 16 °C
d) 17 °C

60. (Saresp) A tabela seguinte mostra os números de pares de calçados vendidos pela loja "Pise Bem", durante os meses de janeiro a abril de 2008.

Mês	Número de pares
Janeiro	200
Fevereiro	185
Março	225
Abril	250

O gráfico que melhor representa os números de pares de sapatos vendidos na loja "Pise Bem", nos quatro primeiros meses de 2008, é:

a)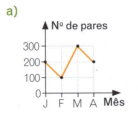

c)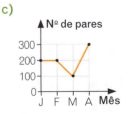

b)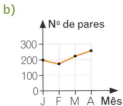

d)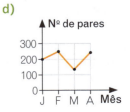

61. Em determinada cidade europeia, às 6 horas da manhã, as temperaturas registradas ao longo de uma semana foram:

S	T	Q	Q	S	S	D
1 °C	0 °C	−4 °C	0 °C	−5 °C	−1 °C	2 °C

A temperatura média nessa semana, às 6 horas da manhã, foi de:

a) 0 °C
b) 1 °C
c) −2 °C
d) −1 °C

> O gráfico a seguir refere-se às questões 62 e 63.

Veja os resultados de uma pesquisa feita com um grupo de alunos sobre o número de idas à biblioteca durante um mês.

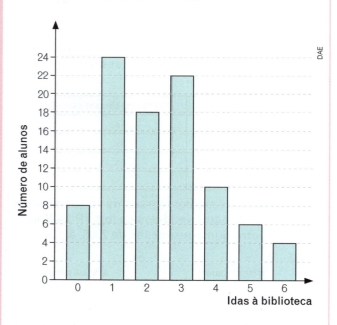

62. A pesquisa foi feita com:

a) 48 alunos.
b) 92 alunos.
c) 86 alunos.
d) 220 alunos.

63. A porcentagem de alunos que não foi à biblioteca é:

a) 8%
b) 7%
c) 8,7%
d) 16%

64. (Saresp) Uma fazenda dedica-se à produção de trigo, soja e milho. A tabela abaixo mostra a produção em toneladas nos anos de 2003 e 2004.

	trigo	soja	milho
2003	150	80	60
2004	120	140	90

O gráfico que melhor representa esta situação é:

a)
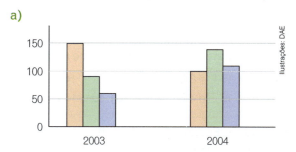

b)
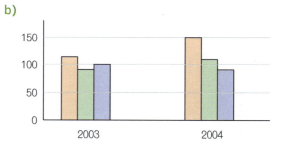

c)
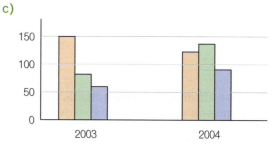

d)
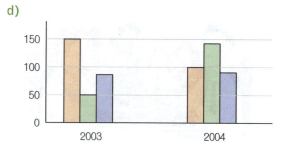

SUGESTÕES DE LIVROS E *SITES*

Para ler...

Coleção Investigação Matemática. Marion Smoothey. São Paulo, Scipione, 1997.

Em livros de leitura fácil e rápida, temas da Matemática são apresentados de forma descontraída.

Todos os livros têm atividades como jogos e quebra-cabeças. Para você, aluno do 8º ano, sugerimos os títulos:
- Estatística; Círculos;
- Gráficos; Triângulos.

Equação: o idioma da álgebra. Oscar Guelli. São Paulo, Ática, 1999.

Com texto interessante e bem ilustrado, o livro aborda aspectos históricos do desenvolvimento da Álgebra e de sua linguagem, mostrando a importância das equações. Você gostará de fazer as atividades propostas!

Geometria das dobraduras. Luiz Márcio Imenes. São Paulo, Scipione, 1996.

Descubra que dobraduras têm tudo a ver com a Geometria!

Geometria dos mosaicos. Luiz Márcio Imenes. São Paulo, Scipione, 1995.

Integrando Geometria, natureza e arte, você vai observar e compor belos mosaicos, compreendendo melhor algumas propriedades das figuras geométricas.

História de potências e raízes. Oscar Guelli. São Paulo, Ática, 2004.

Trata de conteúdos importantes para o 8º ano, como as propriedades das potências e a radiciação. Interessante, bem ilustrado, gostoso de ler.

O homem que calculava. Malba Tahan. Rio de Janeiro, Record, 2001.

Conta as histórias de Beremiz Samir e outros personagens "das arábias". Beremiz, brilhante nos cálculos e nos raciocínios, resolve problemas envolventes e desafiadores. É um clássico da literatura lúdica da Matemática.

Problemas curiosos. Luiz Márcio Imenes. São Paulo, Scipione, 1995.

Explora o prazer de resolver problemas e desafios usando conhecimentos matemáticos e criatividade. Você vai gostar!

Para navegar...

<http://www.ibge.gov.br>

Selecione canais e clique em IBGE *teen*.

- **Mão na roda**: para encontrar informações gerais sobre o Brasil, em números, gráficos e mapas.
- **Calendário**: relaciona e comenta datas comemorativas do Brasil e do mundo.
- **Censo 2007 e Censo 2010**: como o nome já diz, contém dados dos censos, como população, escolaridade, condições de vida do povo brasileiro, produção agrícola e pecuária.
- **Mapas**: para uso escolar, disponíveis para visualização e *download*.
- **Biblioteca**: conteúdo para pesquisa, principalmente em História e Geografia.
- **Notícias**: para ler o que há de novo em dados sobre o Brasil e outros temas.

<http://cienciahoje.uol.com.br>

Clicando em "CH das crianças", você encontra um menu que permite acessar não só as páginas sobre Matemática, mas também sobre outros ramos da Ciência.

<http://somatematica.com.br>

Cadastrando-se gratuitamente é possível acessar listas de exercícios, artigos, biografias de grandes matemáticos, jogos e também fóruns de discussão.

<http://www.obm.org.br>

Site das Olimpíadas Brasileiras de Matemática, contendo provas e gabaritos, com *download* disponível.
Bom para testar seus conhecimentos. Há *links* para *sites* sobre a História da Matemática e sobre constantes famosas como o número π (pi).

<http://www.obmep.org.br>

Site das Olimpíadas Brasileiras de Matemática das Escolas Públicas. Traz provas de anos anteriores e um grande banco de questões.

<http://www.escolakids.com/matematica>

Site interessante com temas da Matemática e de outras ciências.

<http://www2.tvcultura.com.br/aloescola>

Além de assuntos ligados à Matemática, o *site* aborda temas importantes, como a água, de forma leve e atraente.

<https://pt.khanacademy.org>

Plataforma gratuita com videoaulas sobre vários assuntos. Permite ao usuário cadastrar-se para receber um acompanhamento de suas atividades.

<http://www.numaboa.com/escolinha/matematica>

Site para consulta sobre vários temas.

<http://www.klickeducacao.com.br>

O *site* permite acesso gratuito a algumas páginas. Clique em "Matemática" no menu "Biblioteca Viva" para pesquisar temas em vários campos da Matemática.

<http://tube.geogebra.org>

Neste canal é possível fazer o *download* do *software* GeoGebra, que é gratuito, além de acessar várias atividades interativas principalmente de Geometria.

<http://escolovar.org/mat.htm>

Este *site* é muito interessante para professores e alunos. Há uma variedade enorme de atividades disponíveis: jogos, animações, simuladores, brincadeiras envolvendo números e formas.

<http://www.wisc-online.com/ListObjects.aspx>

Clicando em Learning Objects, General Education, General Math ou Technical Math, há um grande número de objetos educacionais disponíveis, incluindo apresentações em Power Point sobre vários conteúdos como equações, frações algébricas e áreas de polígonos. Não é preciso cadastro. Os textos estão em inglês, mas são simples.

<http://www.matinterativa.com.br/layout.swf>

Contém aulas digitais, *games*, laboratório de matemática, projetos, artigos e variedades.

<http://www.mais.mat.br/wiki/Página_principal>

Repositório que reúne mais de 150 recursos educacionais em diversas mídias (áudios, vídeos, *softwares*, textos e experimentos práticos), voltados para os Ensinos Fundamental e Médio.

<http://www.ime.usp.br/~matemateca/>

Mostra objetos matemáticos expostos anualmente na Matemateca, no Instituto de Matemática e Estatística da Universidade de São Paulo (IME – USP). Eles são confeccionados com o intuito de despertar curiosidade, servir de incentivo ao aprendizado e divulgar de maneira interessante e divertida temas da Matemática.

<http://matematica.com.br/site/>

O *site* reúne as questões de Matemática de grandes vestibulares. Também apresenta um material didático (artigos, vídeos, provas, desafios, curiosidades etc.) sobre a disciplina para os Ensinos Fundamental e Médio, bem como conteúdo sobre a aplicação da Matemática no dia a dia.

<http://www.projetos.unijui.edu.br/matematica/fabrica_virtual/>

Contém objetos de aprendizagem do Laboratório Virtual de Matemática da Universidade Regional do Noroeste do Estado do Rio Grande do Sul (Unijuí) e da Rede Internacional Virtual de Educação (Rived).

<http://www.peda.com/poly>

Em inglês, programa para exploração e construção de poliedros.

<http://www.planetaeducacao.com.br>

Portal educacional que tem como objetivo disseminar as novas tecnologias da informação e da comunicação. Apresenta artigos sobre números inteiros e números decimais para o 6º ano.

<http://alea-estp.ine.pt> e <http://alea.ine.pt/html/probabil/html/probabilidades.html>

Ação Local de Estatística Aplicada é um *site* de Portugal que traz textos com noções de Estatística e Probabilidades, textos históricos, problemas, desafios, jogos, curiosidades etc.

<http://www.fc.up.pt/atractor/mat/Polied/poliedros.html>

Página do *site* da Faculdade de Ciências da Universidade do Porto, Portugal, apresenta animações de poliedros em 3D.

<http://nautilus.fis.uc.pt/mn/pitagoras/pitflash1.html>

Contém diversos jogos abordando temas da Matemática, dentre eles sobre o teorema de Pitágoras.

<http://matematica.no.sapo.pt/nconcreto.htm>

Apresenta texto sobre o surgimento do número.

(Estes *sites* foram indicados com base em conteúdos acessados em março de 2015).

REFERÊNCIAS

BORIN, Júlia. *Jogos e resolução de problemas*: uma estratégia para as aulas de Matemática. São Paulo: IME; USP, 1995.

BOYER, Carl B. *História da Matemática*. São Paulo: Edgard Blücher, 1996.

BRASIL. MINISTÉRIO DA EDUCAÇÃO. Secretaria de Educação Fundamental. *Parâmetros Curriculares Nacionais de Matemática*. Brasília: SEF; MEC, 1998.

CARDOSO, Virgínia Cardia. *Materiais didáticos para as quatro operações*. São Paulo: IME; USP, 1992.

CENTURION, Marília. *Conteúdo e metodologia da Matemática, números e operações*. São Paulo: Scipione, 1994.

D'AMBRÓSIO, Ubiratan. *Da realidade à ação – reflexões sobre educação e Matemática*. São Paulo: Summus, 1995.

_____.*Educação matemática*: da teoria à prática. Campinas: Papirus, 1996.

DINIZ, Maria Ignez de Souza Vieira; SMOLE, Kátia Cristina Stocco. *O conceito de ângulo e o ensino de geometria*. São Paulo: IME; USP, 1992.

GUELLI, Oscar. *A invenção dos números*. São Paulo: Ática, 1998. v. 1. (Coleção Contando a História da Matemática).

IFRAH, Georges. *Números*: a história de uma grande invenção. Rio de Janeiro: Globo, 1992.

KAMII, Constance. *Aritmética: novas perspectivas*. Implicações da teoria de Piaget. Campinas: Papirus, 1992.

KRULIK, Stephen; REYS, Robert E. (Org.). *A resolução de problemas na matemática escolar*. São Paulo: Atual, 1997.

LIMA, Elon Lages. *Áreas e volumes*. Rio de Janeiro: Ao Livro Técnico, 1975. (Coleção Fundamentos da Matemática Elementar).

MACHADO, Nílson José. Coleção *Matemática por Assunto*. São Paulo: Scipione, 1988. v. 1.

MOISE, E; DOWNS, F. L. *Geometria moderna*. São Paulo: Edgard Blücher, 1971.

NETO, Ernesto Rosa. *Didática da Matemática*. São Paulo: Ática, 1987.

POLYA, George. *A arte de resolver problemas*. Rio de Janeiro: Interciência, 1978.

RUBINSTEIN, Cléa et al. *Matemática para o curso de formação de professores*. São Paulo: Moderna, 1977.

SANTOS, Vânia Maria Pereira (Coord.). *Avaliação de aprendizagem e raciocínio em Matemática*: métodos alternativos. Rio de Janeiro: IM-UFRJ; Projeto Fundão; Spec/PADCT/Capes, 1997.

STRUIK, Dirk J. *História concisa das Matemáticas*. Lisboa: Gradiva, 1997.

TROTA, Fernando; IMENES, Luiz Márcio; JAKUBOVIC, José. *Matemática aplicada*. São Paulo: Moderna, 1980.

WALLE, John A. van de. *Matemática no Ensino Fundamental*: formação de professores e aplicação em sala de aula. Porto Alegre: Artmed, 2009.

ZABALLA, Antoni (Org.). *A prática educativa: como ensinar*. Porto Alegre: Artmed, 1998.

MOLDES E MALHAS

1. Quadrado da diferença de dois termos

CONSERVE SEU LIVRO
Tire cópias dos moldes e das malhas.

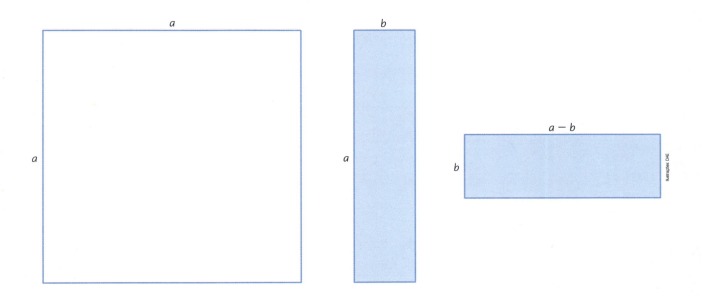

2. Produto da soma pela diferença de dois termos

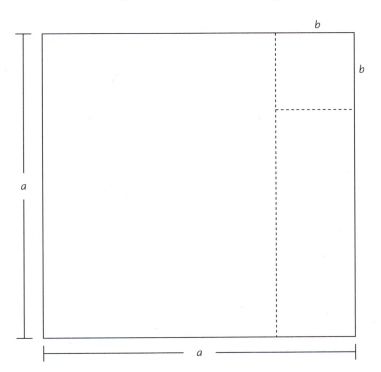

3. Malhas

CONSERVE SEU LIVRO
Tire cópias dos moldes e das malhas.

Malha triangular

CONSERVE SEU LIVRO
Tire cópias dos moldes e das malhas.

Malha triangular

CONSERVE SEU LIVRO
Tire cópias dos moldes e das malhas.

Malha quadriculada

RESPOSTAS DOS EXERCÍCIOS

UNIDADE 1

Seção livre
Página 10
210 latas

Revisando
Página 31
75. Há infinitas possibilidades de resposta. Sugestões:
   a) 2 e 3
   b) -3 e -2
   c) 4 e 5
   d) $\frac{7}{2}$ e 3,8
   e) 0,555... e $-4,1$
   f) $\sqrt{3}$ e $\sqrt{5}$
76. Sim.
77. Um número irracional.
78. a) 0,666... b) 0,999... c) 1,666...
79. $-1,6$
80. a) 33 333 b) 82
81. a) 2,3 b) 23 c) 2,3 d) 2 300
82. I - 6; II - 3, 9; III - 1,5; 4,5; 7,5; 10,5
   a) Há várias possibilidades de resposta.
   b) Sim.
   c) Sim.

Página 32
83. Resposta possível: $\sqrt{26}, \sqrt{28}, \sqrt{30}, \sqrt{32}, \sqrt{35}$.
84. a) $-1,444...$ b) 0,757575... c) 2,5333... d) 0,0425
85. $\frac{6}{20}$; 0, 3222...; $\frac{1}{3}$; $\frac{3}{2}$; $\frac{4}{2}$
86. R$ 52,50
87. a) 8 pontos b) Pedro; 12 pontos. c) 54 pontos
88. São iguais.
89. a) $\frac{5}{8}$ b) $\frac{5}{2}$ c) $\frac{34}{9}$ d) $\frac{13}{9}$
90. 2

Página 33
91. 25 graus
92. 21 partidas
93. 125,6 km
94. 1 metro

Desafios
95. 0
96. a) 30 dias b) Terça-feira.
97. 2 200 litros

Seção livre
Página 34
A) d
B) a) Sim. b) 1

Autoavaliação
Página 35
98. d
99. d
100. d
101. a
102. b
103. d
104. d
105. d
106. a
107. a

Página 36
108. c
109. b
110. c
111. c
112. b
113. b
114. c

UNIDADE 2

Seção livre
Página 44
$1 \cdot 2^4 + 0 \cdot 2^3 + 1 \cdot 2^2 + 0 \cdot 2^1 + 1 \cdot 2^0 = 21$

Seção livre
Página 49
A) $5 \cdot 10^{-4}$ g

Revisando
Página 50
49. a) $5^2 = 25$ b) $3^2 = 9$ c) $7^2 = 49$ d) $3^3 = 27$ e) $4^3 = 64$ f) $5^3 = 125$
50. 64 parafusos
51. a) 17
    b) 0
    c) 10 000
    d) 1
    e) $-0,001$
    f) $\frac{49}{64}$

52. a) 16 b) 16 c) 16 d) $\frac{1}{16}$ e) 16 f) $\frac{1}{16}$
53. a) 2 b) 2 c) 5 d) 3 e) 2 f) 3
54. 0,84 m²
55. $\frac{2}{3}$
56. a) -25 b) 63 c) 2,25 d) $\frac{82}{9}$ e) $\frac{7}{4}$ f) 6
57. C, D, B, E, F, A
58. A e H; B e E; C e F; D e G.

Página 51
59. C
60. 64; 144; n^2
61. a) 16 b) -16 c) 16 d) 4
62. a) Não. b) Não.
63. 64 cubos
64. a) 15,21 b) 0,1521 c) 152 100
65. a) 1 000 (um mil)
    b) 1 000 000 (um milhão)
    c) 1 000 000 000 (um bilhão)
    d) 1 000 000 000 000 (um trilhão)
66. a) $1,4 \cdot 10^{10}$ b) $2,5 \cdot 10^{-10}$
67. $7,915 \cdot 10^6$ m
68. 243 pessoas
69. É possível porque $6^3 + 8^3 + 10^3 = 12^3$.

Página 52
70. C
71. a) 3^{10} b) 3^7 c) 3^8 d) 3^{10}
72. a) 36 caixinhas b) 216 ovos
73.

3^2	3^7	3^6
3^9	3^5	3
3^4	3^3	3^8

Desafios
74. a) 9 b) $\frac{1}{16}$
75. a) 1, 3, 9, 27 triângulos roxos
    b) 81 triângulos roxos
76. A costureira.

299

Autoavaliação
Página 53
77. c
78. b
79. d
80. a
81. c
82. a
83. c
84. b
85. d
86. b
87. d

Página 54
88. a
89. d
90. b
91. c
92. c
93. b
94. c
95. c

UNIDADE 3
Revisando
Página 69
50. **a)** 9 **d)** 0,09 **g)** 70
    b) 900 **e)** 49 **h)** 10 000
    c) 300 **f)** 0,49
51. $\sqrt{\frac{1}{4}}$, $\sqrt{35}$, 6, $\sqrt{150}$, $\sqrt{1001}$, 40
52. 4 096
53. 4 900 m²
54. **a)** 1,4 **b)** 1,414
55. **a)** 8,41 **c)** 2,82
    b) 3,59 **d)** 0,70
56. 20
57. 121, 144, 169, 196, 225, 256 e 289
58. Um número terminado em 7 não pode ser quadrado perfeito.
59. 2, 3, 7 ou 8
60. **a)** 24 cm **b)** 9 cm²; 3 cm
61. **a)** 2 **d)** 200 **g)** 1
    b) 8 000 **e)** 5 **h)** 0,1
    c) 0,008 **f)** 125 000

Página 70
62. 9 e 10
63. **a)** 64, 16 e 49 **b)** 64 e 27
64. **a)** 625 **b)** 64 **c)** 4 **d)** 5
65. **a)** −12 **d)** 8 **g)** 1,7
    b) −4 **e)** 0 **h)** 3,2
    c) −7 **f)** 7 100

66. **a)** 8 cm **b)** 384 cm²
67. 4,58 m
68. 961
69. 37 cubinhos
70. 3 m, 7 m, 10 m

Página 71
71. c
72. **a)** 64 cm³ **b)** 4 cm
73. b
74. 1936
75. 400
76. O terreno de José tem 60 m de frente por 60 m de fundo.
77. **a)** 8 cm **b)** 4 cm **c)** 1 cm

Autoavaliação
Página 72
78. b
79. a
80. a
81. c
82. b
83. d
84. a
85. d
86. d
87. c
88. d
89. a
90. b

UNIDADE 4
Revisando
Página 95
67. **a)** $4x$ **c)** $4x^2$ **e)** $\frac{2x}{3}$
    b) x **d)** $6x$ **f)** $8x^3$
68. Respostas pessoais.
69. **a)** $2s$ **c)** $s + 3r$
    b) $7r$ **d)** $5s + r$
70. **a)** Custo de 10 sanduíches.
    b) Custo de 15 sanduíches.
    c) Custo de 40 refrigerantes.
71.

c	1	0,1	0	$\frac{1}{2}$	$-\frac{1}{2}$
c + 0,5	1,5	0,6	0,5	1	0
2c	2	0,2	0	1	−1
c²	1	0,01	0	$\frac{1}{4}$	$\frac{1}{4}$

72. **a)** −10 **b)** $\frac{63}{4}$
73. $\frac{19}{15}$
74. Não. Porque o denominador da fração é nulo.
75. $20x + 15y$; R$ 13.500,00

Página 96
76. **a)** $x = 9$ **b)** $x = 12$
77. **a)** $4x$ **c)** $4x + 4$
    b) x^2 **d)** $x^2 + 2x$
78. $P = 3x - 0,5$
79. $20xy$; $3x$; $30y$; $5y$
80. **a)** $9x - 3y$ **e)** $0,19x$
    b) 0 **f)** $\frac{9}{4}x^2$
    c) $-13m$
    d) $-7x$ **g)** $-\frac{x}{18} - \frac{y}{6}$
81. **a)** $16 + 3x$ **d)** $8x - 32$
    b) $15x^2 - 11$ **e)** $8,7x$
    c) $11a^2 + 4a - 5$ **f)** $2x - y$
82. **a)** $2x + 6y$ **b)** sim; não; sim.

Página 97
83. **a)** $-20y$ **f)** 1
    b) $21a^3$ **g)** $\frac{1}{2}$
    c) $12a^2bc$ **h)** $-2a$
    d) $8mn$ **i)** $\frac{3}{2}n$
    e) $2c^2$ **j)** $\frac{1}{2x}$
84. $2,5x^2 + 8,5x$
85. **a)** $a^2 - 16a + 63$
    b) $6 - 17x + 10x^2$
    c) $-x^2 + 3x + 10$
    d) $x^3 - 2x + 1$
86. **a)** $x^2 - 4x + 7$
    b) $x^2 + 6x + 1$
    c) $x^2 + 3x - 7$
    d) $x^3 - 4x^2 + x + 6$
87. $12x - 3$
88. 12
89. b
90. **a)** x^3 **b)** $x^3 + x^2$ **c)** $2x^3 + x^2$
91. $4x + 6y$

Página 98
92. d
93. 60 cm

Desafios
94. $2x + 1$; $x + 4$; $x - 3$
95. d
96. **a)** 22 cadeiras **b)** $(2m + 2)$ cadeiras

Autoavaliação
Página 100
97. b
98. d
99. a
100. b
101. a
102. d
103. a
104. b
105. d

Página 101
106. d
107. a
108. c
109. d
110. c
111. b
112. c

Página 102
113. a
114. a
115. c
116. c
117. c

UNIDADE 5
Revisando
Página 110
25. a) área do salão c) área dos jardins
    b) área da piscina d) área do clube
26. a) $-20x - 100$ c) $7x^2 - 6x + 1$
    b) $30x + 25$ d) $-2x^2 - 2x$
27. $10x^2 - 1$
28. a) $\frac{1}{4}a^2 + 3a + 9$
    b) $9x^2 - x + \frac{1}{36}$
    c) $1 - \frac{x^2}{9}$
    d) $\frac{m^2}{4} - \frac{25}{9}$
29. a) 2   d) 3   g) 2   j) 24
    b) -2 e) 24 h) -6
    c) 11   f) -2 i) -10
30. Fase 4.
31. 120 kWh

Página 111
32. a) 8   b) 9   c) 7   d) $-\frac{1}{4}$
33. a) 15 cm b) 10 cm c) 20 cm
34. a) 5 cm b) 20 cm c) 16 cm

Desafios
35. 30
36. $a^2 + b^2 + c^2 + 2ab + 2ac + 2bc$
37. $x^2 - y^2$
38. R$ 160,00

Autoavaliação
Página 112
39. c
40. c
41. b
42. d
43. c
44. c
45. b
46. c
47. c

UNIDADE 6
Revisando
Página 121
32. a) $3(a - b + c)$
    b) $4(1 - 2x - 4y)$
    c) $5y(2x^2 - 3x + 1)$
    d) $x^{10}(1 + x)$
    e) $3a^3(5a - 7)$
    f) $\frac{1}{2}\left(x^2 + \frac{1}{2}x - \frac{1}{4}\right)$
33. 160
34. $a^2 - 9 = (a + 3)(a - 3)$
35. 169
36. a) $(2m + x)(2m - x)$
    b) $(7a + xy)(7a - xy)$
    c) $(9 + 11p)(9 - 11p)$
    d) $\left(x + \frac{3}{2}\right)\left(x - \frac{3}{2}\right)$
    e) $(x - 3)^2$
    f) $(a + 4)^2$
    g) $(x - 6y)^2$
    h) $\left(\frac{n}{2} + 1\right)^2$
37. a) $5(p + q)(p - q)$
    b) $9(x + 2y)(x - 2y)$
    c) $5(x - 2)^2$
    d) $x(x + 5)^2$

Desafios
38. 15
39. 9
40. $\frac{1}{2}x^2 - \frac{1}{2}y^2 = \frac{1}{2}(x^2 - y^2) =$
    $= \frac{1}{2}(x - y)(x + y)$
41. $a(b + c) + 10(b + c) = (a + 10)(b + c)$

Autoavaliação
Página 122
42. c
43. d
44. d
45. d
46. b
47. c
48. b
49. b
50. b
51. c
52. d

UNIDADE 7
Seção livre
Página 131
20. a) -15 c) 10   e) 49
    b) $-\frac{1}{15}$ d) $\frac{1}{10}$ f) $\frac{1}{8}$
21. a) 8   b) $\frac{1}{2}$ c) 18   d) 2
22. a) 500 b) 1
23. $\frac{1}{3}$; 1; 10; $\frac{10}{25}$
24. a) $\frac{2}{3}$ da torta b) $\frac{1}{3}$ da torta
25. $\frac{1}{8}$ de uma folha
26. A − G − J; B − H − I; C − F − K; D − E − L.
27. a

Revisando
Página 140
50. Não. Porque o denominador da fração é nulo.
51. a) 9   c) Não existe.
    b) 0   d) Não existe.
52. $\frac{3}{2}$
53. a) 5   b) 2   c) $-\frac{3}{2}$ d) 15,25
54. 15 frentistas
55. a) 25 crianças
    b) Pessoa que coleciona selos.
56. a) x d) 4
    b) $\frac{r}{2}$ e) $\frac{1}{7}$
    c) $-\frac{5}{m^3}$ f) $\frac{1}{2(x-2)^2}$
57. a) $x + 7$ c) $\frac{2}{x-3}$
    b) $\frac{2-x}{3}$ d) $\frac{2x-1}{2x+1}$
58. 3

Página 141
59. a) 3
b) −1
c) 5
d) $\frac{4}{13}$
e) 7

60. 25 anos
61. 40 alunos
62. a) 10
b) 100
c) 1 000
d) 10 000
Quanto mais x se aproxima de 1, o valor da expressão cresce/aumenta.

Desafios
63. $\frac{1}{5}$
64. 8
65. a) $k = 160$ **b)** $n = 16$

Autoavaliação
Página 142
66. d
67. d
68. a
69. c
70. d
71. c
72. a
73. a
74. a

UNIDADE 8
Revisando
Página 159
33. a) 3 kg   **b)** 4 kg
34. a) 30 e 20   **b)** 58 e 42
35. a) $x = \frac{1}{2}$ e $y = -\frac{3}{2}$
b) $x = 3$ e $y = 11$
c) $x = 3$ e $y = 2$
d) $x = -1$ e $y = -5$
36. a) $x = 0$ e $y = 3$ **b)** $x = 5$ e $y = 2$
37. $-x$ e 10
38. 5 coelhos
39. a) 2   **b)** 0,5
40. 9 quadrados

Página 160
41. a) 300 convites   **b)** 100 convites
42. 42,4
43. 18 anos
44. Ocorreram 35 caras.
45. a) 3 quilos   **b)** 5 quilos
46. a) R$ 1,50   **b)** R$ 0,60

47. 2 300 sócios
48. ■ = 4; ⬭ = 2; ▢ = 3; ▭ = 5

Página 161
49.

16	2	3	13
5	11	10	8
9	7	6	12
4	14	15	1

50. 12 metros
51. a) $x = 1$ e $y = 2$
b) $x = 6$ e $y = -5$
c) $x = 5$ e $y = 3$
d) $x = 3$ e $y = 17$

Desafios
52. a) R$ 87,00   **c)** R$ 72,00
b) R$ 240,00
53. Melissa tem 30 CDs e Adriano, 40 CDs.

Página 162
Eu amo o Brasil.

Autoavaliação
Página 163
54. d
55. a
56. d
57. d
58. a
59. c
60. a

Página 164
61. d
62. c
63. c
64. c
65. a
66. c
67. c

UNIDADE 9
Revisando
Página 175
18. d
19. a) 4,32 m e 1,72 m
b) 17,28 cm e 6,88 cm
20. a) 18 km   **c)** 18 km
b) 16 km   **d)** 14,4 km
21. b

Desafios
22. a
23. b
24. c
25. 480 km

Autoavaliação
Página 176
26. d
27. a
28. c
29. d
30. a
31. b
32. a

UNIDADE 10
Revisando
Página 191
19. São paralelos.
20.

	d_1	d_2	d_3	d_4
d_1	//	//	//	⊥
d_2	//	//	//	⊥
d_3	//	//	//	⊥
d_4	⊥	⊥	⊥	//

21. São iguais.
22. 15 mm
23. b
24. H, N e W
25. m e n

Página 192
26. $x = 35°$ e $y = 145°$
27. a) $x = 27°$
b) $x = 20°$
c) $x = 38°$
28. a) Não. Porque os dois ângulos correspondentes têm medidas diferentes.
b) À esquerda.
29. d
30. O ângulo B.
31. a) $x = 60°$
b) $x = 25°$
32. $y = 60°$

Página 193
33. d
34. c
35. d
36. c

Desafios
37. d
38. c
39.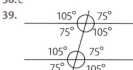

40. $x = 120°$

Autoavaliação
Página 194
41. a
42. b
43. b
44. d
45. c
46. d

UNIDADE 11
Seção livre
Página 201
18. d
19. b
20. a) Isósceles.
    b) Por exemplo:
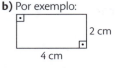
21. Não será possível para 1, 2 e 3.
22. b
23. a

Revisando
Página 202
24. 26 cm
25. 14 cm
26. a) $4x + 9$ b) $x = 6$
27. c
28. a) 50°   b) Acutângulo.
29. Sim.
30. $x = 49°$
31. a) $x = 30°$ e $y = 30°$ b) $x = 72°$

Página 203
32. a) $x = 42°$ e $y = 68°$ b) $x = 82°$
33. 30°
34. 70°
35. 270°

Desafios
36. a) $x = 70°$; $y = 60°$ e $z = 50°$
    b) $x = 30°$

37. 360°
38. a) 40°, 60°, 80°   c) 7, 6, 5
    b) 140°, 120°, 100°

Autoavaliação
Página 204
39. a
40. a
41. c
42. a
43. a
44. b
45. a
46. c
47. c
48. d
49. a

UNIDADE 12
Revisando
Página 222
30. 7 triângulos
31. a) Sugestão de resposta: △ABM, △AMC etc.
    b) △AOB, △AOC, △BOC
32. c
33. Teco.
34. Falsa.
35. $x = 40°$; $y = 50°$
36. b
37. b

Página 223
38. a) $x = 40°$ b) $x = 36°$ c) $x = 10°$
39. 95°
40. 65°

Desafios
41. a
42. b
43. 75°

Autoavaliação
Página 224
44. a
45. b
46. b
47. c
48. d
49. b
50. b
51. b
52. c

UNIDADE 13
Revisando
Página 238
33. a) F   b) V   c) F   d) V
34. 48 cm
35. 2 eixos
36. A – Quadrado;
    B – Losango;
    C – Paralelogramo;
    D – Retângulo;
    E – Quadrado.
37. c
38. c
39. a) O heptágono.   b) 900°
40. 35°

Página 239
41. b
42. a) $x = 70°$ b) $x = 80°$
43. $x = 105°$
44. $x = 150°$
45. b

Desafios
46. d
47. 60°, 120°, 60° e 120°
48. $x = 36°$ e $y = 108°$
49. b
50. $x = 75°$
51. b

Seção livre
Página 240
52. 2 eixos
53. a) 4 eixos   b) 2 eixos   c) 1 eixo
54. 5; 5   6; 6   8; 8
    O número de eixos de simetria é igual ao número de lados.
55. c
56. a) Triângulo, quadrado e hexágono.
    b) Triângulo: 60°; quadrado: 90°; hexágono: 120°.
    c) Não. A medida do ângulo interno é 144° e este número não é divisor de 360°.
57. c

Autoavaliação
Página 241
58. b
59. a
60. d
61. a
62. b
63. c

303

Página 242
64. d
65. d
66. a
67. b
68. b
69. d
70. a
71. d

UNIDADE 14
Seção livre
Página 260
36. Sim, basta que na caixa haja duas camadas de 6 refrigerantes.
37. Quatro.
38. 16,8 cm
39. b
40. c

Revisando
Página 267
51. 50 cm
52. b
53. Aproximadamente 9,07 m.
54. No circular.
55. 199,68 m
56. a) $x = 45°$ b) $x = 25°$

Página 268
57. 21,98 cm
58. 6,28 m
59. a) $x = 55°$ b) $y = 55°$ e $x = 80°$
    c) $x = 35°$ d) $x = 10°$

Desafios
60. a) $x = 32°$ b) $x = 22,5°$
61. 182,8 m
62. 12 cm

Autoavaliação
Página 269
63. d
64. a
65. a
66. b
67. c

Página 270
68. c
69. d
70. d
71. d
72. b
73. a
74. b
75. b

UNIDADE 15
Revisando
Página 281
20. a) 7 modos   c) 28 trajes
    b) 7 modos
21. 45 variedades
22. 12 maneiras

1 1	1 2	1 3	1 4
2 1	2 2	2 3	2 4
3 1	3 2	3 3	3 4

23. 12 combinações
24. a) 6 escolhas
    b) FA, FJ, FE, AJ, AE, JE
    c) FJ, AJ, JE
    d) 3 escolhas
    e) FA, FJ
25. a) 15 caminhos   b) 15 caminhos

Página 282
26. 30 conjuntos
27. 1) Abacaxi, goiaba, morango.
    2) Abacaxi, morango, goiaba.
    3) Goiaba, abacaxi, morango.
    4) Goiaba, morango, abacaxi.
    5) Morango, abacaxi, goiaba.
    6) Morango, goiaba, abacaxi.
28. 45 números
29. 6 percursos
30. 6 maneiras
31. 8 resultados: CA-CA-CA; CA-CA-CO; CA-CO-CA; CA-CO-CO; CO-CA-CA; CO-CA-CO; CO-CO-CA; CO-CO-CO
32. $\frac{4}{6}$ ou $\frac{2}{3}$
33. $\frac{1}{2}$

Página 283
34. d
35. a) 25 pessoas
    b)
    c) 10%
36. 360 pessoas
37. a) C   c) A
    b) B   d) D

Página 284
38. a) 16 medalhas   b) 40%
39. a) Aproximadamente 27,77%.
    b) Aproximadamente 21,29%.

Página 285
40. a) Outubro; fevereiro.
    b) 1 700 casos
    c) Julho e agosto.
41. 41 ligações

Desafios
42. 20 maneiras
43. a) Sim.
    b) Não. Em 2004 foi menor do que em 2003.
    c) Não. Em 2007 foi maior do que em 2006.
    d) 50 mil t
    e) 20%

Seção livre
Página 286
1. 6,5
2. 7,2

Autoavaliação
Página 287
44. d
45. d
46. d
47. b
48. d
49. c
50. c
51. c

Página 288
52. a
53. b
54. c
55. d
56. b

Página 289
57. a
58. c
59. b
60. b

Página 290
61. d
62. b
63. c
64. c